Novalis zur Einführung

Berbeli Wanning

Novalis zur Einführung

JUNIUS

Junius Verlag GmbH
Stresemannstraße 375
22761 Hamburg

Umschlaggestaltung: Florian Zietz
Titelfoto: Archiv Gerstenberg
Satz: H & G Herstellung, Hamburg
Druck: Druckhaus Dresden
Printed in Germany 1996
ISBN 3-88506-924-5
1. Auflage April 1996

Die Deutsche Bibliothek - CIP-Einheitsaufnahme

Wanning, Berbeli:
Novalis zur Einführung / Berbeli Wanning. - 1. Aufl. -
Hamburg : Junius, 1996
(Zur Einführung ; 124)
ISBN 3-88506-924-5
NE: GT

Inhalt

1. Einleitung: Aktualität und Widerspruch

Novalis – dieser Name klingt fremd und geheimnisvoll, so daß er Neugier und Interesse weckt. Novalis – dieser Name gilt vielen Lesern als Inbegriff dessen, was Romantik genannt wird. Novalis – hinter diesem Namen verbirgt sich ein Mann, der eigentlich Georg Philipp Friedrich von Hardenberg heißt und der es besonders liebte, mit den Namen zu spielen. Ganz der Sitte seiner Zeit entsprechend, die den Pseudonymen huldigte, legte er sich mehrfach andere, fremde wie verwandte, Namen zu, bevor er sich 1798 bei der Veröffentlichung seiner Fragmentsammlung *Blüthenstaub* Novalis nannte, was etwa »der Neuland Bestellende« bedeutet. Er legte den Taufnamen nicht ab, um den Dichternamen anzunehmen, sondern behielt beide. Die eine Existenzform der bürgerlichen Ordnung schließt die andere der freien Poesie bei ihm nicht aus.

Zwei Namen führen – den einen in der Alltagswelt und den anderen in der poetischen: Diese Äußerlichkeit kennzeichnet zugleich die Ambivalenz seines inneren Lebens. Der romantische Dichter Novalis schuf sprachliche Bilder voll poetischer Intensität wie kaum ein zweiter seiner Epoche. Am bekanntesten ist die blaue Blume, das Leitmotiv seines Romans *Heinrich von Ofterdingen*, das erst durch die spöttische Kritik Heinrich Heines von einem Motiv zu einem Symbol geworden ist. Sie verkörpert auch heute noch in einer nicht mehr steigerbaren Verdichtung alles, wofür gemeinhin die Romantik steht. Die blaue Blume, die jeder kennt und von der doch keiner weiß, was sie genau bezeichnet, ist eine poetische Erfindung von ungeheurer Integrationskraft, die sich verselbständigt hat und so zwei Jahrhunderte überdauerte, ohne an Symbolwert zu verlieren. Der Mann, der sie schuf, war nicht nur ein Poet, sondern von seiner Ausbildung her auch ein Naturwissenschaftler, und er galt sogar – neben Goethe – als der naturwissenschaftlich kompetenteste Dichter. Ebenso war er ein versierter Mathematiker mit einem Kenntnisstand, der ganz auf der Höhe der Zeit lag. Nicht zu unterschätzen ist seine philosophische Qualifikation, welche ihn durchaus in die Nähe derer rückt, die in den neunziger Jahren des 18. Jahrhunderts die philosophische Hauptströmung, den deutschen Idealismus, repräsentierten, insbesondere Fichtes und des jungen Schelling.

So gehören in Novalis' Leben und Denken Empirie, Philosophie und Poesie untrennbar zusammen. Seine wissenschaftliche und seine dichterische Arbeit müssen als zwei Aspekte eines Ganzen begriffen werden, denn als isolierte Einzelbereiche können sie nicht existieren. Beide sind für Novalis nur als Spannungspole in einem Bezugssystem denkbar, das von einem dynamischen Prinzip zusammengehalten wird, welches sich in der Kraft der Poesie ausdrückt. Höchste Erkenntnisse und tiefste Einsichten in den Zusammenhang von Geist, Natur, Welt und Geschichte lassen sich nur dort gewinnen, wo sich Kunst und Wissenschaft berühren. Die Entzweiung der nur scheinbar antagonistischen Sphären versteht Novalis als eine Degenerationserscheinung, der er das Gegenbild einer schöpferischen Poesie gegenüberstellt.

Es erfordert die Ausbildung zweier besonderer Begabungsrichtungen, damit diese Synthese des Disparaten gelingt. Da ist zum einen die Fähigkeit zur strengen Analyse, zum diskursiv-rationalen Denken, zum Experimentieren und Berechnen. Zum anderen werden kreative Phantasie benötigt und ein Gespür für die äußere Welt und ihre Erscheinungen sowie für die Stimmung und

Empfindsamkeit des Inneren. Beides vereinigt Novalis in einer besonderen Weise. Sein Leben und Werk bilden so eine Einheit, die nachgerade zum Symbol der gesamten Epoche geworden ist.

Novalis' Leben währte nur kurz. Die Tatsache, daß er noch vor seinem dreißigsten Geburtstag starb, hat auf die Rezeptionsgeschichte seiner Werke stets einen großen Einfluß ausgeübt. Der junge Mann, der zu so vielen Hoffnungen Anlaß gab, der früh verstorbene kreative Kopf, der der Nachwelt noch so viel zu sagen gehabt hätte – von dieser Konstellation ging und geht immer noch eine eigenartige Faszination aus. Der junge Dichter, der nicht nur durch seinen angenommenen Namen geltend macht, daß er für etwas Neues stehen will, stirbt vor den Alten, gegen die er aufbegehrt. Die normale Generationenfolge kehrt sich um. Zu einem Symbol der Veränderung und Erneuerung, ja der sanften Rebellion gegen das Bestehende ist Novalis gerade durch seinen frühen Tod geworden.

Der Tod in jungen Jahren trägt die Spuren des Gewaltsamen, er ist gleichsam nichts Natürliches, er wird als ungerecht empfunden und veranlaßt damit häufig die Idealisierung desjenigen, der ihn erleidet. Ein ähnlicher Effekt ist in unserer Zeit an den Schicksalen von James Dean oder Jim Morrison abzulesen, die jeweils in ihrem Jahrzehnt eine Hoffnung auf Veränderung symbolisierten, die nicht eingelöst werden konnte. Es mag dahingestellt bleiben, ob dieser Effekt in die neue Aktualität hineinspielt, die der Romantik als Epoche und Novalis als einem ihrer führenden Vertreter zuwächst, doch sind Parallelen unverkennbar.

Auch in einer jüngst vergangenen historischen Phase, deren Ausläufer aber immer noch spürbar sind, spielte die Figur des Novalis eine Rolle. Es gab Bestrebungen, ihn als eine Art Vorläufer der sogenannten »68er-Revolution« zu vereinnahmen. Das inoffizielle Motto des berühmten Germanistentages von 1968 lautete deshalb: »Färbt die Blaue Blume rot!« [1] Die schon erwähnte Integrationskraft des zentralen Symbols der Romantik findet sich darin wieder. So behält die umgefärbte blaue Blume ihre wesentliche Eigenschaft bei, symbolischer Ausdruck einer diffusen Hoffnung auf Einheit und Erlösung in einer fernen, doch freien Zukunft zu sein, von der sich die Frühromantik nährte und an der sie letztlich scheitern mußte. Wir werden darauf später noch zurückkommen. Die Zwangsmodernisierung des bekanntesten Symbols der Romantik ist jedoch keine Verfälschung, sondern verweist eher auf die Schwächen im Denken derer, die sie betrieben haben. Jede Zeit, besonders wenn sie sich selbst als Epochenumbruch begreift, sollte ihre eigenen Symbole entwickeln, wie es der Romantik auch gelungen ist.

Novalis hat als Person und als Dichter in den letzten Jahren stets eine besondere Aufmerksamkeit erfahren, die weit über seine literaturgeschichtliche Bedeutung hinausgeht. Fast kann man daraus den Eindruck gewinnen, als entdecke jede Generation an ihm oder in seinem Werk etwas, das sie sich einverleiben kann. So gewinnt er eine überraschende, schier unerschöpflich wirkende Aktualität, die seine Poesie lebendig hält und die auf die prinzipielle Unabgeschlossenheit des historischen Prozesses verweist. Novalis selbst hätte diese Vorstellung sicher befriedigt, weil sie für die starke vereinigende Kraft seines Denkens und seiner Dichtung steht, auf die er besonderen Wert legte.

Es bleibt zu überlegen, was uns Novalis, bei aller gravierenden Disparität zwischen seiner Epoche und unserer, heute noch zu sagen hat. Die letzte Dekade des 20. Jahrhunderts ist von zahlreichen krisenhaften Phänomenen geprägt. Geballte Probleme stehen an, für die wir keine Lösung wissen. Schon treten Chaosforscher auf, die die neue Unübersichtlichkeit zum Prinzip erheben. Novalis ist diesem Denken im Grunde voraus. Er hat das Chaos, das er im buchstäblichen Sinn für undenkbar hält, bereits als ein primär ästhetisches Konstrukt begriffen. In seinem Hauptwerk

Heinrich von Ofterdingen gibt der Dichter Klingsohr dem Titelhelden den Rat, daß in jeder Dichtung das Chaos durch den Flor der Ordnung schimmern muß, während die Aufdeckung des Einfachen der Philosophie überlassen bleiben soll. (I, 286) Das Wort »Philosophie« steht hier als Metapher für das diskursiv-analytische Denken, das der Komplexität des Chaos in Novalis' Augen inkommensurabel ist. Deshalb ist ästhetische Einbildungskraft nötig, um das Chaos zu durchdringen. Diese ist kein analytisches Vermögen, sondern ein Analogien bildendes.

Hier findet sich eine zeitgemäße Parallele: Unter dem Signum der Selbstähnlichkeit wird der Analogiebegriff in der modernen Chaostheorie als ein die Natur beschreibender und erklärender angewendet. In Novalis' Verständnis ist das Analogiedenken eine notwendige Implikation, die sich aus der Beschäftigung mit dem Chaos ergibt. Doch es bedarf noch einer Ergänzung, denn erst der mathematische Blick auf das Chaos durchschaut dessen vermeintliche Regellosigkeit als charakteristischen Schein: »Auch der Zufall ist nicht *unergründlich* – er hat *seine* Regelmäßigkeit.« (III, 414) Die Ordnung des Chaos ist gleichsam eine höhere, so hoch, daß sie dem Denken verschlossen bleiben muß, weil sie es übersteigt. Nur mit seiner kreativen Phantasie in Kombination mit seinem Vermögen der Erkenntnis von Strukturen kann der Mensch hier weiter vordringen. Die heutige Chaosforschung in ihrer deterministischen Form, die von der Mathematik ausgeht, gewinnt ähnliche Einsichten und kann diese in ihrer ästhetischen Qualität abbilden, wenn man z. B. an die berühmten »Apfelmännchen« denkt, die bei einer graphischen Darstellung der Mandelbrot-Menge auf dem Computerbildschirm erscheinen können.

Weitere Aspekte lassen sich hervorheben. Da ist zum einen das entsolidarisierte Individuum in einer von zunehmender sozialer Kälte gekennzeichneten Gesellschaft, das sich in dieser Situation nicht anders zu helfen weiß, als den Rückzug in die Innerlichkeit anzutreten. Zum anderen gibt es die ökologische Krise, die objektiv gefährlich ist und die Lebensgrundlagen aller, auch der zukünftigen, Menschen bedroht. Sie zwingt uns zu einem Bewußtseinswandel, zu einem tiefgreifenden Überdenken unseres bisherigen Umgangs mit der Natur. Ein anderes, neues Naturverständnis ist vonnöten. Beide Aspekte werden im Werk von Novalis thematisiert, wenn auch nicht in ihrer krisenhaften Verschärfung, welche sich erst in der jüngsten Vergangenheit so herausgestellt hat.

Die Wendung zur Innerlichkeit wird komprimiert ausgedrückt in dem berühmten Fragment Nr. 16 aus der Sammlung *Blüthenstaub*: »Nach Innen geht der geheimnißvolle Weg.« (II, 418) Dieser Satz ist jedoch kein fertiges Denkresultat, als das er auf den ersten Blick vielleicht erscheinen mag. Noch weniger ist er als eine Anweisung oder gar Patentlösung zu begreifen, auch nicht als verzweifelter Aufruf zum Rückzug. Vielmehr verweist schon die Fragmentform darauf, daß hier ein Gedanke im Werden mitgeteilt wird, und das bedeutet, daß jeder Leser eine eigene Reflexionsanstrengung auf sich nehmen muß, um ihn zu verstehen; er muß buchstäblich dem Fragment nach-denken. Damit befindet er sich bereits auf dem »Weg nach Innen«, den er beschreiten soll. Auf diesem Weg gilt es nicht nur, das eigene Selbst zu begreifen, sondern auch Erkenntnis über das andere, das Nicht-Selbst, zu gewinnen. Im Rekurs auf Subjektivität will Novalis das Objektive erfassen. Dieser Prozeß ist letzten Endes nicht mitteilbar, sondern muß von jedem Menschen an sich selbst vollzogen werden.

Am Ende des Weges steht die Einsicht, daß man bei dem Rückzug in die Innerlichkeit nicht stehenbleiben kann, daß man aus sich wiederum herausgehen muß, um sich selbst zu finden. Das 26. *Blüthenstaub*-Fragment formuliert dieses Fazit wie folgt:

»Der erste Schritt wird Blick nach innen – absondernde Beschauung unseres Selbst – Wer hier stehen bleibt geräth nur halb. Der 2te Schritt muß wircksamer Blick nach außen – selbstthätige, gehaltne Beobachtung der Außenwelt seyn.« (II, 422) Dahinter verbirgt sich eine notwendige Dialektik. Das Denken ist nicht statisch, sondern in Bewegung. Der »Weg nach innen« gibt die erste Bewegungsrichtung an, von der aus die Wende in die entgegengesetzte Richtung nach außen erfolgt. Novalis kommt es auf das Prozeßhafte, auf die prinzipielle Unvollendbarkeit im gegenwärtigen Moment an. Der Egoismus, den viele in der Rekursion zu bemerken glauben, ist nur ein vermeintlicher.

Tatsächlich hat der oft gescholtene Egoismus der Romantiker, als welcher das Rückzugsmotiv gedeutet wird, einen starken Bezug zur Gesellschaft. Gerade in der Betonung des Individuellen, nicht in seiner Negation, liegt die Chance verborgen, zu dem Ganzen einer Gemeinschaft zu gelangen. So lautet das Credo. Dahinter versteckt sich die Hoffnung, daß die breiteste Entfaltung der je eigenen Persönlichkeit die Menschen letzten Endes einander wirklich nahe bringen wird. Rettung aus der Einsamkeit soll durch den Rückzug in sie erfolgen. In dem typisch romantischen Streben, das Gewöhnliche ungewöhnlich zu machen, versucht Novalis zunächst, eine Distanz zur Gesellschaft zu schaffen, um eine neue Perspektive zu gewinnen.

Ähnlich distanzierend und für uns heutige Leser befremdlich ist der Blick auf die Natur, wie Novalis ihn uns gewährt. Eine Behauptung, die er in seiner kunterbunten Fragmentsammlung *Das Allgemeine Brouillon* aufstellt, läßt uns technikgewöhnte Menschen der Gegenwart den Kopf schütteln, versetzt uns aber zugleich auch in Staunen. Das Fragment lautet: »Der *Poet* versteht die Natur besser, wie der wissenschaftliche Kopf.« (III, 468) Damit wird implizit ausgesagt, daß der Poet, also der Mensch mit dem ästhetischen Zugang zur Natur, dem Naturforscher, der mißt, beobachtet und analysiert, überlegen sei im Verständnis dessen, was ihr gemeinsamer Gegenstand ist.

Gehört dieser Gedanke dem vergangenen 18. Jahrhundert an, in dem die Naturwissenschaften sich gerade herauszubilden begannen und bei weitem nicht über unser jetziges Wissen verfügten, oder läßt sich aus Novalis' Satz etwas herauslesen, das uns heute noch angeht? Die Debatte ist offen. Das reine Tatsachenwissen von der Natur stand und steht immer noch in einem Zusammenhang umfassenderer Vorstellungen über sie, die nicht in demselben Sinne wie die modernen Erkenntnisse der Physik, Chemie und Biologie gewonnen werden, sondern in der älteren Tradition eines anderen Naturverständnisses stehen, das uns z. B. in der Dichtung überliefert ist.

In seinem 1993 erschienenen Buch *Das Bacon-Projekt. Von der Erkenntnis, Nutzung und Schonung der Natur* erhebt der Physiker und Philosoph Lothar Schäfer die Forderung, daß angesichts der ökologischen Krise eine Neubestimmung der Aufgaben wissenschaftlicher Theorien erfolgen muß. Zur Lösung der komplexen Probleme sollen verschiedene Disziplinen integriert werden. Schäfer betont ausdrücklich die wichtige Rolle, die der ästhetische Bezug zur Natur für den Menschen spielt. Ästhetik ist die dritte Dimension des modernen Naturbegriffs, neben den beiden vorherrschenden anderen, die als theoretische und als praktische Dimension bezeichnet werden.[2]

Gerade das ästhetische Verhältnis zur Natur ist ein zuinnerst menschliches. Um zu einem tieferen Verständnis der Natur zu gelangen, sollte der Mensch neben seinem »wissenschaftlichen Kopf« auch sein ästhetisches Vermögen aktivieren. Novalis' scheinbar obsolete These gewinnt auf diese Weise eine überraschende Aktualität.

Die gewandelte Einstellung zur Natur, für uns Zeitgenossen ein notwendiges Desiderat erster Ordnung, ist, historisch gesehen, auch ein Produkt der Romantik. Diese hat das Verhältnis des Menschen zur Natur verändert. Der beginnenden Verwissenschaftlichung der Welt begegnet sie mit Unbehagen. Sie ist die erste Epoche, die die wachsende Bedrohung der Natur und des Menschen durch die neuen Kräfte der Technik empfindet und zum Ausdruck bringt, womit sie dem Fortschrittsoptimismus der Aufklärung tendenziell widerspricht. Aufschlußreich ist in diesem Zusammenhang der Doppelsinn des Begriffs »Romantik«: Er bezeichnet zum einen als allgemeines Charakteristikum eine geistige Haltung, die von einer gewissen Unabgeschlossenheit des Denkens und der Vorstellungen, von prophetischen Sehnsüchten und tiefen Schwankungen geprägt ist. Zum anderen wird »Romantik« ganz konkret verstanden als eine historische Bewegung in Kunst, Literatur und Wissenschaft, die im ausgehenden 18. Jahrhundert einsetzt und bis in die Mitte des 19. Jahrhunderts hineinreicht. Ihren Höhepunkt erfährt sie als sogenannte Frühromantik um die Jahrhundertwende. »Romantik« ist also nicht nur ein bloßer Ordnungsbegriff, sondern steht substantiell für einen Wandel in der Denkweise. Gerade die literarische Romantik, zu deren exponierten Vertretern Novalis zählt, ist dessen Manifestation. Inhaltlich geht es darum, die Auffassungen einer statischen, kühl-rationalen, mechanistischen Denkweise zugunsten eines lebendigen, dynamischen, am Prinzip des Organismus orientierten Denkens zu überwinden.

Bis heute fasziniert die Spannweite dessen, was die Romantik erneuert hat. Von ihr gingen nicht nur innovative Impulse in der Literatur aus, sondern auch in den Bereichen der bildenden Kunst, der Musik, der Philosophie, der Medizin und der Naturwissenschaft. Novalis wollte gar die Religion und die Naturwissenschaften vermischen und bemühte sich sogar darum, das Phänomen Gott in mathematischen Formeln auszudrücken, was Friedrich Schlegel zu dem Kommentar veranlaßte, diese Bestrebungen möchten wohl zu einem »interessanten Rührei« führen.[3]

Auf diese Weise erkennen wir den doppelten Ursprung der Romantik, der sich auch in ihrer Kraft zur Synthese des Unterschiedenen bemerkbar macht. Die Romantik verarbeitet produktiv die Elemente der vorhandenen intellektuellen Kultur, für die hier stellvertretend große Namen wie Goethe, Schiller, Kant, Jacobi und Fichte genannt werden sollen, und die veränderten Ansichten der Welt, die aus den sich entwickelnden Naturwissenschaften entstehen.[4] Damit verbunden ist eine Abkehr von der vermeintlichen Allmacht des rein messenden, deduzierenden, analysierenden Verstandes. Auf ihrem Weg in die Innerlichkeit entdecken die Romantiker das Individuum und seine verborgenen psychischen Kräfte. Infolgedessen kehrt sich die bisherige Weltsicht radikal um. Es kommt nun auf den Prozeß an und nicht auf das Resultat; Fragen sind entscheidend, nicht Antworten. Das Subjekt wird wichtiger als das Objekt, das Mögliche wird gegenüber dem Wirklichen bevorzugt, und schließlich ist jedes Fragment als ein Gedanke im Werden bedeutender als ein fertiges, abgeschlossenes Werk.

Die Romantiker empfinden die Spannungen und Widersprüche, denen sie mit diesem Weltverständnis ausgesetzt sind. Stets beklagen sie die Entzauberung und Entpoetisierung der Welt und wissen doch zugleich, daß die Aufklärung irreversibel ist. Sie glauben nicht wirklich an Wunder, sondern schaffen in ihrer Dichtung und insbesondere in ihren Märchen einen Ersatz für das, was in ihren Augen durch die rationale Weltsicht der Aufklärung zerstört wurde: das Gefühl und die Gewißheit der innigen Zusammengehörigkeit von Mensch und Welt. In einem fernen Goldenen Zeitalter, so verspricht die romantische Utopie, wird sich einmal der verlorene Zustand der Harmonie wiederherstellen lassen.

Das romantische Denken will die Grenzüberschreitung nach allen Seiten hin, nicht nur eine Revolutionierung der Literatur und der Künste, sondern eine wechselseitige Durchdringung von Wissenschaft und Kunst. Insbesondere fühlt sich die Romantik angezogen vom Reiz des Geheimnisvollen und Unverständlichen, das sie als eine Mischung aus Unbekanntem und Vertrautem interpretiert. Hierin kann man bereits ihre im Kern ambivalente Struktur erkennen. Das Ziel ist eine Vermittlung zwischen der sichtbaren Natur und der Welt des Unsichtbaren. Novalis faßt diese Bestrebungen, Poesie und Wissenschaft in eins zu denken, im *Allgemeinen Brouillon* unter folgende Begriffe zusammen, die sich kombiniert wie eine romantische Formel lesen lassen: »Geistige Physik, chemische Musik, poetische Physiologie« (III, 263, 430, 321). Auf der Suche nach dem Urgrund, in dem sich alle diese Widersprüche fassen lassen, begegnet die Romantik der Poesie. Sie allein hat die Kraft, das Getrennte zu vereinen. In einem berühmten Fragment des *Athenäums* spricht Friedrich Schlegel von der »progressiven Universalpoesie«[5]. Aus ihr heraus bekommt die Dichtung ein neues Selbstverständnis als ein und alles. Sie soll das große einheitsstiftende Moment im Leben der Menschen werden.

Die Hoffnung, die alle Romantiker und insbesondere Novalis in die allumfassende Macht der Poesie setzen, steht in einem bewußten Gegensatz zu ihren tatsächlichen Lebenserfahrungen. Die Romantiker leben in diesem Spannungsfeld von Realität und Poesie. Bei Novalis zeigt sich dies ganz deutlich in der Breite seiner Interessen und der Vielseitigkeit seiner beruflichen Tätigkeit, in deren Rahmen er mit den Aufgaben eines Bergbauingenieurs ebenso befaßt war wie mit Verwaltungsarbeiten und zusätzlichen Aufsichtsfunktionen, die er innehatte. Aus dieser Spannung und diesen Widersprüchen heraus lebt sein dichterisches Werk, gewinnt es seine Tiefe und Einmaligkeit, wie noch zu zeigen sein wird. Es wäre deshalb falsch, diese Aspekte zu überdecken und allein dem Vereinigungspostulat der Romantiker zu folgen. Dieses ist ihr zeittypischer Wunschtraum. Für die heutigen Leser ist dahingegen die Frage aktuell, wie sich das romantische Denken und Dichten in einer Zeit hat durchhalten können, die viel stärker von Zerrissenheit als von Einigkeit geprägt war.

Ebenso spannungsreich wie widersprüchlich sind die Positionen der literaturwissenschaftlichen Forschung, wenn man das Hauptaugenmerk einmal auf das Verhältnis von Philosophie bzw. Wissenschaft zur Poesie bzw. Dichtung bei Novalis legt. Beide Bereiche kennzeichnen die konträren Gegensätze, die Novalis überwinden wollte, indem er sie zu einer romantischen Synthese verbindet. Die Forschungsergebnisse, die die spezielle Konstellation von Philosophie und Poesie besonders berücksichtigen, lassen sich grob in zwei Gruppen einteilen. Die einen sehen eine Trennung oder äußerstenfalls eine Wechselwirkung zwischen beiden Bereichen und betonen die Sukzession: Abgesehen von einigen poetischen Jugendarbeiten sei der spätere Dichter Novalis zuerst durch die »harte Schule« der Philosophie, Mathematik und Naturwissenschaft gegangen, bevor er *der* romantische Dichter wurde. Novalis selbst spricht von »meinen philosophischen Bildungsjahren« (II, 522). In einem Brief vom Januar 1800 schreibt er rückblickend und durchaus bescheiden in der Sache und im Tonfall: »Die Philosophie wurde mir interessant, ich war aber viel zu flüchtig um es weiter als zu einer Geläufigkeit in der philosophischen Sprache zu bringen.« (IV, 310)

Dieser eher zurückhaltenden Selbstcharakterisierung folgt die andere Gruppe von Literaturwissenschaftlern nicht, sondern geht von der These aus, Philosophie und Poesie seien im Werk von Novalis nirgends zu trennen. Dementsprechend verbietet es sich, eine unterschiedliche Gewichtung oder gar qualitative Bewertung vorzunehmen. Diese Kommentatoren heben das Bedingungsverhältnis hervor und sehen eine intensive kausale, teilweise sogar genetische Verknüpfung anstelle einer bloßen Wechselwirkung. Sie machen häufig das romantische Diktum der Synthese und Identität zum Leitmotiv ihrer Interpretationen.

Für die erste Gruppe möchte ich stellvertretend Hugo Friedrich erwähnen. In seinem Buch *Die Struktur der modernen Lyrik* stellt er Novalis' neue Ansätze und poetische Reflexionen zur Lyriktheorie besonders heraus. Er zeigt auf, wie es Novalis gelingt, die Gleichsetzung von Poesie und Magie, die ästhetisch auf eine sehr alte Tradition zurückgeht, mit neuartigen Begriffen wie »Konstruktion« und »Algebra« zu verbinden, die einem ganz anderen, nämlich philosophischen bzw. mathematischen, Umfeld entstammen. In diesem Sinne haben die Impulse, die von Novalis ausgingen, einen wichtigen Einfluß auf die Entwicklung der modernen Lyrik seit Baudelaire ausgeübt. Doch in seinem eigenen dichterischen Werk, so konstatiert Friedrich, ist der Poet nicht auf der Höhe der ästhetischen Einsichten, die dem Philosophen Novalis gelungen sind: »Seine Dichtung kann unberücksichtigt bleiben. Seine Reflexionen, niedergelegt in den ›Fragmenten‹ und auf einigen Seiten des ›Ofterdingen‹, sind ihr weit voraus. Mit der Absicht, die romantische Poesie zu deuten, entwerfen sie einen Begriff zukünftiger Poesie, dessen volle Bedeutung wiederum nur erkennbar ist, wenn man ihn mißt an der dichterischen Praxis von *Baudelaire* bis zur Gegenwart.«[6] Diese Position gipfelt in der These, Novalis sei ein Dichter, bei dem die theoretische Reflexion über Dichtung und Poesie die dichterische Verwirklichung übersteige. Ein solcher Standpunkt läßt sich nur mit der Grundannahme gewinnen, daß das philosophisch-ästhetische und das eigentliche poetische Werk getrennt gesehen und bewertet werden müssen.

Eine ähnliche Ansicht vertritt Wilhelm Dilthey in seinem Buch *Das Erlebnis und die Dichtung*, betont allerdings stärker als Hugo

Friedrich das Moment der Vermittlung. Dilthey sieht durchaus einen Zusammenhang zwischen den philosophischen Ideen und der poetischen Aneignung der Welt. Insofern die Wechselwirkung zwischen philosophischen Ideen und dichterischer Gestaltung ohnehin die Epoche prägt, gilt auch für Novalis, daß die Beschäftigung mit der Philosophie zu einem unverzichtbaren Bestandteil seiner Entwicklung zum Dichter geworden ist. Im Sommer 1799 hat er sein philosophisches Werk im wesentlichen abgeschlossen: »Es ist für den Geist seiner Zeit charakteristisch, daß [...] erst nachdem jene philosophische Gestalt einen gewissen Abschluß erlangt hatte, die dichterische hervortrat.«[7] Dilthey weist der philosophischen Phase in Novalis' Leben mithin eine Art von propädeutischer Funktion zu, wenn er einerseits die sukzessive Folge, andererseits die Wechselwirkung betont, in der Philosophie und Poesie in Novalis' Schaffen stehen. In der unergründlichen Tiefe philosophischer Gedanken verwandeln sich Novalis' Erkenntnisse in ästhetische Anschauung: »Überall aber durchdringt ein Geist dichterischer Gestaltung seine Theorien.«[8] Deshalb kann das größte Geheimnis, das der Mensch selbst ist, nur durch die Anschauung des eigenen Innern enträtselt werden, wenn es denn überhaupt je gelöst werden kann. Bei Novalis sind, so stellt es Dilthey dar, die Rollen klar verteilt: Nur der Dichter darf den metaphysischen Zusammenhang des Lebens deuten, wovor der strenge Philosoph zurückschreckt. Wir finden hier also wieder die prinzipielle Trennung der beiden Bereiche Philosophie und Poesie, nur werden sie – im Vergleich zu Friedrich – umgekehrt gewichtet: Die Poesie vollendet, was der Philosophie versagt bleiben muß.

Die andere Forschungsrichtung geht von dem Grundsatz aus, daß dem Dichter Novalis Unrecht widerfährt, wenn man ihn zu philosophisch verstehen will. Novalis verwandelt die Philosophie seiner Zeit, den transzendentalen Idealismus, aus abstrakt-logischen Gedankenkonstruktionen in dichterische Erlebniskategorien, die aus dem Inneren stammen. Es ist ein seelisches Vermögen, das schöpferisch tätig ist. So beschwören die philosophischen Gedanken eine ästhetische Welt herauf. Ebenso ist die Dichtung in philosophischer Tiefe verankert. Beide Bereiche sind nicht zu trennen, sondern unauflöslich miteinander verbunden. Eine entsprechende Analyse, die zerlegen möchte, was zusammengehört, wäre ein sinnloses Unterfangen.

Novalis will ein bewußtes Dichten. Der Begriff der Bewußtheit verbindet den Dichter mit dem Philosophen, so daß beide schließlich verschmelzen. Die treibende Kraft in diesem Prozeß ist die »Magie«, die Poesie und Philosophie zusammenfügt. Diesen Aspekt hebt etwa Karl-Heinz Volkmann-Schluck in seinem Beitrag *Novalis' magischer Idealismus* besonders hervor. Der magische Dichter hat keine gewöhnliche Sinneswahrnehmung. Auch ist sein Denken nicht von rationaler Diskursivität dominiert. Vielmehr sieht er dichtend, daß alle Objekte vom Geist durchdrungen und deshalb ebensosehr Subjekte sind, was der Philosoph – wenn überhaupt – erst nach komplizierten dialektischen Gedankengängen erkennt. Jede Dichtung ist deshalb Offenbarung. Offenbarung ist der Vorgang, in dem die verschlossene Wahrheit zum Vorschein kommt: Die Wahrheit bedarf der Offenbarung. Der magische Idealismus ist, so lautet Volkmann-Schlucks These, die zur Poesie gewordene Metaphysik selbst. Aus diesem Grund ist er von keiner Metaphysik begrifflich faßbar, denn er ist als Dichtung selbst zur Metaphysik geworden. Weil Novalis das Postulat von der Poesie als Metaphysik aufgestellt hat, sind seine philosophischen Gedanken und seine Dichtung nicht zu trennen.[9]

Nach Novalis' eigener Definition ist die Philosophie der Trieb, überall zu Hause zu sein. (Vgl. III, 434) Diese Ortsangabe »überall« umfaßt den gesamten sensiblen und intelligiblen Raum, also die Sphären der Empfindungen und Wahrnehmungen ebenso wie die der Diskursivität und Rationalität. Philosophie ist damit das Verbindende, das selbst ohne einen spezifischen Ort ist. In diesem Sinne ist sie vertrieben, weil sie keine Heimat in des Wortes eigentlicher Bedeutung hat. Diesen Aspekt des Philosophiebegriffs betont Theodor W. Adorno, indem er die Situation der Philosophie bei Novalis mit der der Vaganten vergleicht, wie sie in der Dichtung Eichendorffs erscheinen. Die Vaganten sind als Heimatlose zugleich »Boten an die Zukunft derer, die, wie es bei Novalis die Philosophie will, überall zuhause sind« [10]. Der Verlust des Ortes ist jedoch nicht mit dem Anspruch auf Allgemeingültigkeit der Philosophie gleichzusetzen, sondern steht für den subjektiven Versuch, die Welt als ganze zu begreifen. Das kann, wenn überhaupt, erst in der Zukunft, dem berühmten Goldenen Zeitalter, gelingen. Deshalb geht die Sehnsucht der Philosophie darauf, den Ort zu finden, an den sie gehört. Er liegt in der Poesie. Die Philosophie kann aus diesem Grund nicht von der Poesie abgelöst werden, wie sich umgekehrt die Poesie nicht ohne Philosophie zu entwickeln vermag. Poesie, sagt Novalis, ist »der Schlüssel der Philosophie, ihr Zweck und ihre Bedeutung« (II, 533). Und, so kann man jetzt ergänzen, ihre Heimat.

Die bisher vorgestellten Forschungspositionen zum Verhältnis von Philosophie und Poesie bei Novalis lassen sich in dem Dreierschema strikte Trennung, Vermittlung und Identität zusammenfassen. Das allein zeigt schon den Spannungsbogen, der die Interpretationen bis heute kennzeichnet. Dieses Oszillieren zwischen dem »Gültigen« und dem »Falschen«, zwischen Widerspruch und Aktualität prägt auch die vorliegende *Einführung*. Der Leser möge selbst seine Position finden und aktiv in die Interpretation einsteigen. Den Leitfaden dazu hält er in der Hand, die Lösung liegt im Werden. Novalis' Werk entzieht sich einer Kategorisierung. Gerade seine Inhomogenität und immanente Widersprüchlichkeit halten es jedoch lebendig und bewahren es vor dem Vergessen.

Die *Einführung* bemüht sich darum, auf die Brüche und Inkommensurabilitäten hinzuweisen und nicht dort zu glätten, wo sich Disparatheit auftut. Das ginge nämlich am Kern der Sache vorbei. Widersprüche, die sich zeigen mögen, sind aus dem Inhalt erwachsen, weniger aus der Art der Darstellung. Eine Einleitung kann sich deshalb dieser wichtigen Hinweise nicht entziehen. Beim Lesen des Buches möge der Leser bitte einen Satz von Novalis bedenken: »Der Gebrauch des Buchs – die Philosophie seiner Lektüre wird in der Vorrede gegeben.« (III, 361) Es liegt mir fern, die Freiheit der Leser mit einer »Gebrauchsanleitung« einzuschränken, doch möchte ich einige Wünsche äußern. Mit den Brüchen sollte produktiv umgegangen werden, nicht destruktiv. Das käme der Intention der Romantiker am nächsten. Zugleich möge der Leser eine gewisse Distanz bewahren, um der suggestiven Kraft, die manchmal vom romantischen Denken ausgeht und zur Gefahr werden kann, nicht zu erliegen. Die beste Leseempfehlung ist deshalb zugleich eine unmögliche, die nur mit der Quadratur des Kreises zu vergleichen ist: Man möge dieses nichtromantische Buch mit »romantischen« Augen lesen, d.h. durch die Widersprüche hindurch und nicht gegen sie.

2. Der Weg ist das Ziel: Über den werdenden Romantiker Novalis

Friedrich von Hardenberg wurde am 2. Mai 1772, morgens um zehn Uhr, auf dem Gut Oberwiederstedt bei Hettstedt in der Grafschaft Mansfeld als erster Sohn von Heinrich Ulrich Erasmus von Hardenberg (1738-1814) und seiner zweiten Ehefrau Auguste, geb. von Bölzig, geboren. Aus der Ehe gingen insgesamt elf Kinder hervor, von denen nur eines, der Sohn Anton, die Mutter überlebte. Die Familie entstammt altem niedersächsischem Adel, der sich bis in das 12. Jahrhundert hinein zurückverfolgen läßt. Im 17. Jahrhundert erhielt Georg Anton von Hardenberg (1666-1721), der Urgroßvater von Novalis, als zweiter von drei Söhnen neben einem Freiherrntitel das Gut Oberwiederstedt, das ein säkularisiertes Kloster war. Die übrige Familie verblieb in Niedersachsen. In der Nähe von Göttingen stehen heute noch die Ruinen des alten Stammsitzes derer von Hardenberg.

Novalis' Geburt fällt in eine Epoche des beginnenden Umbruchs, die in der Französischen Revolution nur ein vorläufiges Ende fand. Viele berühmte Zeitgenossen, die auf ganz unterschiedlichen Gebieten die Welt verändern sollten, waren in etwa gleichaltrig. Ihre Leistungen beeinflußten die historische Entwicklung bis tief in das 19. Jahrhundert hinein. Zu denjenigen, die um Novalis' Geburtsjahr 1772 herum geboren wurden, gehören nicht nur die Dichter Hölderlin, Friedrich Schlegel und Ludwig Tieck sowie die Philosophen Hegel und Schelling, sondern auch Napoleon und Metternich. Fast sinnbildlich können diese Namen für die Interessen und Vorlieben des Novalis stehen, die sein

Leben prägten: die Leidenschaft für die Dichtung, die immerwährende Auseinandersetzung mit der Philosophie und schließlich die Affinität zu Fragen der Politik. Und ein weiteres zufälliges Ereignis, von Novalis selbst symbolisch gedeutet, hängt mit dem Datum seiner Geburt zusammen: Am Abend des 2. Mai fand eine Sonnenfinsternis statt. Das Kind Friedrich mag von diesen Umständen rund um seinen Geburtstag, die den Reiz des Geheimnisvollen und Besonderen in sich bergen, beeindruckt gewesen sein. Die Sonnenfinsternis wird in der blühenden Einbildungskraft des Knaben zu einem Zeichen seiner Auserwähltheit. In seinen Fragment gebliebenen Roman *Heinrich von Ofterdingen* läßt der Dichter später den Satz einfließen: »Es mag wohl wahr sein, daß eine besondere Gestirnung dazu gehört, wenn ein Dichter zur Welt kommen soll.« (I, 209) Hierin zeigt sich der tiefe Eindruck, den diese frühe Kindheitserfahrung, die ja mehr phantastische Imagination als reales Erlebnis ist, auf Novalis gemacht hat.

Diese Selbsteinschätzung als geborener Dichter, wenn auch versteckt in einem poetischen Text geäußert, gehört zu dem Wenigen, was wir aus Novalis' frühester Zeit, von ihm selbst übermittelt, wissen. Zwar wollte er eine »Geschichte meines Lebens« (III, 648) niederschreiben, aber sein zeitiger Tod verhinderte die Ausführung dieses Plans. So besitzen wir keine Quelle erster Hand, die uns über seine frühen Jahre berichtet. Was wir wissen, sind Rekonstruktionen aus den Zeugnissen anderer Menschen, die seine Knabenzeit begleitet haben. Das sind vor allem die Eltern und Geschwister, Verwandte und Freunde. Später zählen dazu auch Friedrich Schlegel und Ludwig Tieck, die die Schriften und Dichtungen posthum in einer zweibändigen Ausgabe zusammenstellten. Letzterer entwarf 1815 in einem Aufsatz über *Novalis' Lebensumstände* ein Novalis-Bild im Geist der Romantik, das für die frühe Novalis-Rezeption und die literaturwissenschaftliche Forschung im 19. Jahrhundert richtungsweisend wurde.

Von diesen äußeren Hinweisen abgesehen, die sich knapp umreißen lassen, fehlen uns weitere Anhaltspunkte, die zuverlässig die innere Entwicklung des Kindes und später des Jünglings Friedrich von Hardenberg dokumentieren. Wir sind angewiesen auf Fragmente, Tagebuchaufzeichnungen und Gedichte, in denen Novalis als Erwachsener die Erinnerungen an seine Jugendzeit festgehalten hat. Freilich bleiben in diesen Selbstzeugnissen blinde Flecken. Weil Novalis selten ein kontinuierliches Tagebuch über einen längeren Zeitraum hinweg geführt hat, müssen auch die biographischen Splitter, die er seinen verschiedenen Fragmentsammlungen hinzugefügt hat, berücksichtigt werden. Zusammen mit anderen persönlichen Notizen und dem Briefwechsel ergibt sich ein mosaikartiges Bild seines Lebens, seiner Denkweise und seiner poetischen Welt, das als geschlossenes nicht rekonstruiert werden kann und darf, ohne an Authentizität zu verlieren.

Eine Auseinandersetzung mit seiner Biographie ist für das Verständnis der Texte wichtig, sogar dringender notwendig als bei manchem anderen Dichter, weil sich zu den Spannungsmomenten, die dem Werk Gestalt verleihen, Parallelen in der Lebenssituation finden lassen. Schon Ludwig Tieck beginnt seinen Bericht über *Novalis' Lebensumstände* mit dem Hinweis, daß es nur wenige Bücher gibt, in denen sich »das Gemüt des Verfassers so klar und rein abspiegelt«[11] wie in den Werken des Novalis. Drei Ereignisse haben entscheidenden Einfluß auf die Kontur der philosophischen und poetischen Arbeiten gewonnen. Da ist zunächst das nicht eben einfache Verhältnis zum Vater zu nennen, der ihm eine gänzlich »unromantische« Ausbildung zum Bergbauingenieur zukommen ließ. Aus seiner Beziehung zu Sophie von Kühn, die früh verstarb, ergab sich ein Wendepunkt in seinem Leben, der als sogenanntes *Sophienerlebnis* Eingang in die Literatur fand. Schließlich überschattete eine schwere Lungenkrankheit seine letzten Lebensjahre, welche ihn daran hinderte, viele dichterische Pläne, die er noch hegte, in die Tat umzusetzen. Um also das Werk aus seiner Vorgeschichte und seinen Entstehungsbedingungen heraus kennenzulernen, müssen wir uns zunächst der Biographie zuwenden. Um es mit Novalis' eigenen Worten auszudrücken: »Jede Stufe der Bildung fängt mit Kindheit an.« (II, 432)

Die früheste Jugendzeit des Dichters wurde von seiner schwächlichen Konstitution bestimmt. Das Kind Friedrich war anfällig und häufig krank. Es galt dem Vater als dumm und unbegabt, heute würde man vielleicht sagen: entwicklungsverzögert. Mit seinem träumerischen Wesen entsprach der kleine Junge wenig den Idealen seines Vaters, dessen Charakter von unerbittlicher Strenge, gepaart mit einer harten, später zum Pietismus neigenden Religiosität, geprägt war. Für seinen ältesten Sohn interessierte er sich erst, als dieser, von einer schweren Erkrankung, der Ruhr, gerade genesen, plötzlich eine rasche geistige Entwicklung nahm. Inzwischen war das Kind neun Jahre alt geworden. Der Vater versäumte nunmehr nicht, ihm eine standesgemäße Erziehung und Bildung zukommen zu lassen. Der Junge lernte die alten Sprachen schnell, interessierte sich für Geschichte, wurde in der Religion unterwiesen und las am liebsten Märchen und Gedichte. Doch das Verhältnis zum Vater blieb emotional unterkühlt. Je mehr der Vater dieses Kind ablehnte, desto stärker liebte es die Mutter, als wolle sie die Überstrenge des Vaters auf diese Weise abmildern. So nimmt es nicht Wunder, daß sich der kleine Friedrich eng seiner Mutter anschloß. Ihr galt später seine ganz besondere Dankbarkeit. Der Neunzehnjährige schrieb in einem Brief: »Du trugst beinah alles zur Entwicklung meiner Kräfte bei, und alles, was ich einst Gutes wage und tue, ist Dein Werk und der schönste Dank, den ich Dir bringen kann.« (IV, 87) Eine Spur von dieser früh erfahrenen Nähe zur Mutter, mit der die schmerzliche Zurückweisung durch den Vater kompensiert werden konnte, findet sich in Novalis' wichtigstem Roman *Heinrich von Ofterdingen*. Der Titelheld wird dort auf seinen Reisen stets von der Mutter begleitet, während er, der ein empfindsames Wesen hat, mit seinem kühl-rationalen Vater in einen Konflikt gerät. Zwar muß man eine gewisse Vorsicht walten lassen und darf nicht unmittelbar den literarischen Text als ein Lebenszeugnis lesen. Doch lassen sich gewisse autobiographische Details und Bezüge nicht ganz von der Hand weisen.

Kehren wir zurück zu dem problematischen Verhältnis zwischen Vater und Sohn. Novalis' Vater Heinrich Ulrich Erasmus von Hardenberg war ein Mensch mit festen Prinzipien. Von seiner Ausbildung her war er juristisch geschult und auf das Bergfach vorbereitet. In seiner beruflichen Tätigkeit als Aufseher über das Salinenwesen nahm er sowohl Verwaltungsaufgaben als auch praktische Funktionen eines Bergbauingenieurs wahr. Traditionsbewußt läßt er später dem ältesten Sohn Friedrich die gleiche Ausbildung angedeihen. Dessen Bildungsweg, zunächst als Verwaltungsjurist und anschließend als Bergbaubeamter, paßt wenig zu der landläufigen Vorstellung eines schwärmerischen Romantikers. Das hat bereits die Zeitgenossen erheblich irritiert. So schreibt Justinus Kerner 1810 in der Erinnerung an Novalis: »Es macht eine sonderbare Wirkung und stört doch, wenn man sich den Novalis als Amthauptmann oder als Salzbeisitzer denkt. Das ist entsetzlich!! Ich hätte mir sein Leben doch viel anders vorgestellt.« (IV, 550)

Den Vater hingegen focht das nicht an. Er kümmerte sich um das berufliche Fortkommen seines Sohnes, protegierte ihn geradezu. Das konnte nicht ohne Konflikte geschehen, von denen Novalis hin und her gerissen wurde. Es war ja nicht so, daß er gegen seinen Willen zu dieser Ausbildung gezwungen wurde. Im Gegenteil, wenn auch ein drängender Wunsch des Vaters, die sanften Ermahnungen des Onkels sowie Rücksichtnahme auf die jahrhundertealte adelige Abstammung im wesentlichen Friedrichs Studienbeginn 1790 als Jurist in Jena bestimmten, so betrieb er doch seine Arbeit mit Eifer und Sorgfalt. Freilich war er auch den Freuden des studentischen Lebens zugetan, doch zugleich war er flexibel und vielseitig interessiert, schrieb sich bereits 1791 in Leipzig in Mathematik und Philosophie ein, zusätzlich zum Studium der Rechte.

Einige amouröse Abenteuer sowie seine Vorliebe für das Fechten, von der uns der gleichaltrige Freund Friedrich Schlegel in einem Brief an seinen Bruder berichtet, lassen den Eindruck aufkommen, Novalis habe zu einem lockeren Lebenswandel in seinen ersten Studienjahren geneigt. Diese Einschätzung ist jedoch weit übertrieben. Er ist eben – dem besagten Bericht Friedrich Schlegels zufolge – »in Jena ganz Student« gewesen, geprägt von der »Heiterkeit der Jugend«. Darüber hinaus zeichnet der Freund ein geradezu liebevolles Bild des jungen Novalis: »Ein noch sehr junger Mensch – von schlanker guter Bildung, sehr feinem Gesicht mit schwarzen Augen, von herrlichem Ausdruck wenn er mit Feuer von etwas schönem redet – unbeschreiblich viel Feuer – er redet dreymal mehr und dreymal schneller als wir andre – die schnellste Fassungskraft und Empfänglichkeit. Das Studium der Philosophie hat ihm üppige Leichtigkeit gegeben, schöne philosophische Gedanken zu bilden – er geht nicht auf das wahre sondern auf das schöne – seine Lieblingsschriftsteller sind Plato und Hemsterhuys – mit wildem Feuer trug er mir einen der ersten Abende seine Meinung vor – es sey gar nichts böses in der Welt – und alles nahe sich wieder dem goldenen Zeitalter.« (IV, 571f.)

Doch Novalis wollte sich nicht der »üppigen Leichtigkeit« ergeben, sondern war gewillt, eine strenge Ordnung in sein Leben zu bringen, die kaum zu dem Stereotyp eines träumerischen Romantikers paßt, der, nur seinen Empfindungen folgend, in den Tag hinein lebt. Hören wir von seinen Plänen durch ihn selbst: »Ich werde in 3 Wochen nach Leipzig abgehn und nach einer gänzlich veränderten Lebensordnung zu leben dort anfangen. Jurisprudenz, Mathematik und Philosophie sollen die 3 Wissenschaften seyn, denen ich diesen Winter mich mit Leib und Seele ergeben will und im strengsten Sinne ergeben. Ich muß mehr Festigkeit, mehr Bestimmtheit, mehr Plan, mehr Zweck mir zu erringen suchen und dis kann ich am leichtesten durch ein strenges Studium dieser 3 Wissenschaften erlangen. Seelenfasten in Absicht der schönen Wissenschaften und gewissenhafte Enthaltsamkeit von allem zweckwidrigen hab ich mir zum strengsten Gesetz gemacht.« (IV, 97) Es klingt wie eine Beschwörung, wenn Novalis immer wieder nach Strenge und Zucht ruft, die diese Wissenschaften von ihm verlangen sollten. Seine Vorliebe für die Poesie habe Platz in seinen Nebenstunden. Kein geringerer als Schiller[12] habe ihm gezeigt, »daß man könne, was man solle.« (Ebd.) Dennoch, so räumt Novalis ein, brauche er sich deswegen »nicht an Kopf und Herz von meiner Brodwissenschaft Abälardisiren zu lassen.« (Ebd.) Wenn auch diese Aufteilung in nutzbringende Brotarbeit und genußbringende müßige Tätigkeit für den jungen Studenten praktisch zu sein scheint, so ist doch der Ansatz zu einer Doppelexistenz schon erkennbar, die stets die beiden Seiten des romantischen Dichters ausgemacht hat.

Seine technisch-naturwissenschaftliche Ausbildung schritt zügig voran. Er befaßte sich intensiv mit dem Salinenwesen. Als er bemerkte, daß seine spezifischen Kenntnisse auf diesem Gebiet nicht hinreichend waren, um erfolgreich zu sein, nahm er 1797 sogar ein zweites Studium an der berühmten Bergakademie in Freiberg auf. Der Antrieb hierzu entsprang nicht einem vermeintlichen Karrieredenken, sondern dem vertieften Erkenntnisinteresse des Novalis und seiner Faszination für die Wissenschaften im allgemeinen.

Dem Vater war jedoch auch der äußere Rahmen wichtig, und er machte seinen Einfluß geltend, wo immer er das vermochte. Das Interesse des Sohnes für Poesie und Kunst im weitesten Sinne konnte er nicht recht nachvollziehen. So blieb Novalis' Verhältnis zum Vater gespannt. In dieser Spannung spiegelt sich nicht nur der gewöhnliche Generationskonflikt wider, sondern auch die politisch bedingten Auseinandersetzungen zwischen Vater und Sohn, die sich an gegensätzlichen Auffassungen zur Französischen Revolution entzündeten. Die strengen, religiös engstirnigen Ansichten des Vaters erlaubten keine Diskussion. In dieser aufgeladenen Atmosphäre wurde Novalis, der über viel Familiensinn verfügte, seine Abhängigkeit vom Vater besonders bewußt.

Ein Brief, den ihm der jüngere Bruder Erasmus im Dezember 1794 nach Tennstedt sandte, wirft ein erhellendes Schlaglicht auf die Situation. Erasmus will Novalis in dem Konflikt, der sich angesichts der väterlichen Protektionsbemühungen anbahnt, unterstützen. Er warnt unmißverständlich: »Der Kurfürst ist ein Feind von allen Substitutionen des Sohnes bei dem Vater.« (IV, 370f.) Zwar erkennt Erasmus des Vaters Fürsorge und sein Verhandlungsgeschick an, mit dem es ihm schließlich gelingen wird, Novalis seiner Ausbildung entsprechend in einer staatlichen Laufbahn im Bergwesen unterzubringen. Doch bleibt Erasmus' Anerkennung mit einer stets beigemischten deutlichen Distanz verbunden: »Ja, lieber Fritz, unser Vater ist auch kein Sauen-Papa, noch viel weniger ein Lustiger Rat oder Hanswurst.« (IV, 371) Aus Erasmus' Sicht stellt sich das zerrüttete Verhältnis zwischen dem Vater und seinem ältesten Sohn wie folgt dar: »Blinder Religionseifer und wütende Feindschaft gegen alles, was Neuerung heißt, haben eine ewige Scheidewand zwischen Euch aufgerichtet, die weder Toleranz von der einen Seite noch Bekehrungseifer von der andern je einreißen werden.« (IV, 371) Aus diesem Brief spricht eine herzliche Sympathie, die den hellsichtigen Erasmus mit seinem Bruder Friedrich verband.

Überhaupt hatte Novalis ein inniges Verhältnis zu seinen Geschwistern, für deren Wohlergehen er sich als der Ältere häufig verantwortlich fühlte. Deshalb kann der Konflikt zwischen Novalis und seinem Vater möglicherweise als Reflex auf die veränderte Situation der Familien am Ende des 18. Jahrhunderts gedeutet werden. Bürgerliche Intimität im privaten Bereich breitete sich aus und ersetzte den formellen Umgang der Familienmitglieder untereinander. Das zeigt sich auch im Wechsel der Anrede, mit der die Kinder den Eltern zu begegnen hatten. In der von Hardenbergschen Familie herrschte bereits das vertrauliche Du, was noch keinesfalls üblicher Umgangston in diesen Kreisen war. Auf diese »Krisenerscheinungen einer Übergangszeit«[13] mögen Vater und Sohn von Hardenberg unterschiedlich reagiert haben, was ihr zwiespältiges Verhältnis zueinander nicht eben vereinfachte.

Im großen und ganzen gesehen, führte Novalis' Familie ein ruhiges und beschauliches, ein geradezu einfaches Leben in dem ländlichen Schloß an den südlichen Ausläufern des Harzes. Es gab keine übermäßige Pflicht zur Repräsentation, keine prachtvollen Empfänge, man lebte etwas abseits von den Neuigkeiten und dem, was in der Welt vorging. Entsprechend harmonisch und im Einklang mit der Natur wuchs Novalis auf, wenn man diese äußerlichen Bedingungen betrachtet und die anfängliche Ablehnung durch den Vater einmal hintanstellt. Ab 1783 lebte er einige Zeit bei seinem Onkel, dem älteren Bruder des Vaters, Gottlob Friedrich Wilhelm von Hardenberg (1728-1800), auf dessen Schloß in Lucklum bei Braunschweig. Der Onkel, Landkomtur des Deutschritter-Ordens und in vielem standesbewußter und dem äußeren Glanz verpflichteter als seines Bruders Familie, führte ein ganz anderes, aufwendigeres Leben. Im Vergleich zu den eher bescheidenen Verhältnissen in Oberwiederstedt lernte Novalis eine aufregendere Welt kennen, die seine geistige Entwicklung weiter beförderte und einen tiefen Eindruck bei ihm hinterließ. Die Sorge des Onkels, der Zwölfjährige könne in seinem Hause zu sehr verwöhnt und von den zahlreichen Besuchern, die empfangen wurden, zu sehr verwirrt werden, beendete den Aufenthalt, dessen genaue Dauer nicht bekannt ist.

Der weitere Bildungsgang wurde zwar einerseits von den Entscheidungen des Vaters veranlaßt. Andererseits jedoch nahm Novalis diesen Weg an und machte ihn zu seinem eigenen Anliegen. Eine hauptberufliche Existenz als Dichter erwog er in seiner Jugend nicht. Sie lag ihm um so ferner, als sie nicht in das traditionelle Berufsspektrum der adeligen Familie paßte. Zwar konnte er seine Liebe zur Poesie und zu den – in der Sprache des 18. Jahrhunderts – *schönen Wissenschaften* nicht verbergen, doch fruchtete die Erziehung des Onkels, der ihm oft »das Ridicule eines Schöngeistes gezeigt« hatte. (IV, 309) Doch abschrecken konnten ihn diese Ermahnungen nicht: »Und wenn ich auch im Gefühl dieser Lächerlichkeit mich wohl in acht nahm, meine Vorliebe blicken zu lassen, so konnte ich doch im stillen nicht unterlassen, diese reizenden Beschäftigungen zu verfolgen.« (Ebd.) Die Warnungen trugen also nur dazu bei, den in seinem inneren Wesen durchaus willensstarken und disziplinierten Novalis zu einer Doppelexistenz zu bewegen, die er nie geleugnet und stets sichtbar gelebt hat und die sich in seinen beiden Namen nach außen manifestiert.

Was uns heute hauptsächlich interessiert, ist die Frage, wie ein Mann seines Zuschnitts vor diesem Hintergrund zum Schöpfer romantischer Märchen, ja zum Inbegriff einer Epoche werden konnte, die dem rational-aufgeklärten Denken vorgeblich so fernsteht. Seine Art und Kombination der Studien – modern gesprochen, muß man sie als interdisziplinär bezeichnen – wird für das ganze dichterische Werk entscheidend. Nur scheinbar erwächst aus dem poetischen Talent, das der junge Novalis schon früh unter Beweis stellte, und der juristischen und naturwissenschaftlichen Ausbildung, die er absolvierte, ein Gegensatz. Die Zeitgenossen mögen ihn zwar als solchen empfunden haben, wie die oben zitierte Bemerkung Kerners belegt. Tatsächlich aber wurde die Liebe zur Poesie durch die Wahl dieser Studienfächer nicht überlagert, sondern im Gegenteil sogar angeregt: Die wechselnden, sich ergänzenden Sichtweisen auf die Welt unter den Prämissen des Poetischen einerseits und des Wissenschaftlich-Rationalen andererseits bilden den Keim, aus dem heraus das spezifisch Romantische in Novalis' Leben und Werk entsteht. Erst aus diesem Kontrast heraus wird ihm das Fehlen einer Einheit bewußt, die die poetische Welt mit der wissenschaftlichen verbinden sollte. Von daher wird die Sehnsucht nach der Identität, der All-Einheit, verständlich, der er in seinen Romanen und gerade auch in seiner Lyrik immer wieder Ausdruck verleiht.

Diese These läßt sich am Beispiel der Naturdarstellung näher erläutern und belegen. Wie spekulativ die Darstellung der Natur in Novalis' Dichtung später auch erscheinen mag, so oft sie gar auf einen mystischen Inhalt verweist – man denke an die Märchen –, stets beziehen seine Gedanken und Ausführungen die vermeintlich konträre Auffassung der mathematisch-exakten Naturwissenschaften mit ein, welche sich im 18. Jahrhundert überhaupt erst konstituieren. Das gilt für die Inhalte seiner Dichtungen ebenso wie für seine theoretischen Überlegungen. Aufmerksam verfolgt er die Entwicklung von Naturwissenschaft und Naturphilosophie. Aus diesen Bereichen übernimmt er Verfahren und Konzepte, die er in seiner Lyrik und Prosa umsetzt. Es geht ihm darum, die Endlichkeit zu transzendieren und sich der Unendlichkeit zu nähern, wobei er zahlreiche mathematische Begriffe von der Algebraisierung über die Infinitesimalrechnung bis hin zu den Potenzen verwendet, um diesen Prozeß zu beschreiben. Damit betreibt er zugleich eine Erweiterung oder Poetisierung dieser Wissenschaften: »Vorzüglich interressant ist diese philosophische Betrachtung der bisher blos mathematischen Begriffe und Operationen – bey den Potenzen, Wurzeln, Differentialen, Integralen, Reihen – *Curven* – und *Directen* – Functionen.« (III, 260) Alles dies müsse auch in der Physik angewendet werden, was dann noch viel interessanter sei. Der Blick auf die Natur ist bei Novalis also zumeist ein doppelter, ist naturwissenschaftlich und ästhetisch bestimmt. Ohne sein interdisziplinäres Studium wäre diese Sichtweise kaum denkbar. Zugleich ist sie das Resultat einer Entwicklung, die in der Kindheit ihren Ausgang nahm. Der erste Blick auf die Natur war nicht wissenschaftlich durchgeformt, sondern von unmittelbarer Vertrautheit und Wahrnehmung der Natur als Einheit abhängig. Im Vordergrund stand die ästhetische Erfahrung. Sehen wir im folgenden, wie es dazu kam.

Weil Novalis' Vater zum Direktor der kursächsischen Salinen ernannt wurde, siedelte die Familie 1785 nach Weißenfels um, einer Kleinstadt von knapp 4000 Einwohnern, unweit Leipzigs gelegen. Fortan wurde der Ort zum Lebensmittelpunkt des Dichters, an den er später immer wieder gern zurückkehrte. Weißenfels' reizvolle Lage in schöner Umgebung machte ihm den Wechsel vom Dorf in die Stadt leicht. Die Liebe zu der vielgestaltigen Landschaft seiner Heimat blieb deshalb zeit seines Lebens bestimmend. Immer wieder verarbeitete Novalis seine Natur- und Landschaftserfahrungen in frühen Gedichten, wie sich schon an den Titeln *Der Falckenstein am Harz*, *Natur*, *Die Quelle* und *Der Abend*, entstanden zwischen 1788 und 1790, ablesen läßt. Dabei hat er nie weite Reisen unternommen, aber zahlreiche Wanderungen in die nähere und fernere Umgebung, z.B. durch das Saaletal bis nach Jena. Sein Lebenskreis beschränkte sich auf Sachsen und Thüringen. In diesem Gebiet ist er viel gereist, vor allem in seiner späteren beruflichen Funktion als Salinenassessor. Wiederholt begegneten ihm dabei Ruinen und andere Baudenkmäler als Zeugen der alten Zeit. Sein Blick war auf diese Weise schon früh in die Vergangenheit gerichtet, so daß er von Jugend an wahrnehmen konnte, was später in seinem Werk in verschiedenen Zusammenhängen herausgestellt wird: daß es einen Konnex von Naturerfahrung und historischem Bewußtsein gibt, daß man das eine ohne das andere nicht haben kann.

Auch die wechselnden Landschaften hat er in dem Kontrast gesehen, in dem sie zueinander stehen. Besonders liebte er den Rundblick, wie er in einem Brief an Karl Leonhard Reinhold 1791 mitteilte: »Aber den Zauber der Aussicht, wer vermag den zu beschreiben, da ihn die Seele mit Mühe faßt.« (IV, 92) Der natürlichen Gebirgswelt des Harzes standen die von Menschen gestalteten Parklandschaften zwischen Wörlitz und Dessau entgegen. Weil diesen die Ursprünglichkeit der Natur, die Novalis so liebte, fehlte, hegte er ihnen gegenüber ganz andere Empfindungen. In seinem *Reisejournal* vom April 1793 hält er seine ambivalenten Eindrücke beim Anblick eines Parks fest: »Einige wilde Parthien, leider noch ohne alles Grün; ein nachgeahmter Felsen, der zugleich einen Pavillon auf der Bergspitze formirte von dem man auf die Ebene, die Stadt und die Ortschaften umher eine schöne Aussicht hatte.« (IV, 14)

Hatte der Franzose Georges Buffon in seiner *Histoire naturelle, générale et particulière* noch in der Mitte des 18. Jahrhunderts behauptet, die rohe Natur sei abscheulich und wie tot[14], und damit seine Präferenz für Parkanlagen im französischen Stil bekundet, so ist Novalis bereits das Kind einer anderen Zeit. Inzwischen hatte sich der englische Gartenstil durchgesetzt, nach dessen Prinzipien der Wörlitzer Park angelegt wurde. Entsprechend dieser Veränderung des Zeitgeschmacks notiert Novalis im *Allgemeinen Brouillon*: »Grotesken und Arabesken der Natur – Ihre Quodlibets. Sonderbare Eindrücke eines französischen Gartens.« (III, 320) So kann man sagen, daß sich der Dichter mit der von Menschen gezähmten Natur als ästhetischem Leitbild nie ganz hat anfreunden können. Dies verrät darüber hinaus auch ein Blick auf sein Werk, in dem es keine eigentlichen Gartenschilderungen gibt, sondern nur phantastische Ausdeutungen und übernatürliche Wundergärten wie den imaginären Metallgarten in Klingsohrs Märchen, das Novalis in seinem Roman *Heinrich von Ofterdingen* erzählt. (Vgl. I, 291)

Hingegen war die archaische Wildheit der Harzlandschaft schon dem Kind vertraut. Der sechzehnjährige Friedrich verfaßte 1788 das Gedicht *Der Harz*. Darin wird das Gebirge in mehrfacher Perspektive beschrieben und symbolisch gedeutet: als Heimat (»Harz, du Muttergebürg«), als Quelle des Reichtums durch seine Bodenschätze, die den Menschen neben dem Nutzen aber auch Verderben bringen (»Gütig läßest du zu, daß dir dein Eingeweid/ Mit der emsigen Hand durchwühlt/ Nach verderbenden Gold und nach dem Silbererz/ Unersättlicher Menschendurst«), und schließlich als sinnbildlicher Ort der Freiheit, wodurch die letzte Strophe des Gedichts beinahe zu einem politischen Manifest wird (»Deutsche Freyheit so werth, werther dem Biedermann/ Als des zinsenden Perus Gold/ Stehe furchtbar und hehr und unerschütterlich/ Wie dein donnerndes Felsenhaupt«). (I, 465) Diese Mehrdimensionalität der Landschaftswahrnehmung ist bezeichnend für den werdenden Romantiker Novalis. Einerseits zeugt sie von einer tief empfundenen Beziehung, die gefühlsbetont und insofern *romantisch* ist. Andererseits erkennt man im Symbol des verderbenden Goldes eine Eigentumskritik, die ein distanziertes Verhältnis zur Landschaft und zur Gesellschaft voraussetzt. Hierin wirkt das Erbe der Aufklärung nach:

In der Betrachtung der Landschaft wird das Nützliche mit dem Angenehmen verbunden. Diese Vermischung von intensiver Nähe und kühl-rationaler Distanz in einem einzigen Gedicht zeigt sich schon in den Jugendwerken als ein Spannungsmoment, das uns später noch des öfteren begegnen wird.

Obwohl die frühe Lyrik des Novalis im allgemeinen nur zu einem geringen Grad Erlebnisdichtung ist und nur selten Selbstempfundenes entbirgt, werden dennoch gelegentlich Phasen des Erlebens sichtbar, die eine dichterisch geformte Verarbeitung eigener Eindrücke sind. Die unmittelbare Vorstellung, die ein Ereignis, ein Gefühl, ein Gedankensplitter in der Seele hinterläßt, wird sogleich ästhetisch verwandelt und in den Gedichten ausgedrückt. Aus dieser lyrischen Sichtweise bestimmt Novalis schon als sehr junger Mensch sein Verhältnis zur Wirklichkeit. So wird die innige Verbindung von Empfindung und Reflexion zu einem Kennzeichen seiner poetischen Gestaltungsweise. Es gelingt ihm, seine Gedanken zu konzentrieren, mit anderen Worten: zu verdichten, und seine Gefühle in eine Form zu übersetzen, die noch uns heutige Leser anzusprechen vermag.

Um diese Wirkung zu erzielen, braucht man neben poetischem Talent aber auch Kenntnisse auf dem Gebiet der Dichtkunst. Der anfangs überwiegend von Hauslehrern erzogene Adelssproß schloß seine schulische Ausbildung 1790 nach einem mehrmonatigen Besuch des Gymnasiums in Eisleben ab. Dort wurde besonderer Wert darauf gelegt, den Zöglingen neben Grundwissen in Geschichte und Philosophie auch einen Einblick in die Welt der Dichtung zu vermitteln. Schon in diesen Jahren begann Novalis sein poetisches Jugendwerk, das in seinem stolzen Umfang mehr als dreihundert frühe Gedichte, daneben Verserzählungen, Dramenbruchstücke, Romananfänge und kleine Prosaübungen sowie Fabeln vereinigte. Die große Zahl dieser Jugendarbeiten könnte in der Tat so gedeutet werden, daß hier lediglich ein kommender Dichter seine Schreibübungen absolviert hat. Doch dieses Urteil wäre zu einseitig und mithin ungerecht. Es zeigt die Notwendigkeit dieser Vorstufe nicht auf. Ohne seine Fingerübungen in der gebundenen Sprache, die ihm zugleich vertiefte Kenntnisse über die Geschichte und Tradition der Lyrik vermittelt haben, hätte Novalis der romantischen Poesie nicht die Impulse geben können, die später von ihm ausgingen.

Das hat auch sein Freund Friedrich Schlegel erkannt, den man in gewisser Hinsicht als Entdecker des Lyrikers Novalis bezeichnen könnte. Er war einer der ersten Leser der Jugendgedichte, die Novalis ihm überließ, als sich die beiden in Leipzig kennenlernten. Sein Urteil über diese Versuche vertraute Friedrich Schlegel in einem Brief vom Januar 1792 seinem Bruder August Wilhelm an: »Ich habe seine Werke durchgesehn: die äußerste Unreife der Sprache und Versification, beständige unruhige Abschweifungen von dem eigentlichen Gegenstand, zu großes Maaß an Länge, und üppiger Ueberfluß an halbvollendeten Bildern, so wie beym Uebergang des Chaos in die Welt nach Ovid – verhindern mich nicht das in ihm zu wittern, was den guten vielleicht den großen lyrischen Dichter machen kann – eine originelle und schöne Empfindungsweise, und Empfänglichkeit für alle Töne der Empfindung.« (IV, 572) Als habe er in die Kristallkugel einer Wahrsagerin geblickt, erkannte der mit Novalis gleichaltrige (!) Freund treffsicher das große Talent, das sich hinter den zum Teil etwas unbeholfenen poetischen Übungen verborgen hielt.

Tatsächlich zeigen sich in Novalis' Jugendwerk, wenn auch meist verhüllt, zahlreiche Aspekte, die den späteren Fortgang vorwegnehmen. Die reine Chronologie einer derartigen Biographie muß in seinem Falle durchbrochen werden. Denn es treten bei diesem Dichter Gleich- und Überzeitigkeit in einander systematisch kreuzender Weise auf, wodurch die chronologische Abfolge sich in eine innere Logik der Entwicklung transformiert. In der Rückschau wird im Früheren der Ansatz des Späteren erkennbar, während das Spätere häufig wie die vollendete Entfaltung des Früheren wirkt. Das gilt insbesondere für die lyrischen Texte.

In Kommentaren zu Novalis' Werk wird mehrfach darauf hingewiesen, daß eine zum Teil enge und überraschende Beziehung zwischen den frühen Arbeiten und der späten Lyrik besteht.[15] Im Keim, doch noch unentfaltet, liegt bereits verborgen, was nachmalig die reife Lyrik, besonders die berühmten *Hymnen an die Nacht*, prägen wird. Dort geht es um die Vermittlung von innerem Empfinden und äußerem Erleben sowie um die Auflösung dieser Gegensätze in der romantischen All-Einheit, was zur Erkenntnis letzter Dinge führen soll. Das Licht und die Nacht sind die beiden Extreme, zwischen denen Novalis die *Hymnen* ansiedelt. Sie sollen verschmolzen werden. In Interpretationen findet sich der Hinweis, daß diese lyrische Verbindung durchaus den Erkenntnisinteressen und der Vorbildung des Dichters entspricht. So soll es ihm in den *Hymnen* gelungen sein, Physik und Religion[16] zu verknüpfen. Der schwärmerische Plan dazu wurde schon von Friedrich Schlegel mit einem Schmunzeln und dem spöttischen Wort vom »interessanten Rührei«[17] bedacht. Realisiert wurde er, will man der Interpretation Gezá von Molnárs folgen, erst in dem Meisterstück der Poesie des älteren Novalis, eben den *Hymnen an die Nacht*. Doch bis dahin war es für den jungen Mann, der sich bis zu diesem Zeitpunkt mit vermeintlichen Schreibübungen beschäftigte, noch ein langer Weg.

Wenden wir uns einstweilen der weiteren Entwicklung des Jugendlichen zu. Die sorgfältige literarische Erziehung durch Elternhaus und Schule trug dazu bei, das dichterische Talent des Jünglings zu fördern. In einem Neujahrsgruß an die Tante in Gera[18] ist ein Gedicht des knapp Dreizehnjährigen erhalten geblieben, aus dem sich die früh erwachte Liebe zum Verseschmieden ablesen läßt. Ihr korrespondierte ein vertieftes Interesse an Literatur, das sich schon an dem Märchen lesenden Kind gezeigt hatte. Zusätzlich erwarb Novalis Kenntnisse des Italienischen und las bald die großen Dichter der Renaissance in der Originalsprache. Besonders die Werke von Petrarca, Ariost und Tasso faszinierten ihn. Die deutsche Literatur lernte er vorderhand in den Werken Wielands und Gottfried August Bürgers kennen und schätzen. Als er achtzehnjährig nach Jena kam, fand er in Schiller das große Vorbild. Dessen Lehren, die Novalis mit typisch jugendlicher Begeisterung und einer starken Verehrung für die Persönlichkeit Schillers aufnahm, gewannen Einfluß auf sein ästhetisches Denken. Die lebendige Auseinandersetzung mit der Weltliteratur, angeregt durch die Schule und fortgesetzt im Verlaufe seiner Studienjahre, nahm entscheidend Einfluß auf seine Entwicklung.

Von daher entwirft Novalis einen Bildungsbegriff, wie er aktiver nicht gedacht werden kann. Unter Lernen versteht er eine Anstrengung, der man sich zeitlebens unterwerfen muß. Dieser Prozeß ist niemals abgeschlossen: »Ist denn nicht das Leben des gebildeten Menschen eine beständige Aufforderung zum Lernen? Der gebildete Mensch lebt durchaus für die Zukunft. Sein Leben ist Kampf, seine Erhaltung und sein Zweck Wissenschaft und Kunst.« (III, 686) Die Aktualität dieses Konzepts ist nicht zu unterschätzen. Was ist es anderes als das heute geforderte Prinzip des *lifelong learning*, das zur Grundvoraussetzung wird, in einer immer schneller sich wandelnden Welt zu überleben?

Der Erwerb von Bildung ist Kampf – hier mag eine Erfahrung hineinspielen, die Novalis in seiner Kindheit gemacht hat. Disziplin und eine gewisse Selbstzucht halfen ihm, die Folgen seiner gesundheitlich angeschlagenen Konstitution, das häufige Kranksein, zu überwinden. Die intensive Auseinandersetzung mit der Welt muß hart erarbeitet werden. Sie findet auf literarischem

Gebiet in Novalis' frühen Jahren in seinen lyrischen Werken statt. Dabei kommt ihm die Tatsache entgegen, daß die Lyrik schon als Gattung dazu prädestiniert ist, subjektiver Ausdruck des menschlichen Geistes zu sein. Viele seiner Gedichte versuchen deshalb, authentisches Erleben durch sinnliche Wiedergabe zu verfeinern bzw. zu intensivieren. Beispielhaft dafür stehen die verschiedenen Gedichte mit dem stets gleichen Titel *An meine Mutter*, entstanden vermutlich zwischen 1788 und 1790. (Vgl. I, 461, 514, 522)

Ein expressives Moment beherrscht durchweg diese sogenannten »An-Gedichte«, die sich an eine Person oder eine Sache richten, wie etwa *An den König, An meine sterbende Schwester* oder *An meine Freunde*, aber auch *An die Linde, An den Tod* oder *An Laurens Eichhörnchen*. Alles drängt zur Aussage hin. Dichtend spricht Novalis zur Welt, ruft sie an, will eine Antwort. Neben einem gewissen Überschwang, der in seinem jugendlichen Alter begründet sein mag, wird bereits die dialogische Struktur erkennbar, die in seinem späteren Werk nicht nur häufig die äußere Form bestimmt, sondern auch inhaltlich im Verhältnis von Geist und Natur thematisiert wird.

Zugleich finden wir im Jugendwerk Gedichte, die nicht in diesem Sinne expressiv sind oder auf primäre Gefühlserlebnisse zurückgehen, sondern sich vielmehr einer Auseinandersetzung mit der literarischen Tradition verdanken. Das Gedicht mit dem schlichten, aber beziehungsreichen Titel *Die Liebe* von 1788/89 ist dafür ein anschauliches Beispiel. Die Annahme, hier habe ein junger Mann zum ersten Mal aufkeimende Gefühle verarbeitet, geht gründlich fehl. Ebensowenig möchten Verse wie »Es soll dann wiedertönen/ In dieser Grotte Nacht/ Das Loblied meiner Schönen,/ Wenn nur die Quelle wacht« (I, 481) eine romantische Stimmung verbreiten. In Wahrheit zeigt sich in diesem Text und auch in einigen anderen Gedichten (z.B. *Das Morgenlied* und *Die*

Erlen) der Einfluß des Rokoko. Mit der für diese Epoche charakteristischen Schäferlyrik, die die Fachwelt auch als Anakreontik und Bukolik bezeichnet, hatte sich Novalis beschäftigt. Es finden sich viele kleine Versatzstücke, die diesen Einfluß belegen. Gerade die Landschaftsdarstellungen in diesen Werken ähneln eher der ästhetisch-fiktiven Rokokonatur, in der sich neben den obligaten Schäfern und Ziegenhirten auch allerlei Nymphen, Quellgeister und andere mythologische Figuren tummeln, als einer romantischen Naturbeschreibung.

Die Dichtung des Barock und des Rokoko wird von einem immanenten Stilwillen beherrscht. Gemeint ist damit die abstrahierende Umgestaltung des Weltbildes nach einem selbstgeschaffenen Ideal, wenn auch häufig auf antike Vorbilder zurückgegriffen wird wie im Falle der Bukolik. In einem metatheoretischen Sinn übernimmt Novalis diesen Stilwillen und formt ihn für seine Zeit um. Diesen Grundzug der ästhetischen Darstellung, nicht vom Seienden, sondern vom Seinsollenden, dem Ideal, auszugehen, finden wir schon in seiner frühen Dichtung und sodann in der romantischen Literatur insgesamt immer wieder.

Auch inhaltlich läßt sich eine Einwirkung des Barock und Rokoko auf Novalis' erste Werke feststellen. Als Beispiel sei das Gedicht *Unsre Sprache* gewählt, das wahrscheinlich 1789 entstand. Es wurde angeregt durch eine gleichnamige Ode Klopstocks und gilt als Beleg für sich ablösende und kreuzende Einflüsse aus der lyrischen Tradition auf Novalis' Jugendarbeiten.[19] Gestaltet wird ein zutiefst romantisches Thema, der Topos der Natursprache. Alles hat eine Sprache, die zu uns spricht, die wir Menschen aber nicht verstehen können, weil wir nicht mehr in dem Zeitalter leben, in dem sich der Geist und die Natur noch nicht getrennt hatten. Auf die Wiedererlangung dieses Goldenen Zeitalters richtet sich die romantische Sehnsucht. Das wird zum Ziel der romantischen Geschichtsphilosophie, die Novalis in seinem Romanfragment *Die Lehrlinge zu Saïs*, aber nicht nur dort, so großartig entwirft. Wir werden darauf an späterer Stelle zurückkommen.

Einstweilen finden wir Ansätze zu dem Natursprachegedanken in dem kleinen Gedicht *Unsre Sprache.* Und eben dieser Gedanke hat seine Wurzeln in der Barockzeit. Vor allem der Mystiker Jakob Böhme hat ihn in seinem Hauptwerk *De signatura rerum* bekannt gemacht. Johann Georg Hamann und Johann Gottfried Herder brachten den Topos im 18. Jahrhundert erneut in die Diskussion.[20] Hamann hatte den Traum, »die ausgestorbene Sprache der Natur von den Toten wieder aufzuerwekken.«[21] Die Sprache der Menschen und die Sprache der Natur haben den gleichen Ursprung, auch wenn wir diesen nicht erkennen können. So heißt es bei Herder in seiner *Abhandlung über den Ursprung der Sprache*: »War also die erste Menschensprache Gesang: so wars Gesang, der ihm so natürlich, seinen Organen und Naturtrieben so angemessen war, als der Nachtigallengesang ihr selbst, die gleichsam eine tönende Lunge ist, und das war – eben unsre tönende Sprache.«[22] Novalis läßt diesen Aspekt des Sprachursprungs in die Verse einfließen: »So auch tönet einher unserer Sprache Gang/ Wie der Nachtigall Lied.« (I, 501)

Um zu verdeutlichen, wie sich die weitere Entwicklung dieses Gedankens vollzieht, sei an dieser Stelle ein kurzer Blick auf ein späteres Werk erlaubt. In den *Lehrlingen zu Saïs* nimmt Novalis den Topos der Natursprache wörtlich und nicht nur als dichterische Metapher. Die universelle Ursprache kommt zum Ausdruck in der »großen Chiffernschrift« (I, 79), die man überall in der Natur erblicken kann. Sie ist ein integratives Textmoment, nicht bloß ein additives oder dekoratives Element. In diesem »ächtsinnbildlichen Naturroman« (IV, 323) wollte Novalis die zerstreuten Wege des modernen Menschen wieder mit der

Chiffernschrift der Natur vereinigen. Dieser für das Gesamtwerk zentrale Gedanke ist in den Jugendarbeiten bereits vorgebildet.

Kommen wir zurück auf die frühe Lyrik. In bezug auf die Kraft der poetischen Bilder kehrt sich der Einfluß der Barockdichtung geradezu um. Als Beispiel seien einige Metaphern genannt, die in den Jugendgedichten häufiger zu finden sind. Sie gehören zu dem Bildfeld des Blühens und Wachsens, verkörpern Fruchtbarkeit, verschwenderische Fülle, neue Hoffnung, eben insgesamt Aufbruchsstimmung.[23] Sie werden also durchweg positiv konnotiert, während im Barock die welkende Blume ein beliebtes Symbol der Vergänglichkeit war. Diesen Aspekt gibt es bei Novalis nicht. So können wir schon im Frühwerk eine Entwicklung feststellen, die Novalis von der eher rhetorischen Sprachkunst des Barockzeitalters wegführt. Er verwendet moderne poetische Techniken der Visualisierung, deren sich bereits die Literatur der Aufklärung bediente, bevor er sie zur typisch romantischen Bildersprache umformt.[24]

Im konkreten Sinn wird der Einfluß des Barock und Rokoko von Novalis bald überwunden. Er verwirft das überkommene Schema und verläßt sich lieber auf seine eigenen Erfahrungen bei seinen lyrischen Stimmungsschilderungen. Seine Beobachtungsgabe richtet sich mehr und mehr auf das Detail, auf das Einzelne in seinem Bezug zur Gesamtheit. Aber die romantische Gefühlshaltung, mit der die Welt als ganze faßlich werden sollte, fehlt in dem Frühwerk häufig noch. Hier erkennen wir eher ein Mosaik der Einzelheiten als die universelle romantische Weltanschauung, die alles unter dem Postulat der Einheit subsumiert.

Andererseits sind einige romantische Motive und typische Grundfiguren des romantischen Denkens in der frühen Lyrik vorweggenommen. So ist z. B. die Vorstellung vom Goldenen Zeitalter, die zu einem zentralen Moment in der Geschichtsphilosophie des Novalis wird, bereits in seiner Übertragung einer Ekloge von

Vergil hervorgehoben (vgl. I, 547). Zum Orpheus-Motiv vom Sänger, der mit seinem Gesang die Gewalten der Natur besänftigt, findet sich im Frühwerk eine kleine Verserzählung. Näher auseinandergesetzt mit diesem Thema hat sich Novalis in seiner Übersetzung aus dem vierten Buch der *Georgika* des Vergil (vgl. I, 547). Das Motiv erscheint später in der Arion-Sage wieder, die Novalis in seinen Roman *Heinrich von Ofterdingen* eingefügt hat.

Die intensive Beschäftigung mit der lyrischen Dichtung, ihren historischen Quellen und ihrer Tradition hat den werdenden Romantiker Novalis geformt. Die Lyrik wird als der reinste und gültigste Ausdruck der Romantik angesehen, geradezu als ihr Inbegriff. Zu dieser Auffassung, die kritisch zu relativieren wäre, trug maßgeblich die spätere Romantik selber bei. Einer ihrer berühmtesten Vertreter, der Freiherr Joseph von Eichendorff, der nicht nur bedeutende romantische Gedichte geschrieben hat, sondern auch eine *Geschichte der poetischen Literatur Deutschlands* verfaßte, charakterisiert die Lyrik als Gattung wie folgt: »Die Lyrik ist von aller Poesie die subjektivste, sie geht nicht auf die gewordene Tat, wie das Epos, und nicht auf die werdende Tat, wie das Drama, sondern auf den eigentlichen tieferen Grund von beiden: auf den inneren Menschen; sie hat es mit der Stimmung und nicht mit der äußeren Manifestation dieser Stimmung zu tun.« [25] Lyrik ist, wie Eichendorff es formuliert, »Geschichte der Seele« [26].

Den Aspekt der Innerlichkeit setzt Novalis in seiner Lyrik um. So erkennen wir in dem Gedicht *Der Abend* von 1789 bereits einen Grundzug der frühen Romantik, der sich in den späteren Werken mehr und mehr verdichten wird. Die leicht melancholische Stimmung wird in diesem Gedicht ohne Bruch durchgehalten. Die Vermittlung getrennter Ebenen im Zeichen der Identität, die ein wesentliches Merkmal frühromantischer Dichtung ist, wird hier systematisch durchgeführt. Zunächst werden die Außenwelt – geschildert als typische Abendlandschaft – und die seelische Innenwelt – das ruhesuchende Herz – sorgfältig getrennt gehalten. In der vorletzten Strophe schlagen dann die beiden Bereiche durch einen Vergleich ineinander um: »Wär doch auch einst der Abend meines Lebens/ Das so lachend mir anfieng zwischen Rosen/ Heiter, froh und ruhiger noch als dieser/ Abend der Landschaft.« (I, 507) Das Neue, das hier entstanden ist, weist auf diesen Wesenszug der Romantik hin: Die sinnliche Außenwelt ist zur inneren Wirklichkeit geworden, das Seelische hat sich nach außen gekehrt.

Diese Art der ästhetischen Darstellung wird zu einem stilbildenden Prinzip. Die Frühromantiker heben die Gesetze der äußeren Welt häufig auf und gleichen sie denen der inneren an. Aus kausal-logischen Verknüpfungen, Kennzeichen der äußerlichen Realität, werden traumhaft-magische Verbindungen, die die Psyche regieren können. Auf diese Weise kommt es zu einer Formauflösung. Genau dies geschieht in der romantischen Lyrik, deren Entwicklung, Eichendorff zufolge, die Geschichte der Seele schreibt. In der Lyrik kann das Ich als subjektives Prinzip auf die Dinge als Objektivationen der inneren Welt übertragen werden. Dinge erscheinen plötzlich als belebte Wesenheiten. Es entsteht die Stimmung einer unendlichen Sympathie mit dem nicht-ichhaften Sein, welche das Identitätsdenken vorwegnimmt. Das entspricht der ambivalenten Struktur der Romantik, die sich von dem Reiz angezogen fühlte, der in der Mischung von Unbekanntem und Vertrautem liegt.

Um so merkwürdiger erscheint es in diesem Zusammenhang, daß der Romantiker Novalis die Lyrik nicht als *die* romantische Gattung bezeichnet. Er stellt sogar die »artige Frage, ob denn das lyrische Gedicht eigentlich *Gedicht*, PlusPoësie, oder Prosa, Minuspoësie wäre« (II, 536). Diese eigentümliche Begrifflichkeit von Plus- und Minuspoesie ist hier nicht wertend gemeint, sondern rekurriert auf die wissenschaftliche Sprache. So bürgerten sich in den Naturwissenschaften der Epoche die Bezeichnungen +E und –E für positive bzw. negative elektrische Ladungen ein – eine wertneutrale Benennung. In Analogie dazu entwirft Novalis eine eigene Gattungsdialektik, die auf den ersten Blick wunderlich zu sein scheint: »Wie man den Roman für Prosa gehalten hat, so hat man das lyrische Gedicht für Poësie gehalten – beydes mit Unrecht. Die höchste, eigentlichste Prosa ist das lyrische Gedicht.« (Ebd.) Gleichgesetzt werden die Pluspoesie und der Roman, also die in Novalis' Augen wirkliche Poesie mit dem, was im allgemeinen Sprachgebrauch Prosa heißt. Dementsprechend wird die Bezeichnung »Minuspoesie« auf das lyrische Gedicht gemünzt. Beide Begriffe werden also kontrastiv gebraucht.

Um diesen Zusammenhang richtig zu verstehen, muß man sich kurz vor Augen führen, daß die Dialektik bei Novalis aus Potenzierung und Depotenzierung besteht. Mit Potenzen bezeichnet man in der Romantik verschiedene Niveaus der Differenzierung innerhalb eines gegebenen Ganzen. Dieser spezifische Gebrauch des Begriffs wurde von Schelling in seiner frühen Systemphilosophie eingeführt. In unserem Beispiel ist das Ganze, das zu differenzieren wäre, die Gattungstrias aus Lyrik, Epik und Dramatik. Genauer geht es um die Unterscheidung von lyrischem Gedicht und Roman.

Warum nennt Novalis das lyrische Gedicht »Minuspoesie«? Wie wir gesehen haben, hat der Begriff »Lyrik« in Novalis' Gattungsdialektik eine andere Bedeutung als üblich. Minuspoesie ist das Gedicht dann, wenn es im Ich befangen bleibt und seine Grenzen nicht zu transzendieren vermag. Es ist dann ganz subjektive Gattung, als welche es auch bei Eichendorff charakterisiert wird. Der romantische Dichter muß jedoch, so lautet Novalis' Forderung, alles darstellen können und wollen, nicht nur die das Ich betreffenden Ausschnitte der Wirklichkeit. Der dazu notwendige Prozeß des Romantisierens wird als eine qualitative Potenzierung verstanden, d.h. als Steigerung. Deshalb hat der Romantiker das Bewußtsein, im poetischen Akt ein Schöpfer zu sein. Das poetische Schaffen ist durchaus universal in Analogie zur Schöpfernatur. Es ist die Offenbarung des allumfassenden Sinns, der der Welt zugrunde liegt und der mit keinem anderen Verfahren verfügbar gemacht werden kann. Poesie verschiebt die Grenzen des Gewohnten, verändert die Sichtweise, eröffnet neue Erfahrungsmöglichkeiten: »Alle Poesie unterbricht den gewöhnlichen Zustand, das gemeine Leben, fast wie der Schlummer, um uns zu erneuern – und so unser Lebensgefühl immer rege zu erhalten.« (II, 568)

Die Kunst der Romantik besteht darin, die ganze Welt in neuem Licht zu zeigen. »Die ganze Welt muß romantisirt werden. So findet man den urspr[ünglichen] Sinn wieder. Romantisiren ist nichts, als eine qualit[ative] Potenzirung. Das niedre Selbst wird mit einem bessern Selbst in dieser Operation identificirt. So wie wir selbst eine solche qualit[ative] Potenzenreihe sind. Diese Operation ist noch ganz unbekannt.« (II, 545) Beschrieben wird damit die allmähliche Annäherung an das Unendliche, die Überwindung der Begrenzung der Welt, mit Begriffen der Potenzierung, die an ihre Herkunft aus dem Bereich der Mathematik erinnern. Dementsprechend ist der Prozeß des Romantisierens keineswegs ein gefühlsbetontes oder gar gefühlsgesteuertes Verfahren, sondern durchaus rational, ja logisch strukturiert: »Romantisiren ähnlich dem Algebraisiren« (III, 242), heißt es dazu im *Allgemeinen Brouillon.* Auf unser gattungstheoretisches Beispiel angewendet, folgt aus diesen romantischen Thesen: Alle literarischen Gattungsgrenzen, wie die zwischen lyrischem Gedicht und Roman – oder eben zwischen Minus- und Pluspoesie –, müssen aufgehoben werden. Deshalb finden sich in Novalis' Märchen und Romanen lyrische Gedichte, die auf diese Weise in die Kategorie der Pluspoesie aufgenommen werden. Mit anderen Worten: Die Minuspoesie des lyrischen Gedichts wird dialektisch aufgehoben im Roman. Dieser Prozeß ist als romantisierendes Verfahren mit einer qualitativen Potenzierung gleichzusetzen. Aus Minuspoesie ist Pluspoesie geworden. Die Romantisierung der Welt, also die Transzendierung des Endlichen ins Unendliche, wird auf diese Weise verwirklicht: »Der Weg von + zu – geht durchs Unendliche.« (III, 170)

Der Entgrenzung des Endlichen ins Unendliche entspricht der Übergang vom Leben in den Tod. Nach der herrschenden romantischen Auffassung bedeutet der Tod nicht mehr einen endgültigen Einschnitt ins Leben, sondern er ist mit dem Leben harmonisch verbunden. Die Romantik will zwischen geistlichem und weltlichem Trennungsschmerz vermitteln. Die Sehnsucht nach der irdischen Heimat gewinnt durch diese Überhöhung einen spirituellen Charakter. Das Trennende kann bezwungen werden. Das romantische Bekenntnis, daß der Tod kein endgültiges Scheiden bedeutet, finden wir z.B. in *Franz Sternbalds Wanderungen*, einem frühen Roman von Ludwig Tieck, der mit Novalis befreundet war. Dort heißt es: »Ein Freund, der stirbt, tut nichts weiter, als daß er sich wieder mit der großen allmächtigen Erde vermischt und mir unkenntlich wird.«[27] Dahinter verbirgt sich die romantische Ideologie, daß jeder Mensch ein angeborenes Gefühl für Heimat hat, nach der er sucht, so daß jede todbedingte Trennung von Menschen, die einander zugetan sind, überwunden werden kann. Dies gilt um so mehr für Liebende. Das Thema Tod und Liebe, häufiger Gegenstand romantischer Lyrik und Prosa, hat in Novalis' Leben nicht nur eine ästhetische Dimension, sondern er hat es selbst in seiner Beziehung zu Sophie von Kühn erfahren.

Die Begegnung mit dem zwölfjährigen Mädchen, das er im November 1794 auf einer Dienstreise in Grüningen bei Tennstedt kennenlernte, sollte sein Leben verändern. Es war nur eine Viertelstunde, die sein weiteres Leben grundlegend verwandelte, wenn man einem Brief seines Bruders Erasmus vom 28. November 1794 Glauben schenken darf: »Du schreibst mir, eine Viertelstunde hätte Dich bestimmt; wie kannst Du in einer Viertelstunde ein Mädchen durchschauen?« (IV, 367) Der kritische Erasmus meldete sogleich Zweifel an. Er kannte das Wesen seines Bruders nur zu genau und vermutete hinter den enthusiastischen Äußerungen eher leidenschaftliche Gefühle als klares Räsonnieren: »Wenn Du mir ›ein Vierteljahr‹ geschrieben hättest, so hätte ich noch Deine Talente in der Kenntnis des weiblichen Herzens bewundert, aber eine Viertelstunde, denke nur selbst an, eine Viertelstunde, das klingt gar zu wunderbar, da muß ich Leidenschaft, den ewigen Scharwenzel, dahinter suchen.« (Ebd.) Doch der Bruder sollte mit dieser scheinbar naheliegenden Erklärung nicht recht behalten. Novalis' Gefühle für Sophie gingen tiefer.

Der Intensität nach war diese Begegnung eher ein religiöses Erweckungserlebnis als der Beginn einer Liebesbeziehung, die zu einem heimlichen Verlöbnis führte, aber schließlich durch Sophies Tod im März 1797 ihr diesseitiges Ende fand. Es ist schwer zu ergründen, was Sophie für Novalis wirklich war. Briefe an Erasmus, dem er als seinem engsten Vertrauten die Gefühle aus der Zeit der ersten Begegnung mitgeteilt haben muß, sind ebenso verschollen wie die an Sophie gerichteten Schreiben. Diese Lükken sind nur noch aus den Zeugnissen anderer zu schließen. Von der Zauberkraft ihrer Persönlichkeit berichtet uns Ludwig Tieck: »Alle diejenigen, welche diese wunderbare Gestalt unsers Freundes gekannt haben, kommen darin überein, daß es keine Beschreibung ausdrücken könne, in welcher Grazie und himmlischen Anmut sich dieses überirdische Wesen bewegt und welche Schönheit sie umglänzt, welche Rührung und Majestät sie umkleidet haben.«[28] Novalis selbst skizzierte in einem mit *Klarisse* überschriebenen Tagebuchblatt vom August/September 1796 auch die widersprüchlichen Züge ihres Wesens mit deutlich sympathisierender Anteilnahme. So berichtete er von ihrer Frühreife und ihrem Wunsch, allen zu gefallen. Dennoch neigte sie zur Herrschsucht. Sie war dem Vater gegenüber gehorsam und keck zugleich. Emotionalität und Rationalität lagen bei ihr eng beieinander: »Ihre Gespensterfurcht. Ihre Wirthschaftlichkeit.« (IV, 24) Sie legte Wert auf Distanz und ließ sich nicht duzen. In bruchstückhaften Äußerungen, die wie unter einem Theaterscheinwerfer jeweils einzelne Charakterzüge aufblitzen lassen, geht die liebevolle Beschreibung Sophies weiter. Andere Textstellen, besonders die nach ihrem Tod verfaßten, zeigen eine davon abweichende, deutlich idealisierende Sichtweise.

Die sprachlichen Bilder, die Novalis verwendet, wenn er in Briefen und Tagebuchnotizen von Sophie und seiner Liebe zu ihr spricht, sind von Allgefühlen und einer tief empfundenen Entgrenzung geprägt. Sophie bedeutete ihm alles: »Nur S[ophie] und feste Aussicht – dann bin ich totus, quantus sum der Welt, Euer und allem Guten – Ohnedem freylich ein Rohr das vom Winde bewegt wird und unfähig das Gebäude irgend einer Glückseeligkeit zu tragen. Die Natur gibt sich nicht gern aus den Fugen und Sie ist mir zur Natur geworden.« (IV, 155) Ein schwankendes Rohr im Wind – ganz ähnlich charakterisiert auch Blaise Pascal in seinen *Pensées* die Lage des Menschen in seiner Kleinheit angesichts der Allmacht des Universums: »Nur ein Schilfrohr, das zerbrechlichste in der Welt, ist der Mensch, aber ein Schilfrohr, das denkt. Nicht ist es nötig, daß sich das All wappne, um ihn zu vernichten: ein Windhauch, ein Wassertropfen reichen aus, um ihn zu töten.«[29] So dient die Beziehung zu Sophie auch der Stabilisierung eines unsteten Ich. Das vermutete zumindest der Bruder Erasmus in einem Brief (vgl. IV, 370). Die Kontrasterfahrung wird deutlich faßbar. Es zeigt sich, daß Novalis' Wahrnehmung der eigenen Situation kein bloß unmittelbares Erleben, sondern ästhetisch präformiert ist. Diese extremen Gegensätze korrespondieren mit dem romantischen Lebensgefühl, das der Liebe zu Sophie von Anfang an den Hauch des Idealen und Unwirklichen verleiht.

Der Zug zur vollen Idealität wurde nach dem Tod Sophies zur grenzenlosen Innigkeit überhöht, mit der sich Novalis seiner verstorbenen Verlobten verbunden fühlte. Seine erste Reaktion war eine »Versteinerung« (IV, 207) seines Gemüts, wie er an seine vertraute Freundin Caroline Just schrieb. Er fürchtete sich vor der »entsetzlichen Verknöcherung des Herzens – vor dieser Seelenauszehrung« (IV, 215) als Folge des Verlustes. Sein Kommentar zu ihrem Ableben: »Es ist Abend um mich geworden, während ich noch in die Morgenröte hineinsah« (IV, 206), zeigt an, in welchem Maße romantische Bilder seine Empfindungen zum Ausdruck bringen. Von Sophies Todestag an ließ er eine neue Ära für sich anfangen, indem er die Tage seither fortlaufend zählte. Das in dieser Lebensphase minutiös geführte Tagebuch verzeichnet nicht nur das Datum, sondern auch die Ordnungszahl, die er jedem Tag gab, als wolle er die verrinnende Zeit seit dem Verlust fixieren. Die Zeiterfahrung wird subjektiviert, die allgemeine, kalendarische Einteilung mit der individuellen gleichgestellt.

Die Trauer half, die Trennung von der Geliebten zu verarbeiten. Das romantische Ideal der Vereinigung aller Gegensätze bildete den Hintergrund aller dieser subjektiven Empfindungen und trug dazu bei, sie zu objektivieren.

Sophies Sterben überstieg Novalis' seelische und körperliche Kräfte. Er konnte es nicht ertragen und floh aus Grüningen. So erreichte ihn die Nachricht von ihrem Tod am 19. März 1797 erst zwei Tage später durch Boten. Der eigentliche Abschied von seiner Geliebten war »sonderbar heiter«, doch die Stimmung an diesem Tag, an dem er sie zum letztenmal sah, blieb ihm »ein immerwährendes Räthsel« (IV, 208), wie er in dem besagten Brief an Caroline Just mitteilte: »Unbegreiflich froh sah ich diese einzige, holde, himmlische Gestalt beym Hinausgehn noch einmal an. [...] Ihre Leiden werd ich ewig nicht verwinden.« (IV, 209) In seiner tiefen Trauer fand er ersten Trost in dem Gedanken an seinen eigenen Tod: »Wie glücklich wär ich, wenn ich heute wüßte – heute übers Jahr bist du bey ihr. Schon der Gedanke macht mich heiter.« (IV, 210) Die Lähmung des Gefühls hielt noch über Tage an.

Erst gegen Abend des Ostersonntags, am 16. April 1797, besuchte Novalis Sophies Grab, was zwiespältige Gefühle in ihm auslöste. Der Gang zum Friedhof wurde ihm bald zur täglichen Gewohnheit. Am 13. Mai war die Stimmung jedoch anders als sonst: »Abends gieng ich zu Sophieen. Dort war ich unbeschreiblich freudig – aufblitzende Enthusiasmus Momente – Das Grab blies ich wie Staub, vor mir hin – Jahrhunderte waren wie Momente – ihre Nähe war fühlbar.« (IV, 35f.) Räumliche und zeitliche Wahrnehmungskategorien fließen auf eine außergewöhnliche Weise ineinander. Romantisch ist die von ihm wahrgenommene Zeitverschiebung, die ihn Jahrhunderte wie Momente empfinden läßt. Die seelische Nähe zu seiner toten Geliebten wird mystisch gefühlt. Das Bild prägte sich so sehr ein, daß es später in seiner dritten *Hymne an die Nacht* lyrisch gestaltet wiederkehrt: »Zur Staubwolke wurde der Hügel – durch die Wolke sah ich die verklärten Züge der Geliebten.« (I, 134)

Wegen der großen Einsamkeit, die ihn bedrückte, kam ihm der Entschluß, der Geliebten nachzusterben, wieder in den Sinn, diesmal plastischer und drängender denn je. Ausgelöst durch dieses sogenannte *Sophienerlebnis* veränderte sich sein Verhalten. Sein psychischer Leidensdruck zeigte sich auch in körperlichen Symptomen. Er wurde richtiggehend krank und erholte sich nur langsam. Immer wieder mußte er an Sophie denken: »Spät recht lebhaft Söffchens Bild vor mir gehabt – *En Profil*, neben mir auf dem Kanapee – im grünen Halstuch – in Karacteristischen Situationen in Kleidern fällt sie mir am leichtesten ein« (IV, 33), notierte er am 48. Tag nach Sophies Ableben in seinem *Journal*. Diese Erinnerung hat einen konkreten Hintergrund. Susanne Friedericke von Mandelsloh, Sophies ältere Schwester, erinnerte sich später (1846), wie sich Novalis in das Sterbezimmer eingeschlossen hatte und dort das Kleid und andere Utensilien der Verstorbenen in einer Weise arrangierte, die an ein postmortales Stilleben gemahnt. Novalis hatte nämlich »das lange graue Kleid in dem sie gestorben war auf dem Bette ausgebreitet, die Haube, die sie getragen, darüber gelegt und ein Taschenbuch in dem sie zuletzt gelesen dazu aufgeschlagen [...], um sich den Anblick ihrer lesenden Gestalt zurückzurufen und festzuhalten.« (IV, 605)

Offenbar währte diese Krise, die auch ein Ausdruck aktiver Trauerarbeit ist, nicht allzu lange. Die Todessehnsucht und der vermeintliche Selbstmordplan hielten allerdings noch eine Weile vor. Novalis spricht in den Tagebüchern immer wieder von dem »Entschluß«, wenn er sich auf diesen drängenden Wunsch bezieht. Fast scheint es, als strukturiere der »Entschluß« seinen Tagesablauf: »Früh war der Ent[schluß] sehr fern – Abends desto näher.« (IV, 34) Auch Momente des Frohsinns verdrängten ihn nicht: »Ich war bey Tisch sehr lustig und aufgeräumt – Der Tag war sehr schön – der Abend nicht nach meinem Kopf – Der Entschluß erhielt neues Leben – neue Festigkeit.« (IV, 37)

Sophies Tod war jedoch nicht der einzige Schlag, den Novalis in dieser Zeit verkraften mußte. Wenige Tage später, am 14. April, starb sein Lieblingsbruder Erasmus, zu dem er ein besonders enges Vertrauensverhältnis unterhielt, nach längerer Krankheit an der Lungenschwindsucht. Sein Tod war vorhersehbar. Novalis ließ auch ihn in seinem Sterben allein, weil er es psychisch nicht durchstand dabeizusein. In seinem Tagebuch *Journal*, das in drei

Manuskriptheften überliefert ist, versuchte er, den Tod dieser beiden ihm nahestehenden Menschen zu verarbeiten. Neben dem Tagebuch *Weißenfels 1800,* das die Zeit seiner schweren Erkrankung begleitet, ist es als einziges chronologisch datiert, während die übrigen Selbstzeugnisse und autobiographischen Notizen selten diese Form der Kontinuität aufweisen.

Diese großen Tagebücher sind Ausdruck tiefer persönlicher Krisen. Um so auffälliger ist der sachliche Tonfall. Insbesondere das *Journal* ist knapp und nüchtern und von einer ungeheuren Präzision der Selbsterforschung, die aller schwärmerischen Seelenbespiegelung entgegensteht. Nicht hilfloses Hin- und Herirren der Gefühle, sondern klare, besonnene Betrachtung und ruhige Beobachtung bahnen den Weg, auf dem sich Novalis aus seiner Krise allmählich gelöst hat. Mit einigem zeitlichen Abstand charakterisierte er dieses energische Verfahren 1798 in den *Teplitzer Fragmenten* wie folgt: »Selbstempfinden – wie Selbstdenken – actives Empfinden. Man bringt das Empfindungsorgan wie das Denkorgan in seine Gewalt« (II, 606).

In den einschlägigen Textstellen des *Journals* wird die Distanz zum eigenen Ich überdeutlich. Das Ich wird zur Außenwelt, weil es wie von außen gesehen wird. Es wird zu einem Fremden, zum anderen, zum »Nicht-Ich«, wenn dieser Ausdruck Fichtes hier einmal erlaubt sei. Schon während Sophies Krankheit hatte sich Novalis intensiv mit der Lehre dieses wichtigen Philosophen des deutschen Idealismus auseinandergesetzt. Sein Tagebuch aus dieser Zeit nach ihrem Tod bleibt davon nicht unberührt. Es legt Zeugnis davon ab, wie Novalis Aspekte dieser Philosophie auf seine Lebensumstände übertrug. Sie gab ihm strukturellen Halt. Von ihr übernahm er die Methode, mit der er sich schließlich von seinem Kummer, von seiner Versteinerung und der Verknöcherung des Herzens befreien konnte. Die alte Neigung zur Philosophie und die ständig präsente Liebe zur Dichtung halfen ihm dabei. Er las neben Fichtes *Wissenschaftslehre* und den neuesten Schriften Schellings das von Immanuel Niethammer herausgegebene *Philosophische Journal.* Die Lektüre von Edward Youngs *The Complaint or Night Thoughts on Life, Death and Immortality* fällt ebenfalls in diese Zeit. Sie sollte später entscheidenden Einfluß auf die Licht- und Nachtmetaphorik seiner Werke nehmen, insbesondere auf die *Hymnen an die Nacht.* Gefühle und Gedanken aus diesem Lebensabschnitt sind auch in die Fragmentsammlungen eingegangen, insbesondere in *Blüthenstaub* und in die *Kant-Studien,* die mithin zu weiteren Zeichen des Umbruchs geworden sind.

Die zum Teil sehr intimen Aufzeichnungen im *Journal* geben Aufschluß darüber, wie er mit seinem »Entschluß«, seinen unspezifischen Selbstmordgedanken, umging. Sie berichten, was er getan und gelesen hat, um sich allmählich wieder im Leben zurechtzufinden. Darüber hinaus sind sie Beweise einer sehr genauen Selbstbeobachtung, auch des körperlichen Zustands. Novalis kannte in seiner Selbstwahrnehmung keine Tabus und notierte auch sexuelle Vorgänge, wie sie in dieser Offenheit durch keine anderen Beispiele der Zeit belegt werden können: »Früh sinnliche Regungen. Mancherley Gedanken über *Sie* und über mich« (IV, 29), und »Der Kopf war mir zwar nicht recht heiter – aber doch hatt ich früh eine *selige* Stunde. Meine Fantasie war zwar zu weilen ein wenig lüstern – doch war ich heute ziemlich gut.« (IV, 30) Dahinter verbirgt sich der allumfassende romantische Liebesbegriff, der den Körper und die Gefühle mit einschließt. »Novalis zielte auf die Erkenntnis der Sexualität als eines bestimmenden Teils des menschlichen Wesens hin, aber sie war für ihn von der Liebe als geistiger Kraft nicht trennbar.«[30] Die Erfahrungen von Liebe und Tod haben sein Leben verändert und ihn zu seiner höheren Bestimmung geführt, was später Niederschlag in seiner Dichtung finden sollte. Sie haben fast den Charakter einer poetischen Initiation: Auch der Titelheld des Romans *Heinrich von Ofterdingen* muß erst den Tod kennenlernen, um zum Dichter werden zu können.[31]

Merkwürdigerweise gab ausgerechnet der Gedanke an den eigenen Tod Novalis längerfristig neuen Lebensmut und befreite ihn aus seinem Trübsinn. Diese Befreiung erfolgte in zwei Schritten. Zunächst hatte Novalis die verstorbene Sophie im Sinne der romantischen Harmoniesehnsucht verklärt und zum Fokus seines ganzen Lebens gemacht: »Ich muß nur immermehr *um Ihret-Willen leben – für Sie* bin ich nur – für mich und für keinen Andern nicht. [...] Meine Hauptaufgabe sollte seyn – alles in Beziehung auf ihre Idee zu bringen.« (IV, 37) Hierin steckt bereits die Kraft weiterzuleben, um dieser Idee genüge zu tun. Sophies Tod, schrieb Novalis am 13. April 1797 an Friedrich Schlegel, ist ein »himmlischer Zufall, ein Schlüssel zu allem – Ein wunderbarschicklicher Schritt.« (IV, 220) Er hat diese Liebe vor dem Gewöhnlichen bewahrt. Die Liebe, die über den Tod hinaus anhält, die durch den Tod erst ihren eigentlichen Höhepunkt erreicht, war für Novalis ein Beweis des Überirdischen in der Welt: »Eins hab ich gewonnen – die *feste* Hoffnung Sie nicht verloren zu haben.« (IV, 211) Romantische Verklärung finden wir also auch hier. In dem bereits oben zitierten Brief an Caroline Just erhebt er Sophie gar zu einem »Wunderbild, das in meinem Innern von einer ewigen Lampe erleuchtet wird« (IV, 221), und verwendet damit eine religiös anmutende Sprache in säkularer Form.

Doch ganz so gradlinig, wie es in der Rückschau erscheinen mag, erholte sich Novalis nicht von diesem Verlust. Es gab auch Rückschläge: »Sie ist gestorben – so sterb ich auch – die Welt ist öde. *Selbst meine philosophischen Studien sollen mich nicht mehr stören.* In tiefer, heitrer Ruhe will ich den Augenblick erwarten, der mich ruft.« (IV, 46) Unter dem Eindruck des Sterbens seiner geliebten Sophie hatte sich Novalis, wie oben erwähnt, mit Fichte und insbesondere mit dessen Begriff vom Ich auseinandergesetzt. In der ersten Zeit nach ihrem Tod exzerpierte er beinahe täglich aus Goethes *Wilhelm Meister*, seinem Lieblingsbuch, das er fast auswendig kannte und das er später einer herben Kritik unterwerfen sollte, worauf noch zurückzukommen sein wird. Diese Notizen, die überwiegend stilistisch-formale und gehaltliche Aspekte des Romans untersuchten, sind verschollen, aber einige Fragmente aus der Sammlung *Blüthenstaub* gehen darauf zurück. Fast scheint es, als habe Novalis den Roman *Wilhelm Meister* als eine Art von Korrektiv gelesen in einer Zeit, da er selber keinen Lebensmut mehr fühlte. Und so waren es eben doch die philosophischen und literarischen Studien, die ihn in seiner Todessehnsucht störten. War der erste Schritt zur Befreiung von seinem Kummer, wie wir gesehen haben, die romantische Verklärung und Idealisierung der Geliebten als neuer Lebensinhalt, so gewann in dem zweiten Schritt die Selbstbewegung des Denkens wieder Oberhand über die Lähmung des Gefühls. In der Sammlung *Blüthenstaub* beschreibt Novalis diesen Weg vom »Blick nach innen« zum »wircksamen Blick nach außen« (II, 422) als eine notwendige Dialektik. Diese wird noch deutlicher durch eine Passage aus dem *Allgemeinen Brouillon*, das den unmittelbaren Umschlag hervorhebt: »Jede Hineinsteigung – Blick ins Innre – ist zugleich Aufsteigung, Himmelfahrt – Blick nach dem *Wahrhaft Äußern*« (III, 434), wobei er sich ausdrücklich auf das *Blüthenstaub*-Fragment bezieht.

Novalis' vielseitige Interessen erwachten zunächst unmerklich wieder. Seine Einstellung veränderte sich allmählich: »Die Wissenschaften gewinnen ein höheres Interesse für mich, denn ich studiere sie nach höheren Zwecken, von einem höheren Standpunkt.« (IV, 215) Nach der ersten Trauerzeit ergab sich auch für das äußere Leben ein veränderter Rahmen. An der Bergakademie in Freiberg erhielt Novalis neue Anregungen, vor allem durch seinen dortigen Lehrer, den berühmten Geologen Abraham Werner. Die Geologie wurde im 18. Jahrhundert zum Schlüssel für die Geheimnisse der Welt. Diese Rolle war in den früheren Jahrhunderten eher der Astronomie und der Optik zugefallen, wobei wir uns insbesondere an Newtons Prismenversuche erinnern müssen. Abraham Werner besaß diesen Schlüssel, und er vermochte seine Studenten für die Geologie zu begeistern. Er verhalf damit der Bergakademie zu ihrem Ruf einer berühmten Universität. Seine Vorlesungen waren so gut besucht, daß sie jeden Saal sprengten und er sie oft wiederholen mußte.[32]

In dieser Atmosphäre befaßte sich Novalis intensiv mit der Geologie, und seinem Lehrer gelang es, in ihm die Faszination für die Steinwelt zu erwecken. Wir finden einen Reflex dieser Begeisterung in dem Romanfragment *Die Lehrlinge zu Saïs.* Werner vermittelte Novalis die Welt der Steine als ein geordnetes System. Sein Schüler erkannte in dieser Art der Naturbetrachtung die Ordnung im Äußerlichen, die er im Inneren zu verlieren drohte. So konnte ihn die Hingabe an die Geologie von den fast krankhaften Zuständen in der unmittelbaren Zeit nach Sophies Tod befreien.[33] Fleißig legte er sich besondere Studienhefte für Chemie und Mathematik an. Er beschäftigte sich außerdem mit Oxydation, Kristallisation und Magnetismus. Als Folge davon setzte Novalis sein Dasein auf die drei Pfeiler Poesie, Philosophie und Naturwissenschaften und sah in ihrem Verbund eine höhere Einheit. Diese Zeit um 1797 gilt deshalb als die eigentliche »Geburtsstunde« des Romantikers Novalis. Ausgelöst durch das *Sophienerlebnis*, kommt es zur Wende in Richtung Naturphilosophie und -wissenschaft. Das Prinzip der Romantisierung greift in das Leben über. »Indem ich dem Gemeinen einen hohen Sinn, dem Gewöhnlichen ein geheimnißvolles Ansehn, dem Bekannten die Würde des Unbekannten, dem Endlichen einen unendlichen Schein gebe so romantisire ich es.« (II, 545) Eine neue Sicht auf das Leben nach der Läuterung, die die Beziehung zu Sophie und ihr früher Tod verursacht haben, spricht aus diesen Zeilen. Lebenserfahrung vermischt sich mit Reflexion. Das Verfahren des Romantisierens ist nicht nur ein allfähiges Desiderat im gewöhnlichen Alltag, sondern zugleich – was noch wichtiger ist – ästhetischer Maßstab. Die Dichtungen nach 1797 als die im engeren Sinne romantischen orientieren sich daran.

Eichendorff beschreibt diese Entwicklung resümierend wie folgt: Novalis habe versucht, »durch eine tiefsinnige Symbolik alles Lebens eine Weltwissenschaft poetisch darzustellen.«[34] Wir sehen hier ein weiteres klares Beispiel, wie Leben und Werk des Novalis ineinandergreifen, ganz im Sinne des romantischen Anspruchs und Ideals der umfassenden Einheit.

Die Entstehung seiner wichtigsten poetischen Arbeiten fällt in die letzten Jahre seines Lebens, die bereits von der schweren, dann tödlichen Lungenkrankheit überschattet waren. Dieser eigentlichen romantischen Phase wird in den folgenden Kapiteln systematisch nachgegangen. Hier sei deshalb vorerst auf einige biographische Aspekte hingewiesen, die in Erinnerung gerufen werden müssen, um zu einem umfassenden Verständnis des Denkens und der Dichtung von Novalis zu gelangen. Dazu gehört auch die Tatsache, daß die wichtigsten Werke verfaßt wurden, als ihr Autor bereits dem Tode geweiht war.

Die Krankheit brach im Frühsommer 1798 aus, verlief zunächst jedoch in Schüben, so daß Novalis immer wieder Phasen äußerster Produktivität vergönnt waren. Beruflich sehr angespannt, war der mittlerweile als Salinenassessor etablierte Dichter mit Vorarbeiten zu der Erschließung eines der reichsten Braunkohlevorkommen Deutschlands im Distrikt zwischen Leipzig, Zeitz und Borna befaßt. Die geologische Kartographierung dieser sächsischen Region, die nach wissenschaftlichen Kriterien erfolgte, stand unter der Leitung seines Freiberger Lehrers

Abraham Werner. Diese Forschungen, die viel mit Gesteinsanalysen zu tun hatten, sind bezeichnend für den zergliedernden Umgang mit der Natur, in den sich Novalis einfügen mußte. Daneben gelang es dem Dichter, in seinem Roman *Heinrich von Ofterdingen* ein Bild von der Natur zu entwerfen, das seinen beruflichen Erfahrungen entgegensteht. Es ist von Harmonie geprägt und trägt märchenhafte Züge, in denen die Einheit der Naturkräfte die auseinanderstrebenden Elemente überwiegt. Verständnis der Natur ergibt sich hier nicht aus der Analyse ihrer Erscheinungen, sondern aus einem synthetisierenden Blick auf sie. Scheinbar erkennen wir hierin den Gegensatz von Lebenserfahrung und poetischer Praxis, was in vermeintlichem Widerspruch zu der obigen These steht, wonach Leben und Werk bei Novalis ineinandergreifen. Tatsächlich aber müssen wir uns vor Augen führen, daß alle Einheit erst aus der Trennung entstehen kann. In seinem Roman baute Novalis eine dichterische Gegenwelt auf, die er in seinem beruflichen Kontext nicht vorfinden konnte. Der Zusammenhang von Leben und Werk entsteht hier also aus der spezifischen Kontrasterfahrung. Der Wunsch, diese Gegensätze zu überwinden, ist typisch romantisch.

Romantisch ist das Streben zu Totalität und Einheit, zur Aufhebung aller Gegensätze in einem Dritten, einer Synthese, die vergessen machen soll, daß es je eine Trennung gegeben hat. Und dennoch ist in dem Resultat der Weg vorhanden, der zu ihm geführt hat: als aufgehobenes Ziel. Novalis' Denken und Streben ist insgesamt als der Versuch zu interpretieren, Gegensätze aufzufinden oder zu bilden und diese dann synthetisch in einer umfassenden Einheit aufzuheben. Unauflösbare Gegensätze will er nicht anerkennen. Deshalb lautet seine unmißverständliche Forderung: »Den Satz des Widerspruchs zu vernichten ist vielleicht die höchste Aufgabe der höheren Logik!« (III, 570) Ansätze zu diesem Weltverständnis hat der werdende Romantiker Novalis schon in seiner Jugend herausgebildet. In den wenigen Jahren zwischen 1797 und 1801, in denen seine Hauptwerke entstanden, hat er sie weiterentwickelt. Damit war eine neue Epoche geboren, die die deutsche Literatur verändern sollte: die Frühromantik.

3. Der Ursprung aus dem Chaos: Zu den Grundfiguren romantischen Denkens

Das romantische Denken erscheint im Werk von Novalis in zwei verschiedenen Gestalten. Zum einen ist es präsent in seinen philosophischen Studien, in den naturwissenschaftlichen Untersuchungen und in den an zahlreichen Stellen verstreuten Fragmenten. Es hat mithin keinen kohärenten Ort, sondern schimmert überall durch. Zum anderen verwandelt es sich in der Dichtung in reine Poesie, streift seine Gebundenheit an die Begriffe weitgehend ab und wird zu einer ästhetisch-schöpferischen Kraft.

So sind Novalis' Schriften ab 1797 der Form und dem Inhalt nach auf den ersten Blick heterogen, in einem tieferen romantischen Verständnis jedoch durchaus homogen zu nennen. Auffällig ist zunächst die Vielfalt der Gegenstandsbereiche, denen er sich widmete. Da ist die Philosophie hervorzuheben, die am Ende des 18. Jahrhunderts vom deutschen Idealismus und der intensiven Auseinandersetzung mit der Kantischen Lehre beherrscht wird. Novalis rezipierte diese damals aktuellen Strömungen gewissenhaft. In seinem handschriftlichen Nachlaß finden sich umfangreiche Fragmentsammlungen, die heute unter dem allgemeinen Begriff »Studien«, jeweils verbunden mit den Namen Fichte, Kant und Hemsterhuis, veröffentlicht sind. Ebenso gründlich ging er auf die Entwicklung der Mathematik und Naturwissenschaft ein, wovon weitere Studienhefte zeugen, die er sich gesondert anlegte. Er nahm Stellung zu Problemen der Geschichtsdeutung und entwarf eine Art Verfassung eines utopischen Idealstaats. Und dann gibt es schließlich noch seine Dichtungen, die Romane und Märchen. Alle diese Werke eint das romantische Denken, das sich in den letzten Jahren zu seiner vollen Wirksamkeit entfaltete.

Um diese Zusammenhänge zu erkennen, muß zunächst geklärt werden, was unter dem Signum des romantischen Denkens zu verstehen ist. Inhaltlich ist es durchaus komplex in der Erscheinung, konzentriert sich aber im Kern auf die Idee des einen Absoluten. Das Absolute liegt allem zugrunde. Jede Entwicklung geht von ihm aus und läuft auf es hin. Diesen Weg beschreibt das romantische Denken, indem es zur Totalität und Einheit strebt. Dabei konstruiert es eigene Bahnen, denen es folgt: In einer besonderen Weise wird die Form mit dem jeweiligen Inhalt verknüpft. Als basales Muster dieser Denkbewegung läßt sich in vielen Fällen eine duale Struktur herausarbeiten.

So entstehen aus den zentralen Begriffen Sprache, Religion, Philosophie, Kunst, Poesie und Natur Grundfiguren des romantischen Denkens, die für Novalis' Dichtung bedeutsam sind. Entscheidend für das Verständnis der Gedichte und Romane ist die Korrespondenz zwischen dem jeweils dargestellten Inhalt und der Art seiner Darstellung. In diesem Verhältnis liegt das kreative Potential begründet. Die spezifisch romantische Verbindung von Inhalt und Form eröffnet auf dem Gebiet der Dichtung einen Bereich, der von keiner philosophischen Spekulation oder metaphysischen Betrachtung eingeholt werden kann: Es ist der eigene Bereich der ästhetischen Wahrheit, die sich in romantischer Sicht dem Leser unmittelbar mitteilt, ohne den »Umweg« über das rationale Denken zu nehmen. Deshalb ist die Poesie das Höchste und zugleich Ziel und Ende der Philosophie, weil sie die Analytik des begrifflichen Denkens überwindet und durch die synthetisierende Macht der poetischen Bilder ersetzt.

Die Bildlichkeit der Poesie schätzt Novalis hoch ein. In der Welt der Erscheinung kann alles zum metaphorischen oder symbolischen Ausdruck einer höheren Wirklichkeit werden, welche nur poetisch repräsentiert zu werden vermag und sonst auf keine andere Weise erfahrbar ist. Es ist die Leistung des Dichters, die erscheinende Welt in dieser Weise zu verwandeln. Metaphorik und Symbolik kommt daher ein gleichsam ontologischer Erkenntniswert zu, der dem philosophischen Instrumentarium der logischen Begriffsanalyse und erkenntniskritischen Rekonstruktion der Wirklichkeit überlegen ist. Die Apotheose einer Poesie, die diesen überragenden Ansprüchen genügt, will Novalis mit seinem Roman *Heinrich von Ofterdingen* geben. Wir werden später sehen, ob und inwiefern es ihm gelingt, diese Ambition einzulösen.

Kommen wir zunächst zurück zu dem Problem, wie das Verhältnis von Philosophie und Poesie unter dem Primat des romantischen Denkens beschrieben werden kann. Philosophie und Poesie sind in der Romantik im Sinne einer Steigerung aufeinander bezogen. Das theoretische Fundament einer so hierarchisierten Verbindung liefert Friedrich Wilhelm Joseph Schelling am Schluß seiner Schrift *System des transzendentalen Idealismus.* Dort weist er der Kunst eine nie zuvor dagewesene herausragende Stellung im Erkenntnisprozeß zu. Die Kunst ist »das einzige wahre und ewige Organon und Dokument der Philosophie [...], welches immer und fortwährend aufs neue beurkundet, was die Philosophie äußerlich nicht darstellen kann, nämlich das Bewußtlose im Handeln und Produzieren, und seine ursprüngliche Identität mit dem Bewußten.«[35] Das heißt mit anderen Worten: Natur und Geist sind eins. Den Beweis für die Richtigkeit dieser These kann jedoch die Philosophie nicht führen, sondern sie bedarf dazu der Kunst, die diese Wahrheit gleichsam dokumentiert. Zugleich analysiert Schelling das Verhältnis von Poesie und Kunst und hält fest, daß »die Poesie, selbst wo sie angeboren ist, ohne die Kunst nur gleichsam tote Produkte hervorbringt, an welchen kein menschlicher Verstand sich ergötzen kann, und welche durch die völlig blinde Kraft, die darin wirksam ist, alles Urteil und selbst die Anschauung von sich zurückstoßen.«[36] Kunst ist somit das Lebensprinzip der Poesie, deren schöpferische Kraft ohne Rückbindung an die Kunst ins Leere laufen muß. Diese Verlagerung des Erkenntnisinteresses hat Folgen für den Begriff und den Sinngehalt der Kunst: Sie wird gedeutet, um die Welt zu verstehen. Philosophische Reflexion beschäftigt sich nicht mit der Kunst als Kunst, sondern konstruiert »das Universum in der Gestalt der Kunst«[37] und wird auf diese Weise zu einer absoluten Wissenschaft.[38]

Schelling integriert die Poesie über den Begriff der Kunst in ein übergreifendes theoretisches System. »Keines vor dem anderen hat eine Priorität. Eben nur die Indifferenz beider (der Kunst und der Poesie) ist es, die in einem Kunstwerk reflektiert wird.«[39] Hinzu kommt, daß Kunst und Philosophie in Beziehung auf ihre Erkenntnisleistung gleichwertig und in einer Art von Symbiose unauflösbar aufeinander verwiesen sind. Die Kunst ist wegen ihrer Nichtbegrifflichkeit der Philosophie sogar in mancher Hinsicht überlegen, denn ihr mag es gelingen, das absolute Eine zu erkennen, von dem nach romantischer Auffassung alles ausgeht und zu dem alles hinstrebt: »Ein absolut Einfaches, Identisches läßt sich nicht durch Beschreibung, überhaupt nicht durch Begriffe auffassen oder mitteilen. Es kann nur angeschaut werden.«[40] Der Mensch benötigt hierzu das spezifische Vermögen der intellektuellen Anschauung. Dieser Begriff kennzeichnet bei Schelling die besondere Fähigkeit, mit dem »inneren Auge« gleichsam anzuschauen und in einem Vorgang zu erfassen, was sich jeder begrifflichen Annäherung entzieht: das Absolute.[41] Wir erkennen hinter dieser Theorie den geschärften Blick des Philosophen, der ein rezeptives Vermögen im Wahrnehmungsprozeß beschreibt.

Novalis hingegen hat stets die Sichtweise des Dichters in den Mittelpunkt seiner Überlegungen zu diesem Thema gestellt. Er betrachtet weniger die rezeptiven als vielmehr die kreativen Potentiale, die im Menschen und insbesondere im Dichter schlummern. Für ihn dominiert die Kunst deshalb die Philosophie, weil sie selbst schöpferisch und nicht nur beschreibend oder nachvollziehend ist. Während Schelling die Überlegenheit der Kunst als Welterklärung aus der Perspektive des Erkenntnisobjekts zeigt, vermittelt Novalis gleiches aus der Sicht des erkennenden Subjekts. Die Folge ist entsprechend: »Die Philosophie erhebt die Poesie zum Grundsatz« (II, 590), lautet sein Credo.

Poesie und Philosophie bedingen einander wechselseitig, sind aber durch die Verschiedenheit ihrer Funktionen voneinander getrennt. Philosophie muß immer ein Ideal bleiben, weil sie keine weltverwandelnde Kraft hat wie die Poesie. Sie kann lediglich die Ideen setzen, die die Poesie realisiert. Das entspricht der Differenz von Theorie und Praxis. Poesie ist Praxis, weil sie das Unaussprechliche artikulieren kann. Sie ist wegen ihrer Bildlichkeit vor der Gefahr geschützt, vollständig erklärbar zu sein. Damit ist sie potentiell und real unendlich, denn sie kann von keiner denkbaren Interpretation je ausgeschöpft werden. Nur deshalb kann sie sich als Symbol des Absoluten anbieten und es repräsentativ darstellen, während sich die Philosophie als potentiell endliche von der Form her eine adäquate Beschreibung des Absoluten versagen muß.

Poesie ist auch deshalb Praxis, weil sie durch ihre »Wunderkraft der Fiction« (III, 421) zur Erneuerung der Welt beiträgt. Poesie ist die Darstellung des Inneren, wie Novalis sagt: des Gemüts, verstanden als das Ganze aller seelischen und geistigen Kräfte des Menschen. Das Gemüt verwandelt alle Gegenstände in Subjektivität. »Poësie ist *Darstellung des Gemüths* – der *innern Welt in ihrer Gesamtheit.*« (III, 650) Die romantische Identitätsthese besagt, daß das innerste Geheimnis der Welt zugleich das des inneren Gemüts ist. Das poetische Erkenntnisvermögen des Menschen ist also, Novalis zufolge, das Gemüt. Seine Formel lautet: »Poésie = Gemüthserregungskunst« (III, 639). Die ursprüngliche Funktion des Gemüts ist deshalb die einer schaffenden Betrachtung, wie in dem Roman *Die Lehrlinge zu Saïs* deutlich wird. Kontemplation und Produktion vermischen sich auf diese Weise, denn das Gemüt ist die »Harmonie aller Geisteskräfte – Gleiche Stimmung und harmonisches Spiel der ganzen Seele.« (II, 613)

Doch dies ist nur die eine Seite der Theorie. Auf der anderen offenbart poetisches Schaffen, also die Entfaltung des inneren Gemüts nach außen, den universalen Sinn, von dessen Existenz die Romantik überzeugt ist. Deshalb sind viele literarische Helden der Epoche, so auch Novalis' *Heinrich von Ofterdingen*, auf der Suche nach dem Sinn, der irgendwo verschüttet ist, aber existiert und lediglich gefunden werden muß. Erst nach der Romantik, im Zeitalter des bürgerlichen Realismus und der frühen Moderne, verschwindet dieses Motiv der Sinnsuche und wird durch das der Sinnstiftung ersetzt. Diese späteren Epochen haben die Überzeugung und Selbstgewißheit der Romantik im Hinblick auf den gegebenen universalen Sinn verloren.

Nach Auffassung der Romantiker aber gibt es einen allgemeinen Zusammenhang des Geistes mit der Natur. Poesie ist die Darstellung und Vergegenwärtigung dieses Zusammenhangs. Durch Poesie wird diese innigste Gemeinschaft wirklich, durch Philosophie wird sie lediglich möglich. Novalis wurde zu diesem Gedanken angeregt durch seine Beschäftigung mit dem holländischen Philosophen Frans Hemsterhuis (1721-1790), den schon sein Jugendfreund Friedrich Schlegel in einem Brief als Novalis' Lieblingsschriftsteller erwähnt (vgl. IV, 571f.). Novalis hatte die einem mystisch-dichterischen Neuplatonismus verpflichtete Lehre des

Holländers vermutlich schon vor 1790 durch Herder kennengelernt, der einige seiner Abhandlungen ins Deutsche übersetzt hatte. August Wilhelm Schlegel, der Hemsterhuis' Schriften als »intellektuelle Gedichte« [42] bezeichnete, hatte ihm seine Ausgabe zur Verfügung gestellt. In einem Brief vom 30. November 1797, mit dem Novalis das geliehene Buch zurückgibt, wird deutlich, wie schwer er sich von seiner Hemsterhuis-Lektüre hat trennen können. (Vgl. IV, 237) Sehr intensiv also hat sich Novalis in der Zeit um 1797 mit dieser Philosophie auseinandergesetzt, in etwa zeitgleich mit seinen *Fichte-Studien*, so daß es nicht verwundert, wenn er den einen Philosophen mit Hilfe des anderen interpretiert und kritisiert. Hemsterhuis' dichterisch-bildhafte Sprache liefert ihm einen willkommenen Kontrast zu dem »furchtbaren Gewinde von Abstractionen« (IV, 230), das er in Fichtes papiertrockener *Wissenschaftslehre* vorfindet.

Novalis entdeckt bei Hemsterhuis viele Aspekte, die er in sein romantisches Denken übernommen und in diesem Sinne konsequent weiterformuliert hat. Dazu gehört das Konzept eines »poetischen Philosophen«, der in idealer Weise die divergierenden Kräfte der Poesie und Philosophie in seiner Person vereinigen soll, um als Denker zum absoluten Schöpfer zu werden: »Der poët[ische] Phil[osoph] ist en état de Createur absolu.« (III, 415) Hierin erkennen wir abermals das spezifische Streben, Gegensätze zu vereinigen: »Ohne Philosophie bleibt der Mensch in seinen wesentlichsten Kräften uneins – Es sind 2 Menschen – Ein Verständiger – und Ein Dichter. Ohne Philosophie unvollkommner Dichter – Ohne Philosophie unvollkommner Denker – Urtheiler.« (II, 531) So tragen die auf Hemsterhuis zurückgehenden Anregungen zu Novalis' eigener Entwicklung einer romantischen Gesamtphilosophie bei, die eine Dichtungstheorie mit einschließt.

In den *Hemsterhuis-Studien* schreibt Novalis über das Verhältnis von Philosophie und Poesie folgendes: »Geschichte – Philosophie – und Poësie – Die Erste schafft an – Die 2te ordnet und erklärt – /Die Dritte hebt jedes Einzelne durch ausgesuchte Kontrastirung mit dem übrigen Ganzen und wenn die Philosophie durch Bildung des äußern Ganzen, oder durch die *Gesezgebung*, die *vollkommene* Poësie möglich macht, so ist gleichsam die Poësie der Zweck derselben, durch den sie erst Bedeutung und anmuthiges Leben erhält [...]. Durch *die Poësie* wird die höchste Sympathie und Coactivitaet – die innigste, herrlichste Gemeinschaft wircklich. /D[urch] d[ie] Philosophie – möglich./« (II, 372f.) Hier erkennen wir eine echt romantische Grundfigur, von Novalis selbst entwickelt, wie die stolze Unterschrift »V[on] Mir« beweist, die das oben zitierte Fragment ziert.

Diese neue Variante des Verhältnisses von Philosophie und Poesie läßt sich mit der von Aristoteles eingeführten Differenz von Potentialität und Aktualität (Möglichkeit und Wirklichkeit) am ehesten beschreiben. Zwar muß alles, was wirklich ist, auch möglich sein, doch umgekehrt gilt dieser Schluß nicht: Was möglich ist, ist noch lange nicht allein deshalb schon wirklich. Geht also nach dieser Lesart die Möglichkeit über die Wirklichkeit hinaus und ist demzufolge die Wirklichkeit eine Beschränkung der Möglichkeit, so kehrt Novalis dieses Aristotelische Weltbild in seiner poetischen Theorie um. Die Wirklichkeit ist die poetische Welt, und sie übersteigt als realisierte die Welt der Möglichkeit, die nur eine ausgedachte ist. Die poetische Welt ist deshalb unendlich, weil sie alles Mögliche in realisierter Form enthält, sogar das gemeinhin »Unmögliche«. Diese Auffassung von »Realität« oder »Wirklichkeit« bezieht sich mitnichten auf den alltagssprachlichen Gebrauch der Begriffe, sondern setzt ein ästhetisches Denken voraus, wie es etwa zum Verständnis eines Märchens erforderlich ist. Auch im Märchen geschieht ja Unmögliches, ohne daß es deshalb zu einem Konflikt mit der »Wirklichkeit« kommt. Konkret heißt dies: Während die Philosophie darüber spekuliert, was das Absolute ist und wie man es verstehen soll, stellt es die Poesie längst dar, z. B. in einem eindrucksvollen poetischen Bild, in einem lyrischen Gedicht, in einer literarischen Figur, in einem Roman oder am besten in einem Märchen. Auf jeden Fall ist die Darstellung stets so, daß es zu ihrem Erfassen nicht der analytischen Kraft des Verstandes bedarf, sondern jenes »inneren Auges«, das ohne Umweg über das Denken und die Begriffe direkten Zugriff auf unser Bewußtsein hat, wie die Romantiker glaubten.

Hatten wir oben Novalis' Auffassung von der Aristotelischen unterschieden, so können wir jetzt weitergehend sagen, daß er in vielem den Spuren Platons folgt, der in seiner Lehre den Ideen einen höheren Wirklichkeitsgrad zumißt als der gemeinhin so bezeichneten Realität, die er nur als ein Abbild des ewigen Ideenreiches ansieht. Ganz anders aber als Platon bewertet Novalis die Rolle und Funktion der Kunst und insbesondere der Dichter in der Gesellschaft. Platon möchte die Künstler aus seinem Idealstaat am liebsten verbannen, wie er im zehnten Buch des Dialogs *Politeia* schreibt. Die Künstler haben keine Funktion im Staat, sie sind sogar schädlich für die Gemeinschaft und die Erkenntnis der Wahrheit, weil sie nur Abbilder der ohnehin schon als Abbild interpretierten Wirklichkeit herstellen und damit um zwei Grade von der Wahrheit des Ideenreiches entfernt sind.

In diesem Punkt zeigt sich der Romantiker Novalis antiplatonisch. Es geht ihm in seinen kunsttheoretischen Reflexionen nicht um eine Abbildung dessen, was ist: »Ja keine Nachahmung der Natur. Die Poesie ist durchaus das Gegenteil. [...] Alles muß poetisch sein.« (IV, 327) Die Poesie macht die Strukturen sichtbar, die der erscheinenden Welt zugrunde liegen und auf ihre Bindung an das Übersinnliche verweisen, was von dem endlichen Bewußtsein anders als in der Kunst nicht erfahren werden kann.

Kunst und Poesie dürfen deshalb niemals von ihren Wahrheitsansprüchen abgetrennt werden. Novalis spricht ihnen unmittelbaren Seinscharakter zu. »Die Poësie ist das ächt absolut Reelle. Dies ist der Kern meiner Philosophie. Je poetischer, je wahrer«, heißt es in einem Fragment. (II, 647) Jede poetische Darstellung macht die Gegenstände vielgestaltig, so daß zusätzliche metaphorische Räume entstehen, die das vordergründig Beschriebene in seiner Bedeutung entscheidend erweitern. Es geht also nicht um eine Nachahmung der Dinge als solche, sondern um ein Ineinanderströmen der Dinge, die ihren bloßen Objektcharakter verloren haben und auf ein Übersinnliches hindeuten.

Novalis' Verfahren ist das der Romantisierung, das wir im vorhergehenden Kapitel bereits kennengelernt haben. Indem er das Endliche romantisiert, d.h. durch Potenzierung ins Unendliche überleitet, gleichzeitig das Unendliche in einem Endlichen (z.B. einem poetischen Kunstwerk) realisiert, fallen Endliches und Unendliches zusammen. Alle Gegenstände und überhaupt alles Seiende werden dadurch zur Objektivation des Absoluten und können als Chiffren oder Hieroglyphen auf ein höheres Sein verweisen. Die ganze Welt wird so poetisch gedeutet. Es verschwindet die prosaische Weltsicht, die die Dinge unter dem Gesichtspunkt des Zwecks oder der Nützlichkeit wahrnimmt. Einzige romantische Wirklichkeit ist deshalb die poetische. Ihr prägnantestes Symbol ist die blaue Blume, das Leitmotiv des Romans *Heinrich von Ofterdingen* und darüber hinaus *der* Inbegriff romantischen Denkens und Dichtens.

Die poetologischen Reflexionen der Romantik sind ohne den engen Bezug zur zeitgenössischen Philosophie nicht verständlich. Das bestätigt auch Eichendorff in seiner *Geschichte der poetischen Literatur Deutschlands*, die selbst vom Geist der Romantik geprägt ist, aber schon in der Rückschau ein Schlaglicht auf die frühromantische Ästhetik wirft. Demnach habe die Poesie zu allen philosophischen Evolutionen, namentlich zu den Entwicklungen im deutschen Idealismus, stets »in einem wahlverwandtschaftlichen Verhältnis« gestanden, »entweder auf ihren besonderen Wegen nachfolgend oder als Divination, Ahnung, Aperçu gleichsam prophetisch ankündigend.«[43] Diese Parallelführung poetischer und philosophischer Entwicklung ist epochenspezifisch und entspricht zugleich einer romantischen Intention: Es ist nicht mehr genau auszumachen, wo der Ursprung und wo das Ziel dieser Entwicklungen liegen. Beides, Anfang und Ausklang, sind längst ineinander übergegangen. Die dialektische Bewegung hat sich, in dieser Hinsicht zumindest, vollendet.

Die Romantik reagierte auf die Zersplitterung der Welt, die sie vorfand. Das seit der Aufklärung gültige Rationalitätsprimat hatte auf bestehende Widersprüche aufmerksam gemacht, aber aus der Sicht der Romantiker keine Lösung zu deren Überwindung angeboten. Eine Erkenntnis wurde immerhin gewonnen: Gegensätze müssen in einem dialektischen Verhältnis zueinander stehen, um in eine Synthese der divergierenden Kräfte überführt werden zu können. Diesem Verhältnis wohnt eine eigene Energie inne, die Novalis faszinierte. Nichts schien ihm geeigneter, die Geheimnisse der Kunst und der Natur zu enträtseln, als dieser fast magisch zu nennenden Kraft auf die Spur zu kommen. Bereits der werdende Romantiker Novalis hatte dieses Denk- und Vorstellungsmuster entwickelt. Es ist in seinen frühen Werken, seinen Tagebuchnotizen, Fragmenten und Briefen an zahlreichen Stellen zu finden, wie wir gesehen haben.

Dialektik ist ein komplizierter und schillernder Begriff. Im allgemeinen bezeichnet er die philosophischen Bemühungen, Widersprüche im Denken und Sein zu überwinden. Der Dialektik geht es als Methode um die Erkenntnis des Ganzen und Wahren. Sie macht als Begriff im Laufe der Philosophiegeschichte zahlreiche Veränderungen durch. Kant unterzieht sie in der *Kritik der reinen Vernunft* einer radikalen Bewertung und betitelt sie als »Logik des Scheins«[44], weil sie nur mit Begriffen, mithin ohne Berücksichtigung der Erfahrungswelt, Erkenntnisse gewinnen will. Kants transzendentale Dialektik ist deshalb die Beanstandung dieses dialektischen Scheins. Diese radikale Wendung in der Auslegung und im Verständnis des Begriffs »Dialektik« beeinflußt maßgeblich die Entstehung und Entfaltung des deutschen Idealismus als derjenigen Philosophie, von der die wichtigsten Impulse auf das romantische Denken ausgingen.

Bei Novalis besteht die Dialektik aus den Elementen Potenzierung und Depotenzierung. Er übernimmt diese Begriffe aus der Schellingschen Philosophie. Sie bezeichnen keine qualitativen Unterschiede innerhalb einer dialektischen Bewegung, sondern nur eine quantitative Differenz. Alles ist Eins: Die Identität bleibt von jeder wesenhaften Veränderung verschont. Dabei ist die Dialektik keine schaffende Kraft, sondern eher eine Form des Denkens, eine Art und Weise, sich die Welt anzueignen: »Dialektik ist Rhetorik des Verstandes.« (III, 471) Das Schöpferische bleibt dem poetischen Vermögen überlassen, das vor allem dem Dichter zukommt. Er allein kann die Differenz zwischen dem Geist und der Erscheinung, die als Ursprung aller Dialektik notwendig ist, überwinden, um die Einheit aller Gegensätze hervorzubringen. In der vollendeten Poesie ist kein Platz mehr für die herkömmliche Dialektik.

Wollte man einen Begriff nennen, um diese große Einheit, die der Romantiker schöpferisch sucht, methodisch zu bezeichnen, so findet sich eine Wendung, die Novalis vermutlich zu Beginn des Jahres 1798 prägte: magischer Idealismus. Dieser Ausdruck erscheint erstmals in den *Teplitzer Fragmenten* und verdankt sich selbst einem dialektischen Dreierschema. Novalis verdeutlicht diese Entwicklung an den großen Philosophen seiner Zeit. Sie gehe »zu Kant – von da zu Fichte – und endlich zum magischen

Idealism.« (II, 605) Erst in diesem werden Phantasie und Denkkraft vereinigt (vgl. III, 417). Was für die Transzendentalphilosophie unmöglich ist – daß nichtsinnliches Denken dennoch den Charakter unmittelbarer Erfahrung besitzt –, ist für den magischen Idealisten verständlich, ja erreichbar. Die Darstellung dieses Prozesses ist jedoch nicht mehr Aufgabe der Philosophie, sondern fällt in den Bereich der Dichtung, wird sogar zu deren genuiner Funktion.

Diese Form der Dialektik, mit der Novalis bereits in jungen Jahren an die Welt herantrat, hat sich allmählich herausgebildet und weiterentwickelt. Zunächst erscheint sie in seinem Werk als ein erkenntnistheoretisches Paradigma, wird dann zu einem geschichtsphilosophischen Postulat und schließlich zu einer Gewißheit, die poetisch – und nur poetisch – eingelöst werden kann. Philosophie und Poesie, Geschichte und Religion, aber auch Mathematik und Naturwissenschaft werden hier auf die unverkennbar frühromantische Weise miteinander verbunden. Dieser Auffassung entsprechend, laufen alle Erkenntnisquellen und Wissensgebiete des Menschen konzentriert in einem Punkt zusammen. Es ist die Idee des einen Absoluten, die sich in diesem Punkt verbergen soll. Sie wird in allen Erscheinungen lediglich verschieden entfaltet, bleibt sich im Kern jedoch stets selbst gleich.

Dieser Gedankengang wird von Novalis nicht im herkömmlichen Sinne systematisch entwickelt. Ebensowenig wird er rational begründet. Vielmehr ist er das Ergebnis der charakteristisch frühromantischen Denk- oder besser Empfindungsweise, die Novalis in den *Logologischen Fragmenten* so beschreibt: »Vielleicht hab ich meine glücklichen Ideen dem Umstande zu danken – daß ich einen Eindruck nicht vollkommen gegliedert und durchgängig *bestimmt* empfange – sondern durchdringend in Einem Puncte – unbestimmt und absolut fähig.« (II, 540) Es entsteht der Eindruck, als spreche das zu Erkennende zu dem erkennenden Subjekt, das wiederum von einer mit dieser Situation korrespondierenden Grundhaltung geprägt ist: »Stimmungen – unbestimmte Empfindungen – nicht bestimmte Empfindungen und Gefühle machen glücklich. Man wird sich wohl befinden, wenn man keinen besondern Trieb – keine bestimmte Gedancken und Empfindungsreihe in sich bemerckt.« (II, 611) Aufgrund der analogen Struktur von Erkenntnissubjekt und -objekt kommen die Erkenntnisse, Einsichten und Gewißheiten zustande.

Entscheidend ist, daß die Entstehung von Ideen und Einsichten mit der Art und Weise des frühromantischen Denkens zusammenhängt. Idealer formaler Ausdruck dieses Denkens ist das Fragment. Fragmentarisches Denken ist jedoch kein Denken in Bruchstücken oder abgerissenen Gedankenfetzen. Es ist ebensowenig das Ergebnis einer Zertrümmerung kohärenter Systeme. Der Zusammenhang der Fragmente ist in einer Art von höherer Ordnung zu suchen, die die herrschende Vorstellung von Logik und Rationalität übersteigt. Fragmentarisches Denken als Methode bringt auch kunstvolle Geschlossenheit hervor, wie der Roman *Heinrich von Ofterdingen* belegt. Dieses Werk ist kein Fragment im explizit romantischen Verständnis des Begriffs, sondern blieb unvollendet, weil sein Verfasser starb. Die fehlende Vollendung war hier nicht Absicht. Hingegen ist das echte romantische Fragment, wie es neben Novalis vor allem Friedrich Schlegel bevorzugte, vollendet, eben weil es unvollendet ist.

Die Form wirkt im Fragment prägend auf den Stoff ein. Begriffe und Bilder verbinden sich zu zentralen Grundfiguren, die in ihrer Anordnung meist eine duale Struktur aufweisen. Die Art und Weise der Darstellung von Gedanken ist für Novalis wichtig. Nicht allein des Inhalts wegen dürfen wir denken, wenn wir uns mitteilen wollen. Entscheidend ist die Form: »Es ist roh und geistlos, sich blos des Inhalts wegen mitzutheilen – der Inhalt, der Stoff muß uns nicht tyrannisiren. Wir müssen uns *zweckmäßig* mittheilen – kunstvoll – besonnen –« (II, 281). Zweckmäßig und kunstvoll – die Frage nach der ästhetischen Formgebung drängte sich in der zweiten Hälfte des Jahres 1797 zunehmend in den Vordergrund. Der Romantiker Novalis sah den engen Zusammenhang von Inhalt und Form zu diesem Zeitpunkt überdeutlich. Es galt, eine neue Form zu schaffen, die den romantisch geprägten Inhalten adäquat ist. Novalis fand sie im Fragment, das sozusagen ein Produkt der »Symphilosophie« (IV, 508) mit seinem Freund Friedrich Schlegel ist. Dieser Ausdruck sollte belegen, daß die gemeinsame philosophische Anstrengung im Prozeß des Denkens liegt und sich nicht unbedingt im Ergebnis widerspiegeln muß. Es muß keine theoretische Einmütigkeit der verwandten Seelen herrschen, auch Unvereinbares kann nebeneinander stehenbleiben, solange irgendeine Art von Synthese erreichbar ist. Diese kann auch in einer gemeinsamen Geselligkeit bestehen, die etwas später den sogenannten Jenaer Romantikerkreis kennzeichnen sollte, zu dem neben den Brüdern Schlegel und Novalis unter anderem die Philosophen Schelling und Schleiermacher, der Dichter Tieck und der Physiker Ritter gehörten. Ihnen schlossen sich einige der berühmten Frauen der Romantik an, allen voran Caroline Schelling, geschieden von August Wilhelm Schlegel, und Dorothea Veit, die später Friedrich Schlegel heiratete.

Der Letztgenannte besuchte seinen engen Freund Novalis im Juli 1797 in Weißenfels. Ihre langen Gespräche, die zunächst von Fichtes Philosophie handelten, kreisten bald um das Wesen und den Sinn der Poesie. Probleme einer angemessenen Form wurden ausführlich diskutiert: Wie können die neuen philosophischen und poetischen Ideen am vorteilhaftesten präsentiert werden? Schlegel dachte kurz daran, die Tradition des Aphorismus wiederzubeleben, die in Deutschland bereits Lessing gepflegt hatte und die in der französischen Literaturgeschichte sogar noch tiefergehende Wurzeln besitzt. Tatsächlich hat sich Schlegel am Vorbild des französischen Moralisten Sébastien Chamfort (1741-1794) orientiert, dessen 1797 posthum erschienene Aphorismensammlung *Maximes et pensées, caractères et anecdotes* nachweislich Einfluß auf den Romantiker ausübte.[45] Doch eine Übernahme der aphoristischen Form fand nicht statt. Dies wäre auch nicht wirklich innovativ gewesen. Außerdem sind Aphorismen selbstgenügsame, in sich abgeschlossene Mitteilungsgebilde. Die Romantiker suchten jedoch nach einer Form, die nicht selbstgenügsam, sondern zum Unendlichen hin offen ist.

Das Fragment als Genre sollte die Undarstellbarkeit des Unendlichen im Endlichen kompensieren und damit ein drängendes philosophisches Problem der Frühromantik überwinden helfen. Es geht um das Problem des Ursprungs von Sein und Ich. »Wir suchen überall das Unbedingte, und finden immer nur Dinge.« (II, 413) Enttäuschung spricht aus diesem Satz, der sich der Frage nach der Begründung des Selbstbewußtseins und nach der Möglichkeit der Erkenntnis des Absoluten verdankt. Novalis wurde zur Beschäftigung mit diesem Problem durch die gründliche Lektüre der Philosophie Schellings angeregt, besonders durch dessen Schrift *Vom Ich als Princip der Philosophie oder über das Unbedingte im menschlichen Wissen* (vgl. II, 747). Doch keine Enttäuschung ohne Hoffnung: In der Gewißheit, daß sich das Selbstsein einem transzendenten Grund verdankt, der sich nicht in der Immanenz des Bewußtseins auflösen läßt, standen die Frühromantiker vor einem nicht ausdeutbaren Rätsel, wenn sie den Grund des Selbstseins suchten. »Der Geist führt einen ewigen Selbstbeweis« (II, 412), lautet die Überzeugung. Philosophisch kann der Grund nicht mehr gefunden werden. Deshalb muß die Philosophie in Kunst, oder genauer: in Dichtung, übergehen.

Vom Höchsten, dem absoluten Ursprung und Ziel, kann nur gleichnishaft, in Andeutungen gesprochen werden. Diese Aufgabe fällt der Poesie zu, nicht dem diskursiven Denken. Was im Fragment als Begriff erscheint, ist in der Poesie in eine bildhafte Handlung auseinandergefaltet: Die theoretisch formulierte Forderung nach der unbegrenzten Einheit wird so realisiert und damit sinnfällig gemacht.

Diese und weitere Überlegungen führten Friedrich Schlegel zu den *Kritischen Fragmenten*, die sich deshalb überwiegend auf literaturtheoretische Fragestellungen beziehen. Sie sind ab 1797 in der Zeitschrift *Lyceum* erschienen, die er zusammen mit seinem Bruder August Wilhelm Schlegel herausgegeben hat. Kurze Zeit später stellte auch Novalis eine Fragmentsammlung fertig, die unter dem Titel *Blüthenstaub* bei den Gebrüdern Schlegel im ersten Band ihrer neuen Zeitschrift *Athenäum* im Mai 1798 publiziert wurde. In einem Brief an die Herausgeber kündigte Novalis die Sammlung als »mystische Fragmente« (I, 651) an, und er schrieb über ihre Entstehung an Friedrich Schlegel: »Du sollst dann das von mir in Händen haben, was ich zu machen im Stande bin. Es sind Bruchstücke des fortlaufenden Selbstgesprächs in mir – Senker. Du kannst sie dann behandeln, wie Du willst. Revolutionairen Inhalts scheinen sie mir hinlänglich.« (I, 652) In den Fragmenten wollte Novalis die Ideen nicht als fertige Denkresultate, sondern in ihrem Werden formulieren. Zuversichtlich vertraute er dabei auf die verwandelnde Macht des Wortes.

Die Publikation des *Athenäums* erregte das erwartete Aufsehen. Goethe las das Heft mit großer Zustimmung in einem Zuge durch.[46] Die Sammlung *Blüthenstaub* ist Novalis' erste »richtige« Veröffentlichung, bei der er sich endgültig zu seinem Pseudonym bekannte. An August Wilhelm Schlegel richtete er die Bitte: »Hätten Sie Lust öffentlichen Gebrauch davon zu machen [vom *Blüthenstaub*-Manuskript], so würde ich um die Unterschrift

Novalis bitten – welcher Name ein alter Geschlechtsnahme von mir ist, und nicht ganz unpassend.« (I, 662) Seitdem führte er seinen Dichternamen, der mit »novus« (neu) zusammenhängt und in Beziehung steht mit dem »revolutionairen Inhalt« der Fragmente: Novalis, der Revolutionär.

Das *Athenäum* entwickelte sich zu dem programmatischen Organ der Frühromantik. Den ursprünglichen Namensvorschlag »Schlegeleum« konnte der jüngere Bruder nicht durchsetzen.[47] In den Jahren zwischen 1798 und 1800 erschienen insgesamt sechs Hefte. Spektakulär war auch die Ablehnung bestimmter Texte, die dann nicht in dieser wichtigen Zeitschrift erschienen, wie Novalis' Abhandlung *Die Christenheit oder Europa.* Diese Schrift, die von Schleiermachers Reden *Über die Religion* inspiriert worden war, hatte er seinen Freunden aus dem Kreis der Jenaer Frühromantik im Herbst 1799 vorgelesen. Doch einer Veröffentlichung mochte vor allem August Wilhelm Schlegel nicht zustimmen, zumal auch Goethe, den er als Vermittler in der Streitfrage hinzugezogen hatte, dringend davon abriet. Bei diesem später berühmt gewordenen Treffen des Romantikerkreises ging es turbulent zu, wie Dorothea Veit in einem Brief an Schleiermacher berichtet: »Das Christhentum ist hier à l'ordre du jour; die Herren sind etwas toll. Tieck treibt die Religion wie Schiller das Schicksal; Hardenberg glaubt Tieck ist ganz und gar seiner Meinung; ich will aber wetten was einer will, sie verstehen sich selbst nicht, und einander nicht.« (IV, 647) Friedrich Schlegel schildert demselben Adressaten ähnliche Eindrücke: »Hier gehts ziemlich bunt und störend durcheinander – Religion und Holberg, Galvanismus und Poesie. Du kannst es leicht denken, was zwey solche Feuer und Wasser sprudelnde Menschen wie Hardenberg und Tieck für ein Wesen zusammen treiben.« (IV, 646)

Der Streit entzündete sich an der Art und Weise, wie der Protestant Novalis den Katholizismus als »angewandtes, lebendig gewordenes Christentum« (III, 523) lobte und den Protestantismus als häßliche Spaltung, als Zerstörer der katholisch-christlichen Vollkommenheit geißelte. In einem für die Zukunft erwarteten Goldenen Zeitalter sollte eine neue Religion die Vollkommenheit wiederherstellen. Die Selbstverständlichkeit, mit der Novalis diese Ansichten äußerte, mußte in diesem Umfeld provozieren, solange man sie vordergründig als restaurative las. Doch bereits Ricarda Huch wundert sich in ihrem berühmten Buch *Die Romantik* darüber, daß diese Schrift so gründlich mißverstanden werden konnte.[48] Die Freunde haben offenbar nicht hinreichend gewürdigt, daß Novalis hier seine dreigliedrige, typisch romantische Geschichtsphilosophie mit Zuspitzung auf die Religion darlegt. Auf die glänzende Vorzeit (Katholizismus) folgt eine Epoche des Verfalls und der Entfremdung (Protestantismus), die in der Wiederkehr des Goldenen Zeitalters (neue einige Religion) überwunden wird. Mit der Provokation katholischer Thesen sollte die protestantisch geschulte Denkfreiheit eher ermuntert statt bekämpft werden. Schelling, der in einem Gedicht, *Epikurisch Glaubensbekenntnis Heinz Widerporstens*, die Religionsbegeisterung des Jenaer Kreises kritisierte und sich dabei deutlich über Novalis lustig machte, hatte diese Intention nicht genau genug beachtet. Novalis, anstatt gekränkt zu sein, reagierte erfreut und zustimmend auf Schellings satirische Gegenschrift. Den gleichzeitigen Abdruck beider Texte im *Athenäum* hätte er gerne gesehen (vgl. IV, 318). Indes, die Freunde trugen ihre Debatten über die Veröffentlichung nicht inhaltlich aus, sondern baten um Vermittlung – mit dem bekannten Ergebnis, daß auf Goethes Rat hin weder Novalis' noch Schellings Text publiziert wurde.

Wir werden weiter unten, im Zusammenhang mit Novalis' religions- bzw. geschichtsphilosophischen Überzeugungen, noch einmal auf die Schrift *Die Christenheit oder Europa* zurückkommen, in deren wechselvolle Entstehungs- und Wirkungsgeschichte wir soeben einen kleinen Einblick gewonnen haben. An dieser Stelle wollen wir zunächst näher auf die Publikation der Fragmentsammlung *Blüthenstaub* eingehen, um anschließend die Bedeutung und Funktion des Fragments im Kontext der Grundfiguren romantischen Denkens eingehender zu erläutern.

Den Freunden des Jenaer Romantikerkreises war es vorerst wichtig, das *Athenäum* als intellektuelle Literaturzeitschrift zu etablieren. Die erste Ausgabe hatte noch einen privaten, geradezu intimen Charakter, waren doch alle Artikel nur mit den Initialen der Vornamen ihrer Verfasser oder eben mit Pseudonym gekennzeichnet. Friedrich Schlegel, der glaubte, im Sinne der Intention dieser Zeitschrift an Novalis' Manuskript Veränderungen vornehmen zu müssen, hatte die Anordnung der Fragmente vor Erscheinen des *Blüthenstaubs* erheblich abgewandelt, einige Fragmente gar herausgebrochen und so insgesamt die Fragmentsammlung seines Freundes abermals »fragmentarisiert«. Das Originalmanuskript ist verloren, überliefert sind lediglich mit *Vermischte Bemerkungen* überschriebene Blätter, die den Text enthalten. Novalis erhob jedoch keine Einwände gegen die Überarbeitung des Freundes, so daß man seine Billigung voraussetzen muß. Deutlicher hätte der Charakter einer Symphilosophie nicht herausgestellt werden können.

Für die Frühromantiker ist das Denken in Fragmenten die höchste Form. Gegenargumente in der Art, daß diejenigen, die sich des Fragments bedienen, lediglich nicht fähig seien zur Gestaltung eines Ganzen, gelten ihnen nichts. Novalis ist sich des Vorläufigen und Unvollständigen der Fragmente stets voll bewußt. Er bezeichnet sie deshalb in einem Brief an Friedrich Schlegel durchaus bescheiden als »Vorübungen« und erkennt, daß sie sich nicht in einen strengen philosophischen Diskurs einfügen lassen: »Beweise bleib' ich schuldig.« (IV, 242) Aber was Kritiker als Argumentationsschwäche deuten mögen, macht für Novalis gerade den Reiz des Fragments aus. Zwar steht es inhaltlich in einem philosophischen Zusammenhang, doch ist es von der Form her zu einer künstlerischen Steigerung fähig, weil es frei von den strengen Regeln des Argumentierens ist und gleichsam über diesen schwebt. Fragmente sind in gewisser Hinsicht selbst Diskurse, aber als solche Bestandteile eines poetischen Prozesses. Denken und Dichten durchdringen einander. Das Fragment entspricht in seiner unabgeschlossenen Form eher dem Wesen des Denkens als jede Systematisierung von Gedanken in einem logisch korrekten Schema. Novalis wählt das Fragment als Gegenteil der philosophischen Systemform, weil es zur Seite der Unendlichkeit hin offen ist. Dem Fragment als philosophischer Ausdrucksform entspricht in dieser Hinsicht das Märchen als dichterische. Hierin wird abermals das korrespondierende Verhältnis von philosophischem Gedanken und dichterischer Umsetzung deutlich.

Novalis' Fragmente sind als Form durchaus in einem kritischen Bezug zur herkömmlichen Philosophie zu interpretieren. Die Unmittelbarkeit der Bewegung des Denkens geht im philosophischen System verloren. Die Bewegung erstarrt zunächst und bricht doch, weil sie sich letztlich nicht aufhalten läßt, jedes System wiederum auf. Da ist es besser, gleich die Systemlosigkeit ins System zu bringen und so dialektisch genau in der Form abzubilden, was auch der Inhalt ist. »Form ist Eigenschaftlichkeit« (II, 241), heißt es schon in den *Fichte-Studien.* »Das eigentliche Philosophische System muß Freyheit und Unendlichkeit, oder, um es auffallend auszudrücken, Systemlosigkeit, in ein System gebracht, seyn. Nur ein solches System kann die Fehler des Systems vermeiden.« (II, 288f.)

Was sind die Fehler des Systems in Novalis' Augen? Da ist zum einen die strikt polare Ausrichtung, die auf beiden Seiten isolierte

Singularität entwickelt, ohne zu vermitteln. Rationalistischer Systemzwang steht der Mannigfaltigkeit empirisch angehäuften Wissens unversöhnlich gegenüber. Die starre Begriffsschematik kann die Widersprüchlichkeit der Welt, die ein Fakt ist, nicht erfassen. Doch die Auflösung aller Widersprüche in einer höheren, ganz ideellen Ordnung, welche die einzige Alternative wäre, würde den Kontakt zur Wirklichkeit verlieren und damit einen zu hohen Preis zahlen. Deshalb schlägt Novalis die scheinbar paradoxe Lösung der Systemlosigkeit, in ein System gebracht, vor, weil sie nicht in Absehung von den Widersprüchen, sondern in bewußtem Rekurs auf sie der Wirklichkeit, die aus Tatsachen und Ideen besteht, am nächsten kommt.

Der Fragmenttheorie des Novalis liegt die Einsicht zugrunde, daß die Vollständigkeit, die ein sprachlich formulierter Gedanke als Wort, Satz oder Text hat, keine Entsprechung in dem findet, worüber gesprochen bzw. nachgedacht wurde. Die Wahl der Fragmentform als adäquate Darstellungsweise der Welt ist die konsequente Weiterentwicklung der Erkenntnis, daß sich das dem Denken gegenüberliegende Sein als etwas nicht Fixierbares erweist. Es kommt auf die prinzipielle Unvollendbarkeit im gegenwärtigen Moment an. Diese soll nicht nur inhaltlich gedacht werden, sondern auch in der Form ihren Niederschlag finden.

Just diesen Gedankengang, oder genauer gesagt, die Bewegung des Denkens selbst vollzieht jeder Leser der Fragmente nach. Er findet die darin enthaltenen Inhalte vollständig in der Form des Unvollständigen vor. Aus dieser Differenz allein entwickelt sich schon die Bewegung. Novalis sieht denn auch das Wesentliche des Denkens in der Eigentätigkeit. Er will Anreize und Hinweise geben, die Initiative zum Denken bleibt dem Leser selbst überlassen. Wer als Leser einer streng logisch-systematischen Abhandlung mit ihren einzelnen Argumentationsschritten folgt, ist zu abhängig vom Denken eines anderen und kommt nicht zur Eigentätigkeit. Damit entfernt sich der Leser nach Novalis' Verständnis von der Wahrheit, statt sich ihr zu nähern. Dem Leser der Fragmente passiert dies nicht: »Die ächte Wahrheit muß ihrer Natur nach, *wegweisend* seyn. Es kommt also nur darauf an jemand auf den rechten Weg zu bringen, oder besser, ihm eine bestimmte Richtung auf die Wahrheit zu geben. Er gelangt dann von selbst, wenn er anders *thätig* ist, *begierig*, zur Wahrheit zu gelangen, an Ort und Stelle.« (II, 373f.) Diese Erkenntnis bewegte Novalis seit den *Hemsterhuis-Studien*, und in der Sammlung *Blüthenstaub* setzte er sie souverän um. Nicht mehr die logische Vorgabe des Verfassers, sondern die eigene freie Tätigkeit führt den Leser durch den Text. Fragmente sind nichts weiter, wie Novalis in schöner Klarheit definiert, als »Anfänge interessanter Gedankenfolgen, Texte zum Denken.« (IV, 270) Das Werdende steht im Mittelpunkt.

Die Schaffung von Fragmenten wurde zu Novalis' bevorzugter Arbeitsform, auch auf dem Gebiet der Naturwissenschaft. Die zum Teil sehr umfangreichen Materialiensammlungen sollten die Grundlage bilden für seinen großen Plan, auf eine andere Art und Weise Bücher zu schreiben, die dann als ein ideales Muster, ganz im Stil einer besonderen Enzyklopädie, alle Wissenschaften und die Poesie vereinigen sollten, um ein neues Organon des menschlichen Geistes hervorzubringen. »Die Kunst Bücher zu schreiben ist noch nicht erfunden. Sie ist aber auf dem Punct erfunden zu werden. Fragmente dieser Art sind literarische Sämereyen. Es mag freylich manches taube Körnchen darunter seyn – Indeß wenn nur einiges aufgeht.« (II, 462) Dazu muß die entsprechende Ordnung erst gefunden werden. Einstweilen sammelte er seine Notizen, deren logischen Ort er noch nicht präzisieren konnte, in einem großen Heft und nannte es *Allgemeines Brouillon*: »Was mir nebenher einfällt, wird in das allg[emeine] Brouillon mit hineingeschrieben.« (III, 280) Im strengen Sinne handelt es sich dabei nicht um eine »romantische« Fragmentsammlung wie *Blüthenstaub*, sondern eher um eine Folge längerer und kürzerer Studien, meist Ergebnisse intensiver Lektüre. Inhaltlich geht es um naturwissenschaftliche und mathematische Ideen ebenso wie um Überlegungen zur Romantheorie und um Aperçus zu verschiedenen Themen wie Religion, Gesellschaft, Pädagogik und Politik. Auffällig ist die Diskontinuität und der Reichtum an Assoziationen, der sich als Ergebnis der Arbeitsweise, alle Nebengedanken spontan und zunächst ungeordnet zu sammeln, verstehen läßt. So kann man nicht unbedingt davon sprechen, diese Darstellungsweise sei als ästhetische intendiert gewesen. Doch ihre Funktion als Texte zum Denken erfüllen die Fragmente auch hier.

Das *Allgemeine Brouillon* blieb unvollendet wie so viele Projekte der Frühromantik. Gleichwohl war es als Materialiensammlung gedacht, die gewissermaßen die Substanz der Wissenschaften enthalten sollte. Novalis plante die Herausgabe als Buch, um eine »Wissenschaft der Wissenschaften« (III, 249) darzustellen. Seine Vorstellungen hierzu waren sehr konkret: »Das Register – und der Plan werden zuerst gearbeitet – dann der Text – dann die Einleitung und Vorrede – dann der Titel – Alle Wissensch[aften] machen *ein Buch aus.*« (III, 365) Indes gedieh die Verwirklichung nicht so weit, das ausufernde, ständig in Bewegung befindliche Material in die statische Form eines durchkomponierten Buches zu überführen.

Schon Novalis mußte sich mit einem Problem auseinandersetzen, das in unserer Gegenwart der medialen Vielfalt und neuen Unübersichtlichkeit nur allzu bekannt ist. Bereits an der Wende zum 19. Jahrhundert wuchsen die Kenntnisse auf den verschiedenen Gebieten im Vergleich zu früheren Epochen nahezu explosionsartig an. Der ständige Innovationsschub riß das verfügbare Wissen in einen Strudel, in dem es seine Konturen zu verlieren drohte und immer weniger faßbar wurde. Novalis suchte nach neuen Möglichkeiten, diese Krise zu lösen. Stringenz in eine Welt zu legen, die an sich chaotisch ist, kann hier nicht weiterhelfen. Eine angemessenere Lösung liegt aus seiner Sicht in den vielen seltsam anmutenden Kombinationen disparater Themenfelder, die das *Allgemeine Brouillon* bereithält. Reflexionen zu Physik und Magie, Kosmologie und Medizin, Geschichte und Numismatik, Politik und Psychologie, Menschenlehre und »Sofologie« und immer wieder Poetologie durchziehen die Sammlung in bunt gemischter Folge. (Die Wortschöpfung »Sofologie« läßt sich kaum eindeutig übersetzen; man kann sich ihr nur annähern. Sicher enthält sie eine Spur Polemik gegen alle diejenigen, die von der »Liebe zur Weisheit«, der Philosophie, nur eine »Lehre der Weisheit«, eben »Sofologie«, übriglassen – nüchterne Rationalisten etwa, denen nach Novalis' Auffassung das wahre romantische Verständnis fehlt.) Eine kohärente Inhaltsangabe dieses Werkes ist, ebenso wie bei den anderen Fragmentsammlungen, unmöglich. Die Kohärenz würde die spezifische Form, in der der Inhalt präsentiert wird, vernichten. Die »Texte zum Denken« (IV, 270) müssen deshalb durchgeblättert und sprunghaft gelesen werden, will man sie verstehen.

Diese äußerliche Gestalt verweist auf eine weitere wichtige Grundfigur des romantischen Denkens: auf das Chaos. Seine Faszination besteht für die Romantiker gerade darin, daß es sich dem begrifflichen Erfassen entzieht. Zunächst einmal ist es das radikal Fremde, das jeder Ordnung entgegensteht. Es ist dem Zugriff des Denkens gerade dadurch verschlossen, daß ihm weder Regeln noch Vernunft zukommen. Das kontradiktorische Begriffspaar »Chaos und Ordnung« spielt im Werk des Novalis auf drei Gebieten eine bedeutende Rolle: in der Sprachphilosophie, in der Geschichtsauffassung und in der Poetologie, genauer: in der Märchentheorie.

Das Problem, mit dem sich Novalis schon in den *Fichte-Studien* beschäftigte, kreist um die Frage, wie wir überhaupt irgendeinen Gegenstand denken können. Diese Frage ist um so komplizierter zu klären, je mehr es sich bei den entsprechenden Gegenständen um grundlegende handelt. Es geht weniger darum, wie wir ein Haus, eine Blume oder einen anderen Menschen denken können. Vielmehr richtet sich das Interesse auf die folgenden Fragen: Wie denken wir das Ich? Wie denken wir das Sein? Wie denken wir die Sprache? Wie denken wir den Ursprung? Schließlich kulminieren alle diese Fragestellungen in dem Punkt: Wie denken wir das Chaos?

Um etwas zu denken, müssen wir es mit Begriffen erfassen, das heißt bestimmen und damit von allem anderen, das wir in diesem Moment nicht denken wollen, unterscheiden. Damit müssen wir jeden Begriff auf anderes, das er nicht ist, beziehen. Diese Form des Denkens ist an sprachliche Strukturen zurückgebunden: »Beziehn geschieht durch Unterscheiden – beydes durch These einer absoluten Sfäre der Existenz. Dis ist das Nur Seyn – oder Chaos.« (II, 106) Das »Nur Seyn« kann man nicht begreifen, weil man es nicht von etwas anderem unterscheiden kann, denn an ihm »haftet gar keine Modification, kein Begriff – man kann ihm nichts entgegensetzen.« (Ebd.) Novalis charakterisiert die aussichtslosen Versuche, das Chaos begriffslogisch zu verstehen, mit den Worten: »Greift doch eine Handvoll Finsternis.« (Ebd.) Das Chaos also ist undenkbar, und trotzdem existiert eine Ahnung davon. Es ist der Anfang von allem, der in dem Moment, in dem er Anfang von etwas wird, schon vergangen ist. Sobald etwas gedacht werden kann, tritt eine Ordnung ein, die das Chaos überlagert und tendenziell vernichtet. Das gilt ausdrücklich auch dann, wenn das gedachte Etwas das Chaos selbst ist.

Diese an sich bereits paradoxe Struktur des Chaos als Ursprung kommt der Vorstellungswelt der Romantiker entgegen.

Wenn das Chaos undenkbar ist, gibt es nur noch eine Möglichkeit, sich ihm zu nähern: Man muß es glauben bzw. fühlen. Man muß so tun, als könne man im Chaos eine Unterscheidung anbringen und es dadurch erkennen, indem man es von anderem abgrenzt. Dieses vermag der Mensch durch seine Fähigkeit, Setzungen vorzunehmen, also Thesen aufzustellen, denen dann ein Wahrheitswert zugesprochen werden kann. »Der Glauben zwingt uns auch nur diese Scheingegensetzung vorzunehmen, zu der wir allerdings im thetischen Vermögen die Kraft besitzen. So wechselt das Denken und d[as] Fühlen die Rolle des Subjectiven und Objectiven.« (Ebd.) Die Struktur der Welt, die der romantischen Auffassung zufolge dem Bewußtsein analog ist, erschließt sich allerdings nicht unmittelbar, sondern nur über den Umweg der Zeichen. Das Chaos muß zum Zeichen seiner selbst werden, wodurch es sich zugleich als faßbar gibt und sich doch ins Unfaßbare entzieht – wie die »Handvoll Finsternis.«

Nach diesen Überlegungen ist Novalis bei dem Problem angelangt, das ihn bei seinen sprachphilosophischen Betrachtungen am meisten interessiert: »Theorie des Zeichens oder was kann durch das Medium der *Sprache* wahr seyn?« (II, 108) Den Sinn und den Wahrheitsgehalt der Sprache, der in der Eindeutigkeit der Zuordnung von Zeichen und Bezeichnetem liegt, können wir nur glauben, aber niemals sicher wissen. Alles Wissen ist eine Beziehung von Subjekt und Objekt und hat zwei Voraussetzungen, die selbst nicht als Wissen zugänglich sind: das absolute Ich und Gott. (Vgl. II, 107f.) Dahinter können wir nicht mehr zurückdenken.

Die Bedeutung der Sprachphilosophie des Novalis liegt darin, daß er die Sprache unter dem Einfluß der romantischen Identitätslehre so denkt, daß sie immer schon Glaube an die Einheit des Sinns ist. Dieser Glaube stützt sich auf die Poesie des Zeichens und auf die Magie der dichterischen Einbildungskraft, die sich in der Konstruktion ästhetischer Sprachbilder manifestiert.[49] Novalis unterscheidet drei Phasen der Sprache, die die Differenz von Bildhaftigkeit und Sachlogik berücksichtigen und eine Entwicklung deutlich machen. Die ursprüngliche Einheit von Zeichen und Bezeichnetem geht allem voraus, sodann kommt es im geschichtlichen Fortgang des Denkens zu einer Trennung von Begriffssprache (Philosophie) und Zeichensprache (Mathematik und Naturwissenschaft).[50] Die Vollendung und Überwindung wird erst erreicht, wenn es zur sprachlichen Wiedervereinigung der getrennten Ebenen in der Poesie kommt. Novalis' Projekt einer Poetisierung aller Wissenschaften hat also auch eine Bedeutung für seine sprachphilosophischen Konzeptionen.

Hinter dieser Phaseneinteilung erkennt man unschwer den triadischen Aufbau, das Dreierschema aus archaischer Unität, Trennung in die Vielheit und gewordener Einheit und Totalität. Es wird in den *Fichte-Studien* schon thematisiert und hinsichtlich seines Ursprungs auch problematisiert. Wir können hier Verbindungslinien verknüpfen und so Zusammenhänge aufzeigen, die sich nicht unmittelbar evident aus den Fragmenten ergeben. Auf diese Weise wird in dem vermeintlichen Chaos der Fragmente eine Ordnung sichtbar, die nur der üblichen Systematik zu widersprechen scheint. Aber denken wir daran, daß es für Novalis wichtig ist, Systemlosigkeit in ein System zu bringen (vgl. II, 288). Hier können wir diesen Prozeß rudimentär aufzeigen: Überlegungen zum Begriff des Chaos führen Novalis zu sprach- und zeichentheoretischen Konzepten, aus denen ein Schema[51] hervorgeht, das wiederum Einfluß auf sein Geschichtsverständnis ausübt. Darüber hinaus finden sich Reflexionen zur Poetologie, die ebenfalls vom Problem des Chaos ausgehen und auf die Sprachphilosophie rekurrieren.

Die Geschichtsphilosophie umfaßt das Chaos gleich doppelt, als Anfang und Ende der Geschichte. Dazwischen steht die historische Entwicklung, die Novalis ebenfalls triadisch, also dreistufig, denkt. Der chaotische Urzustand, in dem Geist und Natur eine ungetrennte Einheit bildeten, gehört der Vergangenheit an. Er wurde abgelöst von dem Zeitalter der Entzweiung und Entfremdung, das anhält, zu dem also auch die Gegenwart gehört. Doch es gibt einen Ausblick auf die dritte Stufe, die Zukunft, in der es einer wiedergefundenen Einheit von Geist und Natur gelingt, die Widersprüche zu versöhnen und ein vernünftiges Chaos zu etablieren, das im vielgepriesenen Goldenen Zeitalter das Ende der Geschichte bedeutet, weil ihr Ziel erreicht ist. Davon künden in der Gegenwart bereits die Dichter, die als Visionäre dieser romantisch erlösten Zukunft fungieren. In diesem Punkt also berühren sich Novalis' Geschichtsauffassung und seine Dichtungstheorie, was hinter der Vielfalt seiner Ideen ein von einer einheitlichen Grundhaltung geprägtes, engmaschig geknüpftes Gedankennetz aufblitzen läßt.

Exemplarisch wird dieses Geschichtsverständnis in der Schrift *Die Christenheit oder Europa* entwickelt, deren Veröffentlichung im Romantikerkreis auf Widerspruch stieß, wie wir oben gesehen haben. Die Komplexität der geschichtlichen Abläufe wird hier auf wenigen Seiten zusammengerafft und dabei einem Reduktionsmuster unterworfen, das die Realität auf einen idealen Ablauf verpflichtet, der dem triadischen Schema gehorcht.

Dies wendet Novalis konkret auf Europa an, das in der archaischen und ursprünglich glücklichen Epoche christlich-katholisch war, von einem Gemeinschaftsinteresse geprägt und von einem Oberhaupt gelenkt. In dieser Phase waren Wort und Bild, Stand und Staat, das religiöse Dogma des Katholizismus und die Theorie, verstanden im Wortsinne als Anschauung Gottes, noch objektive Formen, die in ihrer Verbindlichkeit für alle galten. Aber schon mit dem Mittelalter setzte der Prozeß der Auflösung dieser ursprünglichen Einheit ein. Es begann eine lange Zeit der Verwissenschaftlichung, bei der das Streben nach Erkenntnissen und der drängende Wunsch, alles kausal zu erklären, zu einer Mißachtung des »Großen und Wunderwürdigen« (III, 508) führten. Die Folgen in Europa waren in religiöser Hinsicht der Protestantismus und die mit ihm erkämpften geistigen Freiheiten sowie in historischer Sicht das Gedankengut der Aufklärung. Zahlreiche zerstörerische Kriege dokumentierten das endgültige Ende des Gemeinschaftsinteresses. Die Religion besaß keinen friedensstiftenden Charakter mehr, sondern wurde im Gegenteil zur Quelle von Streit. Am Ende stand die Französische Revolution.

Als Gegenwelt zu diesen Prozessen sieht Novalis die Natur, die als das wahre Sein in einem Widerspruch zu dem stand, was Reformation und Revolution zum Sein erheben wollten. Der Konflikt verläuft an der Linie, an der sich die Natur als ganze den Tendenzen des Zeitalters widersetzt. Novalis frohlockt, daß »die Natur aber so wunderbar und unbegreiflich blieb, so poetisch und unendlich, allen Bemühungen, sie zu modernisieren, zum Trotz.« (III, 516) Und dann greift er die vorherrschende Philosophie seiner Zeit, die Dialektik, scharf an, indem er sie der Intention nach in ihr Gegenteil verkehrt. Wenn der geschichtliche Prozeß im Prinzip dialektisch gedacht wird, indem er sich als eine ständige Folge umwälzender historischer Ereignisse darstellt, die sich als These und Antithese stets negieren, dann bedeutet dies nicht Fortschritt, wie die Dialektik glauben machen will, sondern ein Verharren im Zeitalter des Mangels, das es grundsätzlich zu überwinden gilt. Die Zeit des Krieges, der Spekulation und des »Parthey-Geistes« (III, 519) muß bewußt gemacht werden, bevor sie bezwungen werden kann. Das Subjekt muß die Mißstände der Gegenwart erkennen, indem es aus der Geschichte lernt. So ist die geschichtsphilosophische Trias zugleich ein Muster menschlicher Selbsterkenntnis. Die Wissenschaften stoßen in ihrem Wahn, alles erklären zu können, rasch an ihre Grenzen und scheitern am Wunderbaren und letztlich Unbegreiflichen der Natur.

Weder Philosophie noch Wissenschaft oder Kunst allein können die Wende ins Goldene Zeitalter vollziehen. Dies gelingt aber der Religion, wenn sie aus der Anarchie, in die alle geschichtlichen Prozesse im Zeitalter des Mangels münden, »ihr glorreiches Haupt als neue Weltstifterin« (III, 517) emporhebt. Das ist jedoch nicht, wie es die Zeitgenossen so brisant mißverstanden haben, ein Plädoyer zur Erneuerung des Katholizismus. Die noch zu schaffende, die Menschheit auf ewig vereinigende Kirche wird alle Widersprüche versöhnen. Das Reich wird kommen, wenn die Erziehung zur Vernunft vollendet sein wird, versichert Novalis, ohne eine konkrete Zeitangabe zu machen. In der Zukunft wird eine neue Menschheit im Zeichen universaler Individualität existieren. »Daher ist alle Erinnerung wehmütig, alle Ahndung freudig« (II, 461), heißt es in einem *Blüthenstaub*-Fragment. Das ist es, was dem Menschen in der mittleren Phase bleibt.

Die Schrift *Die Christenheit oder Europa* wurde erst ein Vierteljahrhundert nach Novalis' Tod, 1826, veröffentlicht und galt lange als ein provokantes Beispiel restaurativer Ideologie, in der sich ein moderner Irrationalismus gegen die Aufklärung und deren politische und moralische Konsequenzen wendet. Im Gegenzug sollte das mittelalterliche Ordo-Denken einer überschaubar gegliederten Welt gesellschaftlicher Beziehungen wiederbelebt werden. Dieser Ansicht wird jedoch in der neueren Forschung widersprochen, indem diese in Novalis nicht mehr einen konservativ-bornierten Verfechter der Restauration, sondern einen komplex denkenden Autor sieht. Der Essay wird heute zumeist als eine Friedensbotschaft gedeutet, die in historisch chiffrierter Form die Vision eines harmonischen Gemeinwesens übermittelt, das weder politische noch konfessionelle Grenzen kennt.[52] Und in der Tat entbehrt der Text, so interpretiert, nicht eine gewisse

Aktualität für das moderne Europa der Gegenwart und seine zahlreichen Probleme.

Außer in dieser Rede hat Novalis seine politischen Ansichten in der Fragmentsammlung *Glauben und Liebe* veröffentlicht, die im Frühjahr 1798 entstanden ist. Der Untertitel *Der König und die Königin* verweist auf Friedrich Wilhelm III. und Luise, die seit November des Vorjahres auf dem preußischen Thron saßen. In den Fragmenten wird vor dem Hintergrund der Französischen Revolution eine Auseinandersetzung um ein neues Staatsverständnis geführt, das in Novalis' Augen poetisch gedacht werden muß. Wieder steht der Gedanke der Einheit im Mittelpunkt. Novalis bemerkt in der neuzeitlichen Entwicklung der Staatsidee eine Trennung von individuellem Einzelinteresse und Gemeinwohl. Diese Kluft hat sich in der Zeit der Aufklärung immer mehr vertieft zugunsten der Autonomie des einzelnen. Sie muß jedoch überwunden werden, um moralische Gesinnung der Individuen und politisches Handeln des Staates wieder in Übereinstimmung zu bringen, denn von dem Egoismus einzelner oder des Staates gehen alle sozialen Spannungen aus, die eine Gesellschaft kennt. Im Preußen seiner Gegenwart sieht Novalis deshalb eine Staatsmaschine, die die Idee des Staates als politischer Gemeinschaft zum Wohle aller Bürger zugunsten einer kalten Administration und einer funktionierenden Machtstruktur vergessen hat: »Kein Staat ist mehr als Fabrik verwaltet worden, als Preußen.« (II, 494) Darüber geht jedoch ein Staat zugrunde. »Roher Eigennutz«, so sagt er, ist der »Keim der Revolution unserer Tage.« (II, 495)

Den Egoismus entdeckt Novalis einerseits als wesentliches Motiv des absolutistischen Ancien régime, andererseits aber auch als Hauptursache der Französischen Revolution, die den Absolutismus zu Fall brachte. Als Gegenbild entwirft er das Ideal eines Staats, der poetisch angelegt ist und weder eine Apologie des Absolutismus sein soll noch der Revolution das Wort redet. Im Zentrum dieser Vorstellung, die geschichtsmystisch-visionär und zugleich eigentümlich konkret ist, steht das Königspaar, dessen Verherrlichung Novalis den Ruf eines konservativen bis reaktionären Denkers eintrug. »Der König ist das gediegene Lebensprincip des Staates; ganz dasselbe, was die Sonne im Planetensystem ist.« (II, 488) Mit diesen und ähnlichen Gleichnissen, häufig mit Lichtmetaphorik durchsetzt, wird aber nur scheinbar für eine absolutistische Ordnung gefochten. Tatsächlich will Novalis die Staatsmaschine in ein »lebendiges, autonomes Wesen verwandeln.« (II, 468) Dazu müßten Demokratie und Monarchie als »Elemente eines wahren Universal-Staates« (ebd.) vereinigt werden.

Als treibende Kraft dieser Entwicklung erkennt Novalis weder Wirtschaft, noch Verwaltung oder Kirche, sondern allein den Geist: »Der Geist macht beydes flüssig. Der Geist ist jederzeit poëtisch. Der poëtische Staat – ist der wahrhafte, vollkommene Staat.« (Ebd.) So nimmt es nicht wunder, daß die preußischen Autoritäten ablehnend auf *Glauben und Liebe* reagierten und den Druck der *Politischen Aphorismen*, die Novalis ebenfalls zur Veröffentlichung an Friedrich Schlegel übersandt hatte, untersagten. [53] Die Ästhetisierung der Macht und die implizite Forderung nach einem freien und kreativen Individuum als Staatsbürger paßte nicht in das Konzept der Zensurbehörde.

Die Rezeption der politischen Schriften weist ein breites Spektrum von Einschätzungen auf, die von schärfster Ablehnung bis zu vorsichtiger, historisch relativierter Anerkennung in neuerer Zeit reichen.[54] Eine endgültige Bewertung der Fragmentsammlung *Glauben und Liebe* macht auch heute noch Schwierigkeiten, will man sie nicht vorschnell als konservatives Elaborat abtun. Sie verlangt auf jeden Fall einen Bezug auf die Universalisierungstendenzen und auf die geschichtsphilosophische Grundhaltung der Frühromantik. Kehren wir mithin noch einmal zurück zu Novalis' Vision einer glückseligen Endzeit.

In der Gegenwart ist das Goldene Zeitalter bisher nur ein gedachtes, das noch nicht verwirklicht ist, aber in der Poesie in sprachlichen Bildern zum Vorschein gebracht werden kann. Diese Synthese aus Chaos und Vernunft als visionäre Verkündigung der Zukunft fordert Novalis vom Märchen. Weil die Welt des Märchens der Welt der logisch-rationalen Wahrheit entgegengesetzt ist, verhält es sich ähnlich wie das Chaos zur Schöpfung. Das Chaos wird bereits in der Sprachphilosophie als Urgrund von allem bestimmt. Deshalb ist es die Aufgabe des Märchens, der radikalsten Form des Zufalls, eben dem Chaos, eine sinnhafte Bedeutung zu geben und so seine Ähnlichkeit mit der Schöpfung darzustellen. Chaos und Leben, zentrale Begriffe der *Fichte-Studien*, sind gleichsam ästhetische Leitbilder der Märchentheorie. Um diese zu verstehen, müssen als konkrete Anschauung die in die Romane *Die Lehrlinge zu Saïs* und *Heinrich von Ofterdingen* eingeflochtenen Märchen hinzugezogen werden. Erst dann erscheinen die ungeheuren Möglichkeiten des Poetischen, wie Novalis sie lehrt, ganz deutlich. Aus systematischen Gründen unterbleibt deren Analyse an dieser Stelle. Ihr ist das fünfte Kapitel dieser *Einführung* gewidmet.

Einstweilen kehren wir noch einmal zur Sprachphilosophie zurück. Ein kleines Prosastück mit dem Titel *Monolog*, das vermutlich im Jahre 1798 entstand[55], thematisiert den Zusammenhang von Philosophie, Sprache und Poesie in der für Novalis eigentümlichen Weise. Der Text, in dem ein Sprecher in der Ich-Form Reflexionen über das Wesen der Sprache darlegt, wirkt verschlüsselt und läßt sich nicht bis in alle Details dechiffrieren. Wer diskursive Klarheit sucht, wird sie hier vermissen. Vielmehr sind manche Stellen beinahe kryptisch zu nennen. Wiederum ist das Selbstdenken gefordert. Der *Monolog* bekommt Aussagekraft gerade durch seine Paradoxien, die der Sprecher anreißt und die der Leser nicht auflösen kann. Es entstehen Lücken, die durch ein individuelles Verstehen ausgefüllt werden sollen, sofern das überhaupt möglich ist. Es bleibt ein Rest beabsichtigter Unverständlichkeit, der genau das abbildet, was auch unser Problem mit der Sprache ist: Wir können sie nicht wie einen beliebigen anderen erkenntnistheoretischen Gegenstand begreifen, denn um sie zu verstehen, müssen wir sie immer schon voraussetzen und anwenden. Novalis beschreibt eine gravierende hermeneutische Schwierigkeit, die die Philosophie aus seiner Sicht nicht zu lösen vermag. Eine Perspektive in diesem Dilemma bietet jedoch die poetische Sprache, die aus dieser Verstehenslücke heraus lebt. Somit läßt sich der *Monolog* auch als Zeugnis eines Wandels lesen: Novalis beginnt, die poetische Aussagekraft über die philosophische zu stellen. Hier ist er eher Dichter als Denker.

Wer die Sprache instrumentell versteht und meint, sie sei dazu da, auf die Dinge zu verweisen, die sie sprachlich bezeichnet, befindet sich im Irrtum. Die Sprache entdeckt die Wahrheit genau dann, wenn von ihrer instrumentellen Funktion abgesehen wird. Gerade derjenige, der nur spricht, um zu sprechen, ohne etwas Bestimmtes sagen zu wollen, wird die »herrlichsten, originellsten Wahrheiten« (II, 672) entdecken. Hier bricht sich der »Sprachtrieb« (ebd.) Bahn, der ein immanentes Kennzeichen der »Wirksamkeit der Sprache« (ebd.) ist. Die Sprache lebt in ihrer eigenen Welt, wobei es ein Problem ist, diese nach außen verständlich darzustellen: »Wenn man den Leuten nur begreiflich machen könnte, daß es mit der Sprache wie mit den mathematischen Formeln sei – Sie machen eine Welt für sich aus – Sie spielen nur mit sich selbst, drücken nichts als ihre wunderbare Natur aus, und eben darum sind sie so ausdrucksvoll – eben darum spiegelt sich in ihnen das seltsame Verhältnißspiel der Dinge.« (Ebd.) Novalis vergleicht die Sprache mit der Mathematik, was wiederum ein Ausdruck seiner Überzeugung ist, daß alle Wissenschaften zusammengehören. In einer abgegrenzten Welt sind beide in Harmonie mit sich selbst und in ihrer Vollkommenheit frei, mit sich selbst zu spielen. Erinnern wir uns an das berühmte Diktum Schillers, daß der Mensch nur dort Mensch ist, wo er spielt, so wird deutlich, daß das »Spielen« hier in romantischer Sicht durchaus eine Erkenntnisqualität besitzt. Die Gemeinsamkeit von Sprache und Mathematik erkennt der Mensch also erst dann, wenn er ihnen die vollkommene Freiheit läßt, sich selbst auszudrücken, ohne sie zu instrumentalisieren. Dann wird deutlich, daß beide eine Welt für sich bezeichnen, die je in ihrer Weise widerspiegelt, was hinter beiden steht: die Natur.

Natur und Freiheit – diese Gegensätze werden in Novalis' Sprachphilosophie miteinander verbunden. Freiheit ist die Voraussetzung für die Sprache, damit diese zu einem »zarten Maaßstab und Grundriß der Dinge« (ebd.) werde. Sie stellt ein Ordnungsprinzip für die Gesamtheit der Dinge dar, das frei und zugleich notwendig ist. Die freie Welt der Zeichen und die Welt der Dinge und Vorstellungen stehen sich gegenüber, können aber durch eine natürliche Einheit eine harmonische Synthese eingehen, in der alle Widersprüche überwunden sind.

Als Gliederungsschema wird im *Monolog* wieder der dreistufige Aufbau erkennbar. Zunächst entdeckt der Autor den Zusammenhang von Sprechen und Schreiben. In seiner weiter gehenden Reflexion wird deutlich, daß sich die wahrhafte Sprache von der Bindung an die Gegenstände lösen muß. Danach bezieht sich das Sprechen statt auf beschränkte Gegenstände auf die Gesamtheit der Welt: Sprache wird zum genauen, aber freien Abbild des Bezeichneten.

Das Besondere am *Monolog* sind allerdings nicht die bisher dargelegten Thesen. Diese Theorie umfaßt die gängigen Topoi des romantischen Denkens und scheint so originell nicht zu sein. Doch der Text enthält einen Clou. Etwa in der Mitte mischt sich der Sprecher massiv in seine eigenen theoretischen Überlegungen ein, vermengt diese plötzlich mit der Praxis und bestätigt seine Aussagen gerade dadurch, daß er die Ausführungen in Frage stellt. Eigentlich geht es Novalis um die Poesie als höchste und aussagefähigste Art zu sprechen und nicht um eine logische oder mathematisch formalisierte Sprache. Intendiertes Sprechen verfehlt zwar den Sinn der Sprache, kann sich aber mitteilen, während die Poesie zum Kern der Wahrheit vordringt, doch im Diskurs an ihrer Unverständlichkeit leidet: »Wenn ich damit das Wesen und Amt der Poesie auf das deutlichste angegeben zu haben glaube, so weiß ich doch, daß es kein Mensch verstehn kann und ich ganz was Albernes gesagt habe, weil ich es habe sagen wollen und so keine Poesie zustande kommt.« (Ebd.)

Kunstvoll hat Novalis hier das Dilemma der Sprache aufgebaut und den Leser an eine Grenze geführt, da er sich fragen muß: Welchen Wert hat dieser kleine Text? Ist er albernes Geschwätz und damit leer oder Poesie und damit wahr? Novalis hütet sich, diese Fragen zu beantworten. Zum Schluß gibt er der Annahme Ausdruck, daß der *Monolog* ein poetischer Text ist, der wahre sprachphilosophische Aussagen über die Poesie macht. Doch er versieht seine Sätze mit Fragezeichen und überläßt es wiederum dem Leser, nach einer Antwort zu suchen. Der Autor zieht sich ganz aus seinem Text zurück: Nicht Novalis hält einen Monolog, sondern die Sprache philosophiert mit sich selbst über sich selbst.

Will man eine gültige Aussage festhalten, die aus dem *Monolog* resultiert, so wird man bemerken, daß es keine gibt. Oder mit anderen Worten: Gerade die Tatsache, daß es keine bestimmte Aussage gibt, ist die eigentlich beabsichtigte Aussage. Der *Monolog* ist deshalb ein weiteres Beispiel für die romantische Denkfigur der spezifischen Beziehung von Inhalt und Form. Seine Faszination liegt eben weniger in der gedanklichen Essenz (Inhalt) als in seiner Gestaltungsweise (Form). Der Text demonstriert in bewußter und unmittelbarer Anwendung seine Aussage an sich selbst. Er zeigt die »Selbstrepräsentation der Sprache in der Sprache.«[56] Im freien Spiel mit dem Wort gelingen die tiefsten sprachlichen Erkenntnisse: »Der Text führt die unauflösbare Paradoxie vor zu sagen, daß sich nichts Bestimmtes sagen läßt.«[57]

Novalis bedient sich hier der romantischen Ironie als eines Stilmittels, das im wesentlichen vom jungen Friedrich Schlegel entwickelt und theoretisch analysiert wurde. Nicht einzelne Aspekte des *Monologs* lassen die ironische Brechung erkennen, sondern »erst im Zusammenwirken, im wechselseitigen Bedingungsverhältnis aller einzelnen Gestaltungszüge wird die Ironie als künstlerisches Prinzip wirksam.«[58]

Die romantische Ironie ist ein intellektuelles Kennzeichen der Romantik, eine Art Geheimsprache. Indem sich der Dichter in seiner Dichtung reflektierend über diese erhebt, erscheint die romantische Ironie zugleich als ein Mittel der Selbstreflexion. Diesen Doppelcharakter als Wesenszug der romantischen Ironie drückt Friedrich Schlegel in der ungewöhnlichen Definition aus, die ironische Technik bestehe aus einem »steten Wechsel von Selbstschöpfung und Selbstvernichtung.«[59] Hier trifft der positive Wille zur Selbstschöpfung auf die »korrigierende Skepsis gegen das eigene Produktionsvermögen«[60], die Selbstvernichtung. Ironie will damit die Undarstellbarkeit des Unendlichen im Endlichen kompensieren, ganz ähnlich, wie es das Fragment als Form romantischer Gedanken auszudrücken versucht. Eine Spur von Verzweiflung über die bleibende Unbekanntheit des Geistes mischt sich in die Ironie und wird mit ihrer Hilfe zugleich überwunden. So kann Schlegel die romantische Ironie als »Form des Paradoxen«[61] bezeichnen, als eine Art Schweben zwischen absoluten Gegensätzen.

In einem Essay beschreibt der Romantikforscher Manfred Frank das Schlegelsche Paradox mit den Worten: »Dies Flackern der Rede dementiert ihren manifesten Sinn.«[62] Was bleibt, ist eine

Anspielung auf das Unendliche als höchste Form der Annäherung, als ein Bild desselben, aber nicht als Unmittelbares. Das Bild als poetisches Mittel leistet, was dem philosophischen Diskurs mißrät. »Aber was *philosophisch* scheitert, kann immer noch *ästhetisch* gelingen.«[63] Als besonders geeignetes Beispiel zum Beleg dieser These nennt Frank Novalis' *Monolog*, der das Unaussprechliche ausspricht, indem er sich an den semantischen Reichtum der Poesie wendet.

Poesie verlangt nach einem Stil, der Subjektivität mit objektivem Ausdruck verbindet. Schlegel hatte in seiner ästhetischen Theorie die Begriffe geprägt und methodische Vorgaben gemacht, die Novalis übernahm. Auch für ihn besteht die Ironie im Schweben zwischen Ich und Welt, aber nicht in einer Erhebung des Ich über die Welt: »Sollte es noch eine höhere Sfäre geben, so wäre es die zwischen Seyn und Nichtseyn – das Schweben zwischen beyden – ein Unaussprechliches.« (II, 106) Damit wendet Novalis die Schlegelsche Auffassung von der romantischen Ironie auf die Sprache selbst an. Er zeigt die Scheintotalität der Sprache, die sich mittels Ironie im Moment dieser Bewußtwerdung selbst als Schein durchschaut. Der Sinn der Ironie liegt deshalb in der Stiftung und Wahrung geistiger Freiheit. Da es der Philosophie aus romantischer Sicht nicht gelingt, Freiheit und Notwendigkeit zusammenzudenken, scheint der Wechsel zur Poesie unabdingbar zu sein.

Deswegen verfolgt Novalis in seinem Romanfragment *Die Lehrlinge zu Saïs* das Thema der Sprachphilosophie weiter. Gleich zu Beginn heißt es: »Von weitem hört ich sagen: die Unverständlichkeit sey Folge nur des Unverstandes; dieser suche, was er habe, und also niemals weiter finden könnte. Man verstehe die Sprache nicht, weil sich die Sprache selbst nicht verstehe, nicht verstehen wolle.« (I, 79) Diese Passage beschreibt in ihrer kryptischen Form ein Grundproblem poetischer Gestaltung, das Novalis in seinem Roman zu lösen versucht. Im Vertrauen auf seine erkenntnistheoretische Überzeugung, daß es einen a priori gegebenen Zusammenhang von Mensch und Natur gibt, der sich in Sprache ausdrückt, nennt Novalis erst am Schluß des Romans das eigentliche Ziel und den Zweck der Reise nach Saïs. Es sollten die »Trümmer dieser Sprache« (I, 107) gesucht werden, in der sich Mensch und Natur gegenseitig verstehen konnten, ohne in die Aporien zu gelangen, die der *Monolog* aufgezeigt hat. Hier verknüpfen sich Sprachphilosophie, Geschichtsauffassung und dichterische Praxis. Auf der Suche nach der adamitischen Ursprache, nach der Vorzeit, wird das Zeitalter der Trennung, in dem das unmittelbare Verstehen des Wesens der Sprache unmöglich ist, dem Menschen voll bewußt. Zugleich vermittelt der Dichter einen Vorschein auf die Zukunft, auf das Goldene Zeitalter, in dem die »innige Sehnsucht nach der Natur« (ebd.) erlöst werden wird.

Die Metaphorik läßt hier religiöse Anklänge zu. In dieser Zuspitzung kulminieren die Grundfiguren des romantischen Denkens, die wir in diesem Kapitel entfaltet haben: Philosophie, die auf die Lösung dieser elementaren Fragen gerichtet ist, wird zur Poesie. Die Aufgabe der Poesie fällt mit dem Grundwesen der Religion zusammen, die ursprüngliche Einheit zwischen Gott, Natur und Mensch wiederherzustellen. Poesie ist in ihrem Kern selbst religiös.

Eichendorff nennt die Identifizierung der Poesie mit Religion Novalis' eigentliche Aufgabe. Er lobt ausdrücklich, daß Novalis diese nicht nur im »untergeordneten, bloß ästhetischen Sinne«[64] auffaßt, und kommt zu dem Schluß: »In dem umfassenden Sinne, wie Novalis die Poesie aufnahm, mußte sie allerdings vor allem auch die Religion in ihren Kreis ziehen und war vollkommen in ihrem Recht, insoweit sie die Liebe und das begeisterte Verständnis der Religion nach Kräften zu wecken und wiederzubeleben strebte.«[65] Poesie, die in der frühromantischen Vorstellung ohnehin schon Urgrund der Natur und der Welt ist, wird um die Religion erweitert. Doch nicht der Priester, sondern der Dichter als der romantische Mensch schlechthin verkündet durch seine Inspiration ein poetisches Gottesbild. In diesem Verständnis spiegelt sich der Einfluß der geschichtsphilosophischen Grundüberzeugung wider: »Dichter und Priester waren im Anfang Eins, und nur spätere Zeiten haben sie getrennt. Der ächte Dichter ist aber immer Priester, so wie der ächte Priester immer Dichter geblieben. Und sollte nicht die Zukunft den alten Zustand der Dinge wieder herstellen?« (II, 441)

Der Dichter als Bewahrer und Vermittler echter Naturweisheit wird auch zum Überbringer religiöser Gewißheit. Doch mit der Gleichung Dichter = Priester äußern die Romantiker nichts Neues, sondern reihen sich in eine lange Tradition ein. Schon die Antike verstand den Dichter als Seher, als Priester kannte ihn das 18. Jahrhundert seit Klopstock, in seiner Funktion als Messias erscheint er bei Bodmer, und auch der Prometheus des Sturm und Drangs kann als säkularisierter Messias aufgefaßt werden.[66] Besonders hervorzuheben ist jedoch, daß der romantische Dichter die Züge eines Welterlösers trägt, der die Erneuerung der Welt aus der »Wunderkraft« (III, 421) der Poesie ableitet. Damit wird der Dichter selbst zum Schöpfer, denn er ist der Erfinder der »Symptome a priori« (III, 351). Das sind solche, denen jede mögliche Ursache fehlt – eine Ausgangsbedingung, die in metaphysischer Überzeugung nur für das Absolute bzw. für Gott angenommen werden kann. Zu den Symptomen a priori müssen mögliche Ursachen erst hinzuerfunden werden – auch dies eine Aufgabe des Dichters. Damit kehrt sich das Ursache-Wirkungs-Schema geradezu um.[67] Man tut aber dem Dichter Unrecht, will man ihn nur philosophisch verstehen. Bis es zu einem vertieften dichterischen Verständnis der Welt kommt, ist es ein langer Weg, den Novalis in seinem Roman *Heinrich von Ofterdingen* beschreibt. Die theoretischen Reflexionen über Funktion und Aufgabe des Dichters münden so in poetische Praxis. In seinem Roman zeigt Novalis die Poesie in ihrer Entstehung. Diesem Zusammenhang wird im fünften Kapitel ausführlicher nachgegangen. An dieser Stelle sei nur vermerkt, daß es sich hierbei auch um die Konkretisierung einer typischen Grundfigur des romantischen Denkens handelt. Es wird auf diese Weise deutlich, wie sich die Grundfiguren auf die immanenten Strukturen und auf die narrativen Inhalte der poetischen Texte auswirken.

Unter den wesentlichen Termini, die das romantische Denken des Novalis prägen, sticht der Begriff »Natur« besonders hervor. Er ist mehr als eine Grundfigur oder ein Leitmotiv, weshalb wir ihm im nächsten Kapitel ausführlicher nachgehen wollen. Mit Dilthey können wir sagen, daß die naturphilosophischen Ideen ein Glied in der Entwicklung der dichterischen Naturanschauung der Frühromantik sind.[68] Novalis entfaltet eine Doppeldeutigkeit des Begriffs, die sich zum einen auf das Äußere bezieht, zum anderen die innere Natur des Menschen umfaßt. Ersteres wurde zum Gegenstand des Naturwissenschaftlers und Philosophen, letztere zum wichtigen Sujet des Poeten. Die analytisch-rationale Seite des Romantikers korrespondiert mit dem empfindenden und kreativen Dichter, beide beeinflussen sich wechselseitig. Auch die geschichtstheoretischen Reflexionen spielen hier eine Rolle, denn für eine mit der Natur versöhnte Zukunft des Menschen wird die philosophische und poetische Fundierung der Naturwissenschaften zum entscheidenden Faktor.[69] Daraus ergeben sich spannende und in manchem überraschende Konstellationen für das Denken und die Poesie, die im folgenden ausführlicher dargestellt werden sollen.

4. Der deutliche Kopf: Im Spannungsfeld von Naturwissenschaft und Philosophie

Im Verlauf des 18. Jahrhunderts veränderte sich das Verhältnis der Menschen zur Natur. Sie verlor allmählich ihre Bedeutung als metaphysische Einheit, in der sich Göttliches offenbarte, und wurde zu einem Objekt wissenschaftlicher Betrachtung. Damit begann die Herausbildung und der spätere Siegeszug des naturwissenschaftlichen Denkens, das als ein wichtiger Wesenszug die modernen Industriegesellschaften der Gegenwart kennzeichnet. Gleichzeitig mit der Instrumentalisierung der Naturbetrachtung wurde die Natur in Beziehung auf den empfindenden Menschen in der Dichtung und in der bildenden Kunst ästhetisch vergegenwärtigt, um die verlorene Ganzheit wiederherzustellen. Hierin liegt ein kulturgeschichtlich bedeutsamer Wandel begründet, der einerseits zu einer wichtigen Voraussetzung der verbreiteten technischen Nutzung und Ausbeutung der Natur wurde, andererseits die bis heute spürbare, zivilisationskritische Sehnsucht nach unverfälschter Natur fundiert.

Neuzeitliche Naturwissenschaft ist schon in ihrer Struktur bestimmt vom Interesse an der Naturbeherrschung.[70] Dieses Paradigma mußte sich erst historisch behaupten, bevor es einer allgemeinen Welterklärung dienlich wurde. Viele traditionelle Vorstellungsmuster und Denkformen, gestützt durch eine philosophisch oder auch theologisch legitimierte Basis, stellten sich als beharrende Tendenzen der Modernisierung entgegen. Doch in der Folge konnte sich die Aufklärung auch auf diesem Gebiet zur Geltung bringen. So können wir ab der zweiten Hälfte des 18.

Jahrhunderts beobachten, wie der weltanschauliche Führungsanspruch der spekulativen Philosophie allmählich durch die Naturwissenschaften abgelöst wird – ein Prozeß, der sich fast hundert Jahre hinziehen sollte. Nicht zufällig verschwindet mit der endgültigen Durchsetzung des naturwissenschaftlichen Weltbildes etwa in der Mitte des 19. Jahrhunderts auch die Epoche der Romantik in Literatur und Kunst.

Dies ist, knapp umrissen, die Situation zu der Zeit, da Novalis sich mit naturwissenschaftlichen und technischen Themen beschäftigte. In dieser Epoche des Umbruchs wird das Spannungsfeld zwischen der traditionellen Philosophie und der sich neu formierenden Naturwissenschaft ganz deutlich. Letztere gehörte zum Bereich der allgemeinen Bildung, war noch nicht ausdifferenziert und arbeitsteilig organisiert wie heutzutage. In der erkenntniskritischen Beschäftigung mit der Natur wollten die Menschen sich zunächst einmal selbst, als Menschen, bilden. Dies geschah im täglichen reflektierenden Umgang mit ihr, in Garten und Landschaft, bei Experimenten oder in einschlägigen Gesprächen. Novalis, dessen Bildungsgang wir bereits kennengelernt haben, näherte sich dem Begriff der Natur gleich aus drei Richtungen: als Philosoph, als Dichter und als Naturwissenschaftler. Er vermochte es, diese Aspekte, die nur von denjenigen, die mit dem romantischen Denken nicht vertraut sind, als divergierende Gegensätze aufgefaßt werden, in seiner Person zu vereinigen. Der Grund lag in seiner romantischen Weltanschauung, aber auch in seinem Lebensweg, wie wir gesehen haben. Gerade die Kenntnisse in den exakten Wissenschaften hatte er sich durch ein gründliches Studium und durch praktische Tätigkeit, auch durch begleitende Lektüre vieler der zahlreichen naturwissenschaftlichen Schriften erworben, die damals allerorten verfaßt und von einem gebildeten Publikum aufmerksam rezipiert wurden. Schließlich waren die Naturwissenschaften und die Beschäftigung mit den Fragen, die sie aufwarfen, eine Mode der Zeit, die auch an den anderen Romantikern nicht vorüberging.[71]

Bei Novalis stand jedoch ein echtes Interesse dahinter. Seine sorgfältigen und vielschichtigen Aufzeichnungen belegen in ihrem erfahrungswissenschaftlichen Gehalt, daß er mit verschiedenen Gebieten der Naturwissenschaft relativ gründlich vertraut war. Konkret benannt, waren dies die Mathematik, Physik und Chemie, beruflich bedingt auch Mineralogie und Geologie und interessegeleitet insbesondere Medizin. Seine Kenntnisse entsprachen durchaus dem aktuellen zeitgenössischen Stand.

Ein Blick in die Studienunterlagen zeigt, mit welchen Themen sich Novalis in seiner Zeit an der Freiberger Bergakademie beschäftigte. Als zahlender Student, der nicht den Pflichten eines Stipendiaten unterlag, wurde Novalis 1797 in die Akademie aufgenommen. Mit ihrem Gründungsjahr 1765 gehörte sie zu den ersten technischen Hochschulen der Welt. Unter diesem Aspekt gesehen, wurde Novalis, der zuvor traditionelle Universitäten wie etwa Jena und Leipzig kennengelernt hatte, in einen Modernisierungsschub hineingezogen. Am Ende dieser Entwicklung stand die Ausdifferenzierung und Spezialisierung der Wissenschaften und eine Umgestaltung der akademischen Bildungswelt.

An der Freiberger Bergakademie wurden die reinen Naturwissenschaften mit praxis- und technikorientierten Studienfächern verknüpft. Novalis hörte bei den Professoren Johann Friedrich Lempe und Wilhelm August Lampadius Vorlesungen über reine Mathematik, Geometrie, theoretische und experimentelle Physik, allgemeine und analytische Chemie, sphärische Trigonometrie, Bergmaschinenlehre, Feldmeßkunst und Hüttenkunde. Die vielseitige Ausbildung beinhaltete auch ökonomische und juristische Aspekte, wie die Vorlesungen zeigen, die Novalis bei Professor Alexander Wilhelm Köhler besuchte, welche sich mit Recht und Verfassung beim kursächsischen Bergbau oder mit dem bergmännischen Geschäftsstil beschäftigten.[72]

Diese Vielseitigkeit mag verwundern, kann sie doch von uns Heutigen kaum noch erreicht werden. Allerdings darf man sich die Wissenschaftsorganisation der Zeit nicht als so arbeitsteilig und spezialisiert vorstellen, wie sie es inzwischen ist. Auch dürfte der quantitative Umfang des Wissens weit geringer gewesen sein als in der Gegenwart. Nichtsdestoweniger handelte es sich um ein anspruchsvolles Studienprogramm. Novalis' Antrieb, sich den Strapazen dieses anstrengenden Studiums auszusetzen, rührte von einer »alten Idee von Unabhängigkeit« und der »Liebe zu einigen Wissenschaften« (IV, 287) her. Er trug auf diese Weise das klassische akademische Bildungsideal an seine neue Hochschule. Die Ergebnisse seiner Arbeit schlugen sich in den *Freiberger naturwissenschaftlichen Studien*, in zahlreichen technischen Aufzeichnungen, in *Vorarbeiten* zu weiteren Fragmentsammlungen und schließlich im *Allgemeinen Brouillon* nieder, das am deutlichsten die eigentümliche Mischung von naturwissenschaftlichen Überlegungen, mathematischen Ideen, philosophischen Fragmenten und religiös bedingter Emphase sichtbar macht, die sein Denken während dieser Jahre kennzeichnet.

Novalis' Arbeitspensum war weit überdurchschnittlich und zeigt neben dem großen Fleiß beim Exzerpieren naturwissenschaftlicher Texte auch ein hohes Maß an psychischer und physischer Energie, wie sein Tagesplan belegt. Er widmete seine Zeit am Vormittag der Gravitationslehre und der Arithmetik, den »chymischen Bereitungen« oder der Enzyklopädistik. »Früh von 6-12 folgen sich diese Stunden. Nachmittags ist, wenn früh keine St[unde] verlohren gegangen ist, Roman und Lektüre. Briefe unterbrechen alle Stunden. Die übrige Stunde früh kann der Motion und d[en] Pausen gewidmet sein.« (III, 280) Methodisches Arbeiten hatte Novalis während seiner Studienjahre gelernt. Ricarda Huch bezeichnet ihn deshalb als den einzigen »Romantiker mit Riesenarbeitskraft und -lust.«[73] Der Durchsetzungswille, mit dem Novalis konsequent seinen Tag einteilte, ist um so erstaunlicher, als der von Kindheit an Kränkelnde auch in dieser Zeit nicht von Schwächeanfällen verschont blieb, die ihn im Sommer 1798 sogar zu einem vierwöchigen Kuraufenthalt im Badeort Teplitz zwangen.

Doch in seinem Privatleben gab es wieder einen Aufschwung nach dem Verlust von Sophie und Erasmus, dem liebsten Bruder. Durch gesellschaftliche Kontakte in seiner neuen Umgebung lernte er die Familie des Bergrats von Charpentier kennen, mit deren jüngster Tochter Julie er sich schließlich im Dezember 1798 verlobte. An seinen Freund Friedrich Schlegel schrieb er ohne falsche Bescheidenheit über diese für ihn so überaus erfüllte und produktive Phase seines Lebens: »Ich bin ziemlich fleißig und ziemlich reich an Einfällen.« (IV, 254) Erinnern wir uns daran, daß er fast zeitgleich an dem Roman *Die Lehrlinge zu Saïs* arbeitete und ab 1798 bis zu seinem Tode sein dichterisches Hauptwerk *Heinrich von Ofterdingen*, die *Hymnen an die Nacht* und die *Geistlichen Lieder* schuf, so erkennen wir hier die besondere Synthese, die eine hohe poetische Begabung, ein ästhetisches Empfindungsvermögen und eine analytisch geschulte Ausbildung in der Person des Novalis miteinander eingegangen sind.

Novalis nutzte seine umfangreichen Kenntnisse in den Wissenschaften, Ergebnis dieser arbeitsintensiven Zeit, in einer erstaunlich modernen Weise. Es ging ihm unter anderem auch um die fachwissenschaftliche Qualifikation, besonders im Rahmen seiner Freiberger Studien, obwohl hierin nicht sein primäres Interesse lag, denn er war »in der That nicht mit Absicht auf eine künftige practische Anstellung« (IV, 287) nach Freiberg gekommen. An der Bergakademie erwarb er sich bei dem berühmten Professor für Geologie, Abraham Werner, die Kenntnisse, die er für seine berufliche Tätigkeit als Salinenassessor unabdingbar benötigte. Dazu gehörte neben Oryktognosie (heute Mineralogie), Geognosie und Eisenhüttenkunde auch spezielles praktisches Wissen über die Freiberger Reviere. Darüber hinaus wurde sein Forschungsdrang von einer Vorliebe für die Methodologie der Wissenschaften getrieben, die wiederum philosophische Züge trug. Und das bedeutete: Interdisziplinarität.

Die Grenzen fachwissenschaftlichen Selbstverständnisses wollte Novalis bewußt überschreiten. Darin liegt die entscheidende Aktualität seines Ansatzes. Er verfolgte dabei zwei Ziele. Selbstreflexion der Einzelwissenschaften unter methodologischem Primat war ihm ebenso wichtig wie die universelle Verknüpfung der Disziplinen. Damit wollte er auch die Differenz eines theoretischen und eines erfahrungswissenschaftlichen Zugangs zu den einzelnen Wissensgebieten überwinden, die ihm nicht zuletzt in der Auseinandersetzung mit seinem Lehrer Werner vor Augen geführt wurde.

Der Geologieprofessor Abraham Werner war als Naturwissenschaftler von dem oben dargestellten Epochenumbruch stark geprägt. Einerseits war er in den exakten Wissenschaften bewandert, andererseits von den naturphilosophischen Gedanken der Frühromantik beeinflußt, in denen sich eine ablehnende Distanz zu allen Autonomiebestrebungen und Herrschaftsansprüchen des technisch-naturwissenschaftlichen Denkens ausdrückt. Ihm wohnte von daher ein Mißtrauen gegen die mechanisierte, und das heißt zu sehr von Geräten abhängige, Naturerkenntnis inne. So verlangte er beispielsweise von seinen Studenten, daß sie neben der exakten Bestimmung auch ein Gefühl für den Umgang mit der Gesteinswelt, seinem Lehrgebiet, entwickelten. Dabei setzte er auf die Beobachtung und die eigene Erfahrung und vertraute auf die Fähigkeit seiner Studenten, den richtigen, ihnen individuell angemessenen Zugang zu den Dingen zu entwickeln.

Die nun vermutlich naheliegende Einschätzung, Abraham Werners Auffassung als technikfeindlich und rückständig zu charakterisieren, geht allerdings fehl. Mit seinen Lehrmethoden befindet er sich im Einklang mit der fortschrittlichen Pädagogik des 18. Jahrhunderts, wie sie z. B. Jean-Jacques Rousseau in seinem einflußreichen Werk *Emil oder Über die Erziehung* darlegt. Das forschende Subjekt steht stets im Mittelpunkt. Der Einsatz der Technik darf nur sinnvoll ergänzend sein, damit die dem Subjekt inhärenten Kräfte nicht verkümmern: »So viele Instrumente sind erfunden worden, um uns bei unseren Beobachtungen zu leiten und die Genauigkeit der Sinne zu ergänzen, daß dadurch deren Gebrauch vernachlässigt wird. [...] Die Schnellwaage überhebt mich der Mühe, das Gewicht mit der Hand zu schätzen. Je sinnreicher unsere Werkzeuge werden, desto grober und ungeschickter werden unsere Organe. Weil wir so viele Hilfsmittel um uns anhäufen, finden wir keine mehr in uns selber.«[74] Werners didaktisches Talent lag darin, die Studenten zu ermutigen, auch in bezug auf die Naturerkenntnis jeglichen Maßstab aus sich selbst heraus zu nehmen. Oder, wenn man es lieber mit der in der romantischen Naturphilosophie vorherrschenden Begrifflichkeit formulieren möchte: Werner leitete seine Schüler dazu an, sich auch in der Objekterkenntnis stets selbst als Subjekte bewußt zu sein.

Novalis setzte seinem verehrten Professor ein literarisches Denkmal in dem Roman *Die Lehrlinge zu Saïs*. Dort schildert er den Lehrer als einen alten Weisen, der mit pädagogischem Geschick und vertieften Kenntnissen die Schüler aus sich selbst heraus lernen läßt. Das oben abstrakt dargestellte Lehrverfahren des Geologen beschreibt der Dichter in seiner poetischen Sprache wie folgt: »Von unsrem Lehrer sprach gewiß die Stimme, denn er versteht die Züge zu versammeln, die überall zerstreut sind. Ein eignes Licht entzündet sich in seinen Blicken, wenn vor uns nun die hohe Rune liegt, und er in unsern Augen späht, ob auch in uns aufgegangen ist das Gestirn, das die Figur sichtbar und verständlich macht.« (I, 79)

Nicht nur menschlich, sondern auch wissenschaftlich wurde Novalis von Abraham Werners Arbeitsweise zweifellos beeinflußt. Durch ihn lernte er die klassifizierende Naturgeschichte kennen, deren Grundprinzip es war, die Ordnung der Dinge gemäß ihren äußeren Kennzeichen zu gestalten. Sie basierte auf dem Verfahren der Anschaulichkeit und Vergleichung, geriet aber von zwei Seiten in Begründungsschwierigkeiten. Zum einen war es kompliziert, Kriterien zur genauen Bestimmung der äußeren Morphologie zu gewinnen; zum anderen sorgte eine allmähliche Perfektionierung chemischer Analysemethoden dafür, daß sich die innere Zusammensetzung zu einem Ordnungsmaßstab entwickelte. Beide Seiten, innen und außen, stehen in einem wechselnden Zusammenhang: »Man beobachte nur *fleißig* und mit reducirenden Nachdenken, die äußern Veränderungen bey innern Veränderungen und umgek[ehrt] und ich bin gewiß, man wird auf ächte, stäte, Relationsverhältnisse stoßen.« (III, 141) Diese Erkenntnisse liegen im Prinzip auch der ideellen Struktur seiner dichterischen Werke zugrunde. Hier sehen wir also einen Berührungspunkt zwischen naturwissenschaftlicher Methode, philosophischer Anschauung und ästhetischer Praxis.

In Werners erster Schrift, *Von den äußerlichen Kennzeichen der Foßilien*, mit der sich Novalis bei aller Verehrung für seinen bewunderten Lehrer sehr kritisch auseinandersetzte, wird ein (natur)wissenschaftlicher Ansatzpunkt zur Untersuchung des Verhältnisses von Außen und Innen geboten, welches bekanntlich in poetischer Hinsicht ein Lieblingsthema der Romantik ist. In den *Werner-Studien* zeigte sich Novalis von der mineralogischen Grundanschauung der Zeit stark beeinflußt. Während das genaue chemische und physikalische Wissen weiterhin überwiegend im dunkeln lag, entwickelte er im Sinne einer naturphilosophischen Spekulation eine Theorie, derzufolge sich Inneres und Äußeres wechselseitig bestimmen. Dies entspricht genau dem romantischen Verfahren, Aspekte, die für die empirischen Wissenschaften weit auseinanderliegen, unter einem Begriff zu vereinheitlichen und zusammen zu betrachten. Im Falle unseres Beispiels entwickelte sich daraus folgendes: Da die Konzeption physikalischer Wirklichkeit noch generell offen war, erhoffte sich Novalis von den fortschreitenden naturwissenschaftlichen Erkenntnissen eine Bestätigung seiner Auffassung: »Am Ende, wenn die einzelnen physikalischen Zeichenlehren – und selbst die *Zeichenlehre der äußern Kennzeichen* verbessert seyn wird, so wird sich der Zusammenhang der äußern Kennzeichen und der innern Stoffe – und ihrer Veränderung von selbst ergeben.« (III, 141) Dieser Erkenntnisoptimismus entsprach der herrschenden Annahme, wonach es als wenig wahrscheinlich erachtet wurde, daß die Naturwissenschaft Einsichten gewinnt, die einem idealistischen Entwurf der Welt widersprechen könnten. Der Idee kam immer noch eine Vorrangstellung gegenüber der empirischen Wirklichkeit zu.

So äußerte Novalis Bedenken gegen ein Übergewicht des Empirischen in der Art und Weise, in der Werner sich dem Thema näherte. Wie wir bereits gesehen haben, hatte die idealistische Philosophie Novalis zu einer Sichtweise erzogen, die dem Denken und der Vernunft eine Dominanz vor der empirischen Beobachtung gab. Es spricht für Novalis und seine Entwicklung in der Freiberger Zeit, daß er hier nicht stehenblieb, sondern sich mit anderen Auffassungen kritisch auseinandersetzte. Seine Fähigkeit, beide Erklärungsmuster zu kombinieren, zeigte sich in Äußerungen wie dieser: »Die *medicinische Symptomatik* wird schnelle Fortschritte machen, wenn man erst geläuterte Kenntnisse der *Lebensprocesse* – der Form und Stoffveränderungen im thierischen gesunden und kranken Körper haben wird: An Einzelnen Beobachtungen fehlts nicht. So ist auch die chymische Symptomatik schon ziemlich schnell vorgerückt, seit der verbesserten chymischen Theorien.« (III, 141) Novalis sieht ein wechselseitiges, kausallogisches Bedingungsverhältnis zwischen den beiden Komponenten der Erkenntnis: »Die Erfahrung ist die *Probe* des Rationalen, der Demonstration, so wie umgekehrt die Erfahrung durch Demonstration bestätigt und complettirt wird.« (II, 391) Beobachtung und Theorie verbinden – diese Einstellung ist nicht nur vom romantischen Universalismus geprägt, sondern auch ein Resultat der naturwissenschaftlichen Erziehung in den Freiberger Studienjahren.

Hier wird eine Grundtendenz sichtbar, die Novalis' Wissenschaftsverständnis unterstreicht. Die ideellen Vorgänge, nämlich die Folge und Verknüpfung der Gedanken nach den Gesetzen der Kausalität und der Logik, müssen bei jedem Beobachtungsprozeß in ein Gleichgewicht zu den sinnlichen gebracht werden. Wer die ideelle Seite vernachlässigt und nur die Beobachtung gelten läßt, setzt sich der Gefahr aus, zum Dogmatiker zu werden. Als Gegenpart hierzu sieht Novalis den Idealisten, »der durch (die *bloße Methode*) die bloße Formveränderung die Mischungsveränderung bestimmen zu können glaubt – der *magische Wisser* – der *Prophet.*« (III, 139) Ihm geht es also nicht um den einen oder anderen Typus des Wissenschaftlers, sondern um ihre Vereinigung. Für Novalis als Schüler Fichtes existiert der Bereich der empirischen Anschauung für sich allein ebensowenig wie der Bereich der reinen Vernunft für sich. Jeder ist nur als je ein Pol in einem Bezugsverhältnis denkbar. Der neue, bipolare Typ ist also Novalis' Idealbild eines Wissenschaftlers, weil er beide Aspekte ausgewogen berücksichtigt.

Diesbezüglich schärften die Freiberger Studienjahre sein kritisches Bewußtsein. Keineswegs wurde Novalis wissenschaftsgläubig oder autoritätsfixiert. Im Mittelpunkt seines Interesses an den Dingen und der Natur stand die Physik. In diesem Punkt zeigte sich Novalis als moderner Mensch seiner Zeit. Die mathematische Naturwissenschaft des 17. Jahrhunderts hatte eine ontologische Aufwertung der sinnlichen Welt zur Folge. Erbe dieses Denkens war die Aufklärung. Die empirische Natur wurde nicht mehr, wie in der früheren philosophischen Tradition, wegen ihrer Veränderlichkeit und Unbeständigkeit als dem Geist unterlegen und damit einer intellektuellen Erfassung unzugänglich angesehen, sondern erscheint nunmehr als kohärentes System gesetzmäßiger Relationen, die logisch-mathematisch ausdeutbar sind. Gleichzeitig wird das Weltbild vereinheitlicht und den mathematisch-naturwissenschaftlich beschreibbaren Gesetzmäßigkeiten unterworfen. Es kommt zu einem Paradigmenwechsel in der Fragestellung der Wissenschaften. Ins Zentrum rücken jetzt methodologische anstelle ontologischer Probleme.

Das 17. Jahrhundert leistete noch einen weiteren entscheidenden Beitrag zum Wissenschaftsverständnis der nachfolgenden Generationen. Die mathematische Naturwissenschaft trennte sich von der unmittelbaren Empirie und versuchte, die sinnliche Welt als ein Ganzes mathematisch zu begreifen. Damit bereitete sie den Weg zu einer in hohem Maße abstrakten Erfassung und Beschreibung der Welt.[75] Das Zeitalter der Aufklärung fügte diesen Veränderungen noch eine weitere hinzu. Die Vorstellung von der Natur als einheitliches und homogenes Gebilde wurde übernommen, und zusätzlich wurde ihr Selbstbewegung, also ontologische Unabhängigkeit, zugesprochen. Damit ist der Boden bereitet für die romantische Auffassung, in der ein dynamisches, am Prinzip des lebendigen Organismus orientiertes Naturkonzept das mechanistische Weltbild allmählich verdrängt.

Das hatte Folgen für den romantischen Physikbegriff. Zur fraglichen Zeit allerdings verstand man unter der Bezeichnung

»Physik« eher die Wissensbasis einer Naturlehre als eine eigens institutionalisierte Disziplin, die sich erst um 1825 konstituiert.[76] Zunächst war es notwendig, das ältere, auf Aristoteles zurückgehende Physikverständnis wissenschaftstheoretisch zu überwinden. In der Antike galt die Natur als vorgegeben und prinzipiell unabhängig von menschlicher Erkenntnis und Handlung. Diese Ansicht wurde zwar in der historischen Entwicklung modifiziert, herrschte aber insgesamt lange vor und wurde erst in der Neuzeit durch die Vorstellung überwunden, daß die Natur ein Konstruktionsprodukt des menschlichen Geistes ist.[77] Prästabilierte Harmonie und ein Gott, der als Urheber der Natur angenommen werden mußte, sorgten für das Gleichgewicht in der Natur. Ideale Metapher dieser Auffassung wurde die Uhr, das Wunderwerk der Technik, in der alle Prozesse mit unbestechlicher Präzision autonom ablaufen, sobald ein Meister sie geschaffen hat. Die Auffassung von der Welt bzw. der Natur als Maschine führte im weiteren Verlauf der Entwicklung dazu, daß die Mechanik, die die Funktionsgesetze von Maschinen beschreibt, mit der Physik identifiziert wurde.

Bis zu ihrer Institutionalisierung im 19. Jahrhundert war die Physik in einzelne Teilbereiche aufgespalten, die unterschiedlich weit – je nach dem Stand der experimentellen Forschung – entwickelt waren. Wegen ihrer mathematischen Formulierungen galt, wie oben kurz skizziert, die Mechanik als Idealbild und Muster der Vollkommenheit, zu der die übrigen Zweige der Physik in einem abfälligen Kontrast standen. An eine Vereinheitlichung der verschiedenen Fachrichtungen dachte offensichtlich niemand.[78] Novalis nimmt diese Uneinheitlichkeit im Erscheinungsbild, über die die Sammelbezeichnung zu leicht hinwegtäuscht, sehr genau wahr: »Die Physik ist jetzt nur Masse – aus einzelnen Massen bestehend. Es giebt noch keine Physik – es giebt nur einzelne physikalische W[issenschaften].« (III, 242)

Der Teilbereich, der Novalis besonders faszinierte, beschäftigt sich mit der Strömungselektrizität, dem sogenannten Galvanismus. 1790 hatte Luigi Galvani zufällig die Existenz »tierischer« Elektrizität durch Experimente an einem toten Frosch entdeckt, den er mit einem durch zwei ungleiche Metallplatten geschlossenen Stromkreis in Berührung brachte. 1796 zeigten Alessandro Voltas Forschungen, daß es eine spezielle »tierische« Elektrizität gar nicht gibt, sondern daß es bei Galvanis Versuch auf die beiden verschiedenen Metalle ankommt, zwischen denen Strom fließt. In der Folge kam es zur Entdeckung des Elektromagnetismus, mit dem ein neuer Abschnitt in der Geschichte der Physik begann: Von nun an beschäftigte sie sich mit Erscheinungen, deren Existenz man bisher nicht vermutet hatte. Nicht allein evidente Naturvorgänge, sondern unter Laborbedingungen erzeugte Phänomene rückten in ihren Gegenstandsbereich ein. Der entscheidende Schritt in Richtung Technik, deren Grundlage die Physik ist, war getan.[79]

Die Erforschung dieser neuentdeckten elektrischen Phänomene erregte die wissenschaftlich interessierte Öffentlichkeit. Die spannende Debatte drehte sich um die Frage, ob dem Galvanismus ein Stoff zugrunde gelegt werden muß, der für die Wärmeübertragung verantwortlich ist. Novalis kannte die Kontroversen, wie Notizen belegen, die sich auf sein gründliches Studium der einschlägigen Publikationsorgane beziehen, in denen die verschiedenen Ansichten veröffentlicht wurden. Ausdrücklich rezipierte Novalis die Theorie des holländischen Physikers van Marum, der als zwingend annahm, »daß die Elekt[ricität] zum Theil Wärmestoff sey.« (III, 94) Ebenso war er mit der Lehre Voltas bekannt, die sich schließlich als die richtige erwies. (Vgl. III, 95)

Die romantische Naturphilosophie maß dem Phänomen des Galvanismus eine Bedeutung zu, die weit über die physikalische hinausging. Novalis erfuhr von dem »FroschhautHygrométer« (III, 454) durch eine Schrift des jungen Physikers Johann Wilhelm Ritter, *Beweis, daß ein beständiger Galvanismus den Lebensproceß in dem Thierreich begleite*, von 1798, die seine Grundhaltung beeinflußte und zugleich bestätigte. Darin wird nichts Geringeres geäußert als die Vermutung, man sei im Begriff, mit dem Galvanismus das Geheimnis des Lebens selbst zu erforschen. Die Entdeckung des Galvanismus bedeutete für Ritter ganz konkret, daß der lebendige Geist in der Natur, dessen Existenz für die Romantik außer Zweifel steht, sich seiner selbst bewußt wird. Menschliche Entdeckungen der Naturphänomene zeigen die Entwicklungsgeschichte der Natur auf ihrem Weg zum Bewußtsein.[80] Deshalb sah Ritter im Galvanismus die Lebenskraft, die er später auch in der anorganischen Natur nachweisen wollte, ganz im Sinne des romantischen Programms, wonach Organisches und Anorganisches auf den gemeinsamen Grund verweisen, aus dem sie hervorgegangen sind.

Johann Wilhelm Ritter gehörte zum Kreis der Jenaer Romantiker, in den er durch die Bekanntschaft mit Novalis geraten war, nahm jedoch als Physiker eine gewisse Sonderstellung ein. Novalis bewunderte ihn, was sich in einem Wortspiel ausdrückt, das er brieflich an Caroline Schlegel sandte: »Ritter ist Ritter und wir sind nur Knappen.« (IV, 275) An anderer Stelle preist er Ritter als den herrlichsten und edelsten Menschen der Welt (vgl. IV, 319f.) und lobt seine bescheidene Lebensführung, welche sich den Erfordernissen der Wissenschaft gänzlich unterordnet. Der junge Physiker verkörperte den romantischen Forschergeist, weil er kein äußerliches Verhältnis zu seinem Beruf hatte, sondern ihn als eine Art Berufung verstand. Ohne Rücksicht auf seine wirtschaftliche Lage oder auf seinen körperlichen Zustand führte er Experimente durch, oft auch im Selbstversuch. Einige, z.B. der Versuch zur Wirkung elektrischer Schläge auf das menschliche

Auge, konnten bis heute nicht überprüft werden, weil niemand freiwillig den Test wiederholen mag, dem Ritter sich so schonungslos aussetzte.[81]

Der Vollständigkeit halber muß noch erwähnt werden, daß Ritter Novalis an Lebensjahren nur knapp übertreffen konnte. Derart rücksichtslos und ausbeuterisch gegen sich selbst, starb er 1810 im Alter von nur 34 Jahren. Sein romantisches und zugleich wissenschaftliches Naturverständnis verlor rasch an Popularität. Als einer der Hauptgründe dafür gilt der Verzicht auf eine Mathematisierung der physikalischen Forschungsergebnisse. So wurde verhindert, daß der qualitativ-heuristische Ansatz in eine quantitativ-generalisierende Theoriebildung überführt werden konnte.[82] Dies blieb späteren Forschern vorbehalten. Der Siegeszug moderner Naturwissenschaft war danach nicht mehr aufzuhalten.

Ritter hatte jedoch trotz seiner methodologisch eigenartigen Vorgehensweise einige bahnbrechende physikalische Entdekkungen gemacht, durch die er an der Entwicklung der Physik als Wissenschaft maßgeblich beteiligt war. So wies er beispielsweise das ultraviolette Licht nach. Wieder waren es romantische Überlegungen, insbesondere das inhärente Unendlichkeitsstreben, die sein Erkenntnisinteresse bestimmten. Nach der Entdeckung der Infrarotstrahlung durch Herschel suchte er auf der anderen Seite des Spektrums nach einem Übergang ins Unsichtbare, denn die neue Erweiterung des Spektrums hatte die Balance gestört. Seine leitende Idee war dabei die Grundüberzeugung einer Polarität in der Natur. Das Polaritätsdenken war nur zu retten, so lautete Ritters These, wenn dem unsichtbaren Licht jenseits des Roten ein ebenso unsichtbares jenseits des Violetten entspricht. Dies ist ein konkretes Beispiel dafür, wie das Polaritäts- und Analogiedenken der romantischen Naturphilosophie zu einer wichtigen wissenschaftlichen Entdeckung führte.[83]

In der Person sowie im Lebenswerk Ritters gehen also romantische Naturphilosophie und exakte Naturwissenschaft ineinander über. Gerade dieses Ineinanderfließen von experimenteller Empirie und spekulativer Naturphilosophie beeindruckte Novalis. Ihm galt Ritters Vorgehensweise als Inbegriff und Realisierung seines Projekts der Romantisierung aller Wissenschaften.

Eine kurze Aufzeichnung, die Novalis im Sommer 1800 verfaßte, charakterisiert das Naturverständnis und den Forschungsweg des Physikers. Zugleich spricht aus diesen Zeilen Novalis' freundschaftliche Zuneigung und Verehrung: »Ritter sucht durchaus die eigentliche Weltseele der Natur auf. Er will die sichtbaren und ponderablen Lettern lesen lernen, und das *Setzen* der höhern geistigen Kräfte erklären. Alle äußren Processe sollen als Symbole und letzte Wirkungen innerer Processe begreiflich werden.« (III, 655) Hiermit spielt Novalis auf eine Überzeugung Ritters an, die sich seiner eigenen Auffassung einer allumfassenden, aber uns heute unverständlichen Sprache der Natur annähert. Die alte Sehnsucht der Romantiker, alles in der Natur, auch die unbelebten Körper, zum Sprechen zu bringen, ihre Botschaft zu enträtseln und den Dialog zwischen Mensch und Natur wieder zu führen, sollte durch die Forschungsergebnisse der romantischen Physik verwirklicht werden.

Allerdings war Novalis nicht davon überzeugt, daß die romantische Idee einer organischen Einheit der Natur experimentell verifiziert werden könnte, wie Ritter es postulierte. In diesem Punkt war er zu sehr Philosoph und unterschied deshalb sorgfältig zwischen transzendentaler Konstruktion einer Idee und Empirie der Natur. »Es giebt keine Phil[osophie] in Concreto. [...] Es giebt, als concrete W[issenschaft] nur *Mathematik*, und *Physik*.« (III, 385) Aus dieser Sicht erhalten auch die Experimente einen neuen Stellenwert. Sie sind nicht Prüfstein aller Theorien, sondern nur Ergänzung: »Erfahrungen, Beobachtungen – Experimente, historische, oder gelehrte Kenntnisse gehören nicht *direct* zum Idealism – zum Erfinden a priori – aber indirect – Sie stärken, als negative Masse und Tendenz – Umgekehrt helfen Ideen nicht direct zum Experimentiren etc. aber, als indirecte Hülfsmittel, sind sie unentbehrlich.« (III, 385) Das »Erfinden a priori« hatte Novalis, wie wir bereits festgestellt haben, zu einer hervorragenden Aufgabe des Dichters bestimmt (vgl. III, 351). Auch die neuartigen physikalischen Erkenntnisse übertrug er auf seine Dichtungen und brachte sie mit einem magischen Grundverständnis von Natur in einen Zusammenhang.

Diese neue Form romantischer Naturbetrachtung nannte Novalis »transzendentale Physik«. (III, 246) Die Natur wird nicht experimentell erforscht, sondern eher intuitiv erfaßt, so daß sich ihr Wesen beinahe mystisch erschließen läßt. Die so verstandene »Physik« als Gesamtheit der individuellen Abbildungen des chaotischen Unendlichen wird durch fortschreitende Bewußtwerdung in die Nähe der Poesie gerückt. Es kommt zu einer Interdependenz dieser eigentlich entgegengesetzten Bereiche, in der sich Notwendigkeit der Natur und Freiheit des poetischen Geistes überschneiden. In der konkreten Anschauung avancierte das Phänomen des Galvanismus, als Urgrund bestimmt, zu einem hervorragenden Beispiel dieser Weltsicht: »Der Gal[vanism] scheint die allg[emeine] Thätigk[eits] Ursache in der Natur.« (III, 598) Er dient darüber hinaus als ein naturwissenschaftlich exakter Nachweis, daß Belebtes und Unbelebtes verbunden sind: »Sollte der Galv[anism] etwas anders seyn, als *innres Licht*. Spur der Empfindung im anorgischen Reiche.« (III, 604) In seiner Emphase steigert Novalis diese Auffassung sogar noch ins Absolute: »Der Galv[anism] ist wohl weit allg[emeiner] als selbst Ritter glaubt – und entw[eder] ist alles Galv[anism] oder nichts Galv[anism].« (III, 621) So nimmt es nicht wunder, daß der Begriff »Galvanismus« für Novalis zu einer universellen Metapher wird, mit deren Hilfe er Analogien in Erscheinungen der Natur und der Kunst bezeichnet. Der »Galvanismus des Geistes« (IV, 619) avanciert im Sommer 1798 gar zu seiner Lieblingsidee, wie Friedrich Schlegel, halb ironisch, bemerkt. Die Fragmente »Der Geist galvanisiert die Seele« (II, 545) und »Daß Denken *(auch)* Galvanismus sey läßt sich äußerst wahrscheinlich machen« (III, 557), sind weitere Beispiele dafür, wie sich Novalis die große romantische Einheit aus Geist und Natur konkret vorstellt. Es kümmert ihn wenig, daß die Wissenschaft beginnt, ihre Organisation anders zu fassen und eben dort Grenzen zementiert, wo Novalis sie einreißen möchte: zwischen Natur und Geist als Gegenständen wissenschaftlicher Betrachtung.

Hinter Novalis' Denkmuster, die zersplitterten Wissenschaften als Einheit zu begreifen und sie entsprechend zu praktizieren, steht der Romantiker und Philosoph. Die Aufklärung hatte es mit sich gebracht, daß sich die Naturwissenschaften von der Philosophie emanzipierten. Das Wissen über die Natur sollte systematisch erfaßt und nicht mehr von einer naturphilosophischen Grundhaltung amalgamiert werden. Von diesem Fortschritt und der damit verbundenen Neubestimmung zeugen die Systeme Linnés und Lavoisiers, die in der zweiten Hälfte des 18. Jahrhunderts entstanden.

Carl von Linné bemühte sich in seinem *Systema naturae* seit 1758 stets um logische Strenge und ging bei seinem Vorstoß, eine Nomenklatur der Flora und Fauna zu schaffen, wie ein »Gesetzgeber ans Werk.« [84] Sein Klassifikationssystem ordnete die Lebewesen nach Gattungen, Arten und Unterarten, war aber, methodologisch gesehen, kein Ableitungssystem, sondern ein subjektives Ordnungsschema, das sich an den Gestalten orientierte, also eine Morphologie. Die Umwandlung in ein objektives System konnte erst viel später erfolgen, als durch Charles Darwin das genetische Prinzip der Evolution entdeckt wurde. [85]

Antoine Laurent de Lavoisier veröffentlichte 1787 seine Theorie der chemischen Elemente, in der er bestritt, daß die Luft ein Element ist. Sie wurde als ein Gas unter anderen erkannt. Zum wesentlichen Instrument der Versuche wurde die Waage, mit der Lavoisier, bildlich gesprochen, die Chemie revolutioniert hat.[86] Er führte die Methoden der Experimentalphysik in die Chemie ein. Bald deckten weitere Anschlußforschungen die Komplexität der Gasgesetze auf. Zuvor hatte Lavoisier (zusammen mit Pierre-Simon de Laplace) schon experimentell bewiesen, daß sich auch Wasser aus verschiedenen Substanzen zusammensetzt. Die über Jahrhunderte gültige kosmologische Theorie der vier Elemente Erde, Wasser, Feuer und Luft, die sich bis zu den Vorsokratikern und Aristoteles zurückverfolgen läßt, war damit ein für allemal überholt. In der Folge verloren weitere bis zu diesem Zeitpunkt als verbindlich angesehene Naturgesetze ihre »schöne Einfachheit«[87], durch die sie den Mitlebenden verständlich waren. Aber als ihre Vielschichtigkeit deutlich wurde, ging der Naturwissenschaft teilweise die Möglichkeit verloren, Voraussagen zu machen, ohne sich in Widersprüche zu verwickeln. Das Wissenschaftsverständnis entsprach nicht mehr der Wirklichkeit von Natur, die zunehmend in ihrer Kompliziertheit erkannt wurde. Deshalb markieren die Systematisierungsversuche wissenschaftsgeschichtlich einen Umbruch in der Denkweise, der durch die Aufklärung begünstigt wurde.

Novalis ist einerseits Erbe dieser Entwicklung, denn er nahm die Wissenschaften in ihrer Existenz durchaus als getrennte wahr, z.B. Chemie und Physik, und war mit ihrer Systematik relativ vertraut. Andererseits betrachtete er sie unter dem vereinheitlichenden Blickwinkel der Romantik, wie wir oben dargestellt haben. Dahinter steckt zweifellos eine anti-aufklärerische Tendenz, aber nicht als bloße Negation. Novalis erkannte die Verbesserung, die die arbeitsteilige Wissenschaftsorganisation in bezug auf das Gesamtwissen der Menschheit bedeutete. Doch er erinnerte daran, daß eine Atomisierung des Wissens nichts nützt, wenn das gemeinschaftliche, verbindende Band fehlt. Seine neue Naturlehre, in der die Erkenntnisse der modernen Wissenschaften mit dem schöpferischen Vermögen der Poesie zusammenfallen sollten, wollte der Natur ihre angemessene Stelle innerhalb des Gesamtwissens zuweisen. Aber ebenso wollte sie die alte Naturlehre, die der Mystik nähersteht als der Rationalität, wiederbeleben, wie wir im einzelnen gleich sehen werden. Das verbindende Band sah Novalis in einer Naturphilosophie gegeben, die noch Elemente der Naturmystik in sich aufnimmt, mit der er sich eingehend beschäftigt hatte. Diese Grundhaltung bestimmte maßgeblich sein naturwissenschaftliches Denken.

Die Naturmystik deutet die Natur als einen möglichen Bereich religiöser Erfahrung und steht damit in der Tradition des kulturgeschichtlich frühesten Zugangs zur Natur, den der Mensch gesucht hat. Er ist geprägt vom Mythos und von der Magie. In diesem Zusammenhang kann man kaum von einem »Naturverständnis«, sondern muß eher von einer »Naturempfindung« oder einem »Naturgefühl« sprechen. Naturmystik umfaßt die Lehre von den zwei Grundkräften in der Natur, dem leidenden und dem wirkenden Prinzip. Sie will auf diese Weise Verhältnisse zwischen der Naturwirklichkeit und der geglaubten Ordnung des Göttlichen herstellen und bedient sich dabei der Sinngebung und Analogiebildung als Mittel. Unter diesem Aspekt erfaßt, wird sie gemeinhin auch als Kindheitsstufe der Naturwissenschaft angesehen. In der Gegenwart mit ihrem technisch-wissenschaftlich bestimmten Naturbegriff entzieht sich das magisch-mythische Weltbild einem tieferen Verständnis und wird entsprechend pejorativ als Zauberei oder Aberglauben abgetan. Wissenschaft hat die Welt entzaubert, und dies geschah nicht erst in unserem Jahrhundert.

Auch zur Zeit von Novalis existierte bereits eine erhebliche Distanz zu dieser ältesten Form der Naturanschauung. Die Naturmystik, schon damals teilweise obsolet, faßt die Natur als Offenbarung oder als Sprache Gottes auf. Zu ihren Merkmalen gehört, daß sie an eine beseelte Natur glaubt. Den Menschen sieht sie als einen Mikrokosmos, dem die Welt als ein Makroanthropos gegenübersteht, verbunden durch eine Strukturanalogie, die die Partizipation des menschlichen Innern am Wesen der Natur garantiert. Bis in das 18. Jahrhundert hinein bildeten die Naturmystik und die Vorformen der modernen Naturwissenschaft noch in gewissem Sinne eine Einheit, doch dann tat sich im Verlaufe der rasch voranschreitenden Entwicklung eine Kluft auf. Die echte Naturmystik stand nun in Opposition zur allmählich sich ausbreitenden mechanistischen Naturwissenschaft.[88]

Novalis besaß Kenntnisse der Naturmystik und Alchemie, was sich durch seine Ausleihe alchimistischer Werke aus der Bibliothek der Freiberger Bergakademie belegen läßt. Brieflich teilte er seinem Freund Friedrich Schlegel mit, er habe nach Tisch alte alchimistische Papiere durchgeblättert und sich mit »Theosophie und Alchymie« (IV, 242) beschäftigt. Besonders hingezogen fühlte sich Novalis zur Naturmystik Jacob Böhmes. In ihr fand er viele seiner Erkenntnisideale ausgedrückt. Böhme lehrte, daß der Mensch, um zum wahren Naturverständnis zu gelangen, nicht den beschwerlichen Umweg über die Reflexion nehmen muß, sondern durch Versenkung in sich selbst zugleich auch den Dingen nahe sein kann, weil die Natur nur der mystische Körper eines allgegenwärtigen und allgewaltigen Geistes ist.

Jacob Böhmes Rolle in der deutschen Kultur und Literatur ist höchst umfangreich, aber auch widersprüchlich. Ein gewisser Böhme-Kult ist typisch für die Romantik. Seine Einwirkung auf Philosophie, Dichtung und Malerei, insbesondere bei Philipp Otto Runge, ist überall spürbar. Seine Lehre liegt den bedeutenden theosophischen Systemen des 18. Jahrhunderts zugrunde. Heinrich Heine zählt »das unaufhörliche Rühmen und Preisen des Jakob Böhme« zu den »Verrücktheiten der romantischen Schule in Deutschland.«[89] Und er charakterisiert das Verhalten »dieser Leute« folgendermaßen: »Wenn sie den Namen Jakob Böhme aussprachen, dann schnitten sie ihre tiefsinnigsten Gesichter. War das Ernst oder Spaß?«[90] Wie immer man diese Frage beantworten mag, Tatsache ist, daß Böhme einen weitreichenden Einfluß auf die Frühromantik ausübte. Ludwig Tieck wurde nach zufälliger Lektüre der Schrift *Morgenröte* zu einem begeisterten Anhänger Böhmes und steckte mit dieser Begeisterung neben Schelling und Friedrich Schlegel schließlich auch Novalis an, der bereits mystische Texte kannte, vornehmlich von Plotin und Paracelsus. Schelling sieht in Böhme eine wundervolle Erscheinung in der Geschichte, für Hegel ist er der erste deutsche Philosoph, von Friedrich Schlegel wird er gar zum Erfinder der Poesie gekürt, von Novalis als Dichter bewundert.[91] Den Anhängern der rationalistischen Strömungen der Aufklärung galt Böhme hingegen als Beispiel für Unverständlichkeit und mystischen Unsinn. Es fiel das Schimpfwort »Böhmist«, das z.B. Gottsched gegen Albrecht von Haller gebrauchte und das sich auch Hamann gefallen lassen mußte.[92]

Novalis lernte Böhmes Denken vor allem durch die Vermittlung Tiecks etwa um die Jahrhundertwende kennen. Seine Eindrücke beim Studium der Böhmeschen Schriften verarbeitete er in den Gedichten *An Tieck* und *Es färbte sich die Wiese grün*. In Anlehnung an eine Grundauffassung des Mystikers, ein jedes Ding offenbare einem mystischen Verständnis zugleich sein Wesen, heißt es dort: »So dacht ich: ist ein Geist erwacht,/ Der alles so lebendig macht/ Und der mit tausend schönen Waaren/ Und Blüthen will sich offenbaren?« (I, 413) Auch während der Arbeit an seinem Roman *Heinrich von Ofterdingen* beschäftigte sich

Novalis mit Böhme, was insbesondere im fünften Kapitel deutlich spürbar wird, weil er weitere Aspekte dieser Mystik übernimmt, z. B. die innige Verbindung von Empfindung und Reflexion. Auch im ersten Entwurf zum Anfang des zweiten Teils tauchen sprachliche Bilder wieder auf, die sich schon in den oben erwähnten Gedichten finden und mittelbar auf Böhme zurückgehen.

Darüber hinaus wird Novalis von Böhmes Signaturenlehre beeinflußt. Ursprünglich ein Ausdruck aus der mittelalterlichen Zeichentheorie, wird die Signatur bei Böhme zu einem zentralen Begriff. Sie verweist auf eine universale Analogia entis. Die äußere Welt ist die Bezeichnung der inneren. Jedes Ding, das aus dem Inneren geboren wird, hat seine Signatur.[93] Die qualitativen Signaturen sind methodisch nur faßbar durch das Denken der Prozesse, sie sind nicht statisch.[94] Novalis entwickelt aus dieser Lehre eine Theorie der Chiffrenschrift der Natur und erhebt diese zu einem ästhetischen Programm. Der Poet, der selbst ein Organ der Natur ist, erfindet in seiner Dichtung gleichsam Naturgedanken, die die Natur selbst noch unverwirklicht ließ. Durch ihn bekommt alles in der Natur seine spezifische Bedeutung und weist auf bisher Verborgenes hin.

Es handelt sich allerdings um eine hermeneutische Auffassung von der Natur, wenn man ihre Erscheinungen als Zeichen versteht, als Ausdruck eines göttlichen Harmonie- und Ordnungswillens, hinter dem es einen Sinn zu entdecken gilt. Diese Grundhaltung steht vor dem Problem des sogenannten hermeneutischen Zirkels. Man muß immer schon ein bestimmtes Vorverständnis des Ganzen haben, um einzelnes verstehen und deuten zu können. In diesem Zusammenhang unterscheidet sich der Begriff der Natur ganz deutlich von demjenigen, den die Naturwissenschaft thematisiert. In der naturmystischen Konstruktion ist Natur keine Tatsachenwelt, sondern eine Welt mit Bedeutung, die auf einen über sie hinausgehenden, verborgenen Sinn verweist. Dem steht das moderne Denken entgegen, das Naturwissenschaft vor allem mit den Begriffen Quantität, Kausalität und Relativität verbindet.

In der neueren Forschung wird die These vom Wandel der Naturvorstellung vertreten, die es uns erlaubt, Epochenumbrüche zu erkennen und eine Entwicklung im Verhältnis von Mensch und Natur festzustellen.[95] Die Modifikation in den Vorstellungen über Natur ist jedoch nicht das Resultat naturwissenschaftlicher Entdeckungen, sondern Ausdruck eines veränderten Selbstverständnisses des Menschen. Dieses ermöglichte den Aufschwung der Naturwissenschaften. Novalis lebte genau an dieser Epochenschwelle. Sein Denken ist ein Reflex darauf, daß die alte Naturlehre von der neuen überholt wurde. Seine Reaktion darauf war aber nicht eine bloße Restauration des alten, naturmystisch geprägten Weltbilds. Er wollte dieses vielmehr mit dem neuen Naturverständnis verknüpfen, weil das alte Wissen nicht verlorengehen sollte. Darin war er fort- und rückschrittlich zugleich.

Das läßt sich an einem Beispiel anschaulich belegen. Die bedeutende Stellung, die eine, gelegentlich mystisch inspirierte, Naturphilosophie innerhalb des romantischen Denkens einnahm, etablierte die philosophische Geltung der Medizin als der verbindenden Wissenschaft vom menschlichen Körper und seiner Seele. Novalis setzte sich intensiv mit der Lehre des schottischen Arztes John Brown auseinander, dessen Auffassungen der Naturmystik nahestanden. Brown entwickelte eine Theorie des Reizes und der Erregbarkeit, die von dem Gedanken einer Polarität in der Natur getragen wurde. Gesundheit und Krankheit hängen von dem Wechselspiel zwischen angeborener Erregbarkeit und äußeren Reizen ab. Nur im Gleichgewicht ist der Mensch gesund; bei zu geringer Erregung ist er schwach und anfällig, bei einem Übermaß zu kraftvoll. Als regulatives Prinzip, um einen möglicherweise gestörten Zustand wiederherzustellen, ist es nach Brown notwendig, die äußeren Reize zu steuern und sie, je nach individuellem Erfordernis, entweder zu stimulieren oder zu reduzieren. Novalis nahm kritisch dazu Stellung: »Mir scheint bey vielen abführenden Mitteln die Stärkung, oder Erregung, beträchtlicher, als die Verminderung zu seyn.« (II, 595) Bei allem Lob, daß er einerseits den allgemeinen Grundsätzen des Brownschen Systems spendete (vgl. III, 371), wies er andererseits auf seine Fehler hin (vgl. III, 369f.). Klarsichtig erkannte er, daß Browns medizinische Lehren weniger auf empirischer Erkenntnis als auf präformulierten Vorgaben beruhten: »Das Beste am Brownischen System ist die erstaunende Zuversicht, mit der Brown sein System, als allgemeingeltend, hinstellt. – Es muß und soll so seyn – die Erfahrung und Natur mag sagen, was sie will. Darinn liegt denn doch das Wesentliche jedes Systems, eine wircklich geltende Kraft. Das Brownische System wird dadurch zum ächten System für die Brownianer. Dagegen läßt sich im Grunde nichts mehr einwenden. Je größer der Magus, desto willkührlicher sein Verfahren, sein Spruch, sein Mittel. Jeder thut nach *seiner eignen Art* Wunder.« (II, 545f.) So wird diese Textstelle zugleich zu einem eindrucksvollen Beleg dafür, daß Novalis das problematische Verhältnis von subjektiver Prägung und objektiver Erkenntnis genau verstanden und gerade in bezug auf naturwissenschaftliche – hier medizinische – Gewißheit deutlich reflektiert hat. Das romantische Ideal der großen Einheit geht also mitnichten so weit, daß es Novalis' kritisches Urteilsvermögen trübt.

Novalis strebte in seinem romantischen Wissenschaftsverständnis eine Universalität der Aspekte an, unter denen die Wissenschaften insgesamt betrachtet werden sollten. Als leitendes Verfahren benutzte er, wie wir oben bereits erläutert haben, das Prinzip der Potenzierung. Jede Wissenschaft erlangt, unter geistigem Aspekt betrachtet, eine höhere, gesteigerte Form. Je vielfältiger die universellen Perspektiven sind, unter die man die Wissenschaft stellt, desto höher fällt die Potenzierung aus. Der Wissensbestand einer jeden Disziplin kann auf diese Weise bereichert werden, weil alle Potenzierung selbst wieder in einer hierarchischen Ordnung steht, an deren Spitze sich die Poesie befindet. Deshalb finden sich häufig die auf den ersten Blick unverständlichen Forderungen nach einer »poetischen Logik« oder einer »geistigen Physik« (III, 263), die die neue Wissenschaftsorganisation markieren sollen. Hinter der Gewißheit, daß sich eine Totalwissenschaft durch Akkumulierung von potenzierten Einzelwissenschaften gewinnen läßt, steht die mystische Auffassung einer allumfassenden Einheit von Natur und Geist. Diesen alten Gedanken verbindet Novalis mit den neuen Erkenntnissen der Naturwissenschaften, indem er an der Bedeutungslehre festhält. Alles in der Natur ist Zeichen für etwas, das über die Natur hinausweist.

Doch Novalis' kritisch geschulter Kopf hat die Brüchigkeit dieser Versuche, die Naturwissenschaft mit der zeichenhaft-magischen Weltsicht zu synthetisieren, ebenso erkannt. Eine Lösung der auftauchenden Widersprüche ergibt sich jedoch nicht mehr in der wissenschaftlichen Auseinandersetzung, sondern erst in der ästhetischen Überwindung, also in der Poesie. Deshalb stellt er in dem Roman *Die Lehrlinge zu Saïs* dem Typus des bloßen Naturalisten, der nur zufällige Kenntnisse über die Natur hat, den wahren »Verkündiger der Natur« (I, 107) gegenüber: »Wem es um etwas anders zu thun ist, als um die Natur, dem ist es vielleicht genug, aber wer eine innige Sehnsucht nach der Natur spürt, wer in ihr alles sucht, und gleichsam ein empfindliches Werkzeug ihres geheimen Thuns ist, der wird nur den für seinen Lehrer und für den Vertrauten der Natur erkennen, der mit Andacht und Glauben von ihr spricht, dessen Reden die wunderbare, unnachahmliche Evangelia, wahre Eingebungen ankündigen.« (I, 107f.) Der wahre Zugang zur Natur wird am Ende nicht analytisch-wissenschaftlich, sondern durch sympathetische Analogie erreicht, weil in dem Naturkundigen ein für die Naturerkenntnis prädisponiertes »Gemüth« (ebd.) mitschwingen muß. Religiöse Überhöhung und mystisches Pathos verbinden sich hier zu einer romantischen Vision, die »den Sinn für die Natur erwecken wird.« (Ebd.)

Um zu zeigen, wie es zu diesem gewandelten Verständnis kommen konnte, müssen wir kurz auf die Situation der Zeit rekurrieren. Die zeitgemäße Naturwissenschaft wollte sich von der naturphilosophischen Spekulation und der vom deutschen Idealismus geprägten Weltanschauung ausdrücklich emanzipieren. Doch die Wissensorganisation hatte noch kein einheitliches Strukturmuster entwickelt. Die einzelnen Erkenntnisse wirkten in ihrer Erscheinung zersplittert und zusammenhanglos, so daß ein Rückgriff auf die Naturphilosophie als unerläßlich erachtet wurde, um die Einheit der Natur theoretisch abzusichern. Vor allem in den Lehren von Immanuel Kant und Friedrich Wilhelm Joseph von Schelling wurde die Notwendigkeit der Naturgesetze transzendentalphilosophisch begründet.

Novalis' Naturphilosophie ist ohne Rückbezug auf Kant und Schelling nicht verständlich. Sie muß in ihrem Verhältnis zur Naturwissenschaft gesehen werden, aber nicht als eine Alternative zur Empirie. Vielmehr geht es Novalis darum, die fundamentalen Fragen zu untersuchen, deren Klärung einerseits zur Fundierung des empirischen Wissens unabdingbar ist, um die sich andererseits die Wissenschaft selbst nicht kümmert. Genauer gesagt, beschäftigte sich Novalis mit dem Objektverständnis und dem Gesetzesbegriff, mit methodischen Ansätzen und der axiomatischen Terminologie der Naturwissenschaften und versuchte deren Begründung im Rahmen eines transzendentalphilosophischen Konzepts.

Die Grundgedanken der Transzendentalphilosophie hatte sich Novalis Ende 1797 in seinen *Kant-Studien* erarbeitet. Intensiv studierte er die Vorrede zur zweiten Auflage der *Kritik der reinen Vernunft*, wie seine Exzerpte und Aufzeichnungen belegen. Besonders beeindruckt hat ihn die »Revolution der Denkart«[96], als welche Kant seinen neuen Ansatz bezeichnet.

Kant hat mit einer jahrhundertealten Tradition der philosophischen Erkenntnistheorie gebrochen. Hatte diese sich im Denken am Objekt orientiert und darin den Maßstab für alles Erkennen gesucht, so kehrte Kant dieses Verfahren radikal um. Seine Leistung, die Wende in der Erkenntnistheorie herbeigeführt zu haben, verglich er selbst mit derjenigen Kopernikus', der bekanntlich unser heute gültiges kosmologisches Weltbild als erster formulierte.[97] Der Königsberger Philosoph untersucht die dem menschlichen Denken zugrundeliegenden Gesetze, die er Kategorien nennt, und entwirft von ihnen aus eine substantielle Metaphysik. Novalis notierte sich während der Lektüre der *Kritik der reinen Vernunft* den Satz: »Die Vernunft *sieht* das *nur* ein, was sie selbst *nach ihrem Entwurfe* hervorbringt« (II, 386), und erfaßt damit eine der Zentralaussagen Kants. Weil Novalis aber davon überzeugt ist, daß es eine ursprüngliche Entsprechung von Mensch und Natur geben muß, erscheint ihm der Kantische Subjektivismus als zu sehr eingeschränkt: »Die ganze Kantische Methode – die ganze Kantische Art zu philosophiren ist einseitig.« (II, 392) Deshalb lautet seine These, die im Kern weit über die von Kant gezogenen Grenzen hinausgeht: »Die Vernunft versteht die Natur nur, insofern diese Vernünftig ist – und mithin mit ihr übereinstimmt.« (II, 386)

Exzerpt und eigene Interpretation wechseln sich in den *Kant-Studien* ab. Novalis setzt die Schwerpunkte anders. Seinen Überlegungen zufolge sind die Vernunft im Menschen und die Vernunft in der Natur wesensgleich. Ihre Verwandtschaft zu zeigen, ist Aufgabe der Philosophie. Sie zu verwirklichen, wird zur Aufgabe der Poesie bestimmt. Dieser entscheidende Grundgedanke, der später für die romantische Dichtungstheorie überaus wichtig wird, ist in den *Kant-Studien* ansatzweise bereits vorhanden. In bezug auf das Unbedingte heißt es dort: »Wir *erkennen* es nur, *insofern* wir es *realisiren.*« (II, 386) Kants Unterscheidung, derzufolge wir das Unbedingte nur verstandesmäßig einkreisen können, es aber als »Ding an sich« für immer unerkennbar bleibt, vollzieht Novalis nicht nach.

In der Kantischen Lehre bleibt die theoretische Vernunft immer in den Grenzen möglicher Erfahrung und kann sich nicht über die Grenzen der Sinnlichkeit hinaus erstrecken. Auch die Erkenntnis a priori kann den Dingen nichts anderes beilegen, als was die Vernunft aus sich selbst heraus nimmt. Sichere theoretische Erkenntnis, die widerspruchsfrei zur Erfahrungserkenntnis erscheint, kann es nur durch Beschränkung geben, nämlich wenn »der spekulativen Vernunft alles Fortkommen in diesem Felde des Übersinnlichen abgesprochen worden«[98] ist. Alles darüber Hinausgehende bleibt ihr verschlossen.

Aber Novalis sucht nach einem Weg, dieses Unerkannte (und nach Kant eben auch Unerkennbare) zu erreichen. Zwar exzerpiert er Kants Gedanken folgerichtig, gibt seiner Aufzeichnung am Schluß jedoch eine überraschende Wendung, mit der er sich von der Kantischen Auffassung verabschiedet: »Das Unbedingte, welches die V[ernunft] in den Dingen an sich selbst nothwendig und mit allem Recht zu allem Bedingten, und dadurch die Reihe der Bedingungen, als vollendet, verlangt, treibt uns über die Grenzen der Erscheinungswelt; oder *aus uns* heraus.« (II, 386) Aus der an die Sinne gebundenen Welt heraustreten und andere, übersinnliche Erfahrungen machen – diese eigenwillige Vorgehensweise impliziert eine ganz andere Erkenntnismethode, die sich an transzendentalphilosophischen und zum Teil an naturwissenschaftlichen Prinzipien ausrichtet, diese aber mit dem romantischen Konzept einer Poetisierung aller Wissenschaften verbindet. Novalis' Überlegungen verdichten sich zu der zwingenden Frage: »Giebt es noch außersinnliche Erkenntniß? Ist noch ein anderer Weg offen, aus sich selbst herauszugehen und zu andern Wesen zu gelangen, oder von ihnen afficirt zu werden?« (II, 390)

Dieser andere Weg, so lautet die hoffnungsvolle Antwort auf die Frage, kann vermöge der poetischen Produktion beschritten werden. Das schöpferische Potential im Menschen eröffnet neue Möglichkeiten, die die durch die Gebundenheit an die Sinnlichkeit gegebene Begrenzung transzendieren. In dieser Übersteigung zeigen sich rückwirkend auch neue Erkenntnisse, die sich ohne den poetischen Praxisbezug nicht gewinnen lassen. Das oben bereits angeführte Zitat zur Erkenntnis des Unbedingten (»Wir *erkennen* es nur, *insofern* wir es *realisiren*«) belegt, daß Novalis einen Zusammenhang von Erkennen und Verwirklichung gesehen hat. In den der Kant-Lektüre vorausgehenden *Hemsterhuis-Studien* hat er schon festgehalten: »Wir *wissen nur*, insoweit *wir machen*.« (II, 378) In der Folge entwickelt sich daraus ein Grundgedanke, der in vielen Fragmenten wiederkehrt, aber auch in der Dichtungstheorie anklingt. Theoretische Philosophie und einfallsreiche Poesie sollen zum Zwecke der vollendeten Naturerkenntnis verbunden werden. Die schöpferische Kraft wird nicht dem theoretischen Vermögen der Vernunft, sondern dem poetischen Geist zugeschrieben, der die »zweyfache Thätigkeit des Schaffens und Begreifens, vereinigt in Einem Moment« (IV, 245), beherrscht.

Die höhere Erkenntnisform, die in der Poesie wirksam wird, kann als Einheit des theoretischen und praktischen Vermögens aufgefaßt werden. Konkret auf unser Thema in diesem Kapitel bezogen, auf das Spannungsfeld von Naturwissenschaft und Philosophie, bedeutet dies: Die schöpferische Erkenntnis, gerichtet auf die Natur als ihren Gegenstand, kann im Hervorbringen ihrer Ideen zugleich ein echtes Wissen um die Natur vermitteln. Auf diese Weise wird ein tieferes Naturverständnis erreicht als in jeder anderen, naturwissenschaftlich-analytischen Vorgehensweise. Erst der Dichter versteht die Natur vollständig und besser als ein »wissenschaftlicher Kopf.« (III, 468)

Konsequenterweise werden diese neu gewonnenen Einsichten in der Dichtung selbst formuliert und nicht ausschließlich als philosophisches Fragment festgehalten. Der neue Inhalt impliziert dabei eine andere ästhetische Form, oder, mit anderen Worten ausgedrückt: Was als bestimmte Funktion und Aufgabe der Dichtung gilt, wird in ihr selbst als Inhalt thematisiert. Diese Form-Inhalt-Beziehung soll auch die Kluft zwischen Subjekt und Objekt überbrücken. Allein in der schöpferischen Synthesis kann das Universum hervorgebracht und nur in der Form der Selbsterkenntnis kann es begriffen werden. In dem Roman *Die Lehrlinge zu Saïs* schreibt Novalis: »Der denkende Mensch kehrt zur ursprünglichen Funktion seines Daseins, zur schaffenden Betrachtung, zu jenem Punkte zurück, wo Hervorbringen und Wissen in der wundervollen Wechselverbindung standen, zu jenem schöpferischen Moment des eigentlichen Genusses, des inneren Selbstempfängnisses.« (I, 101) Im Kontext der philosophischen Studien gesehen, erkennen wir in dieser Passage die Auseinandersetzung mit Kant wieder. Nicht in offener Polemik, sondern durch fast stillschweigende Umformung der Kantischen Gedanken entwickelt Novalis sein eigentümliches Weltbild.

Kommen wir noch einmal auf die Naturphilosophie zurück. Kant hatte auch hier die große Wende herbeigeführt. Er hatte als Notwendigkeit bewiesen, daß die Wirklichkeit unter der Idee der Einheitlichkeit und zugleich dynamisch als Natur gedacht werden muß. Zu den anspruchsvollsten Texten der zeitgenössischen philosophischen Reflexion über die Natur gehört seine Schrift *Metaphysische Anfangsgründe der Naturwissenschaft* aus dem Jahre 1786. Kant zeigt hier die Bedingungen a priori, unter denen Materie überhaupt als mögliche angenommen werden kann. Die Materie ist die Natur als Objekt der Naturwissenschaft, und sie wird bei Kant vorausgesetzt. Dort liegt eine Grenze philosophischer Spekulation, die Kant bewußt zieht, die Novalis jedoch, aus der Intention seines romantischen Naturverständnisses heraus, zu überschreiten gewillt ist, wie wir gesehen haben. Seine Fragen gehen weiter, und er teilt sie mit Schelling. Kant wirft zwar auch das Problem auf, wie Materie bzw. Natur als Gewordene möglich sein kann. In einem solchen Fall muß etwas vor der Natur gewesen sein, das diese erst produziert hätte. Kant hält die Frage von der Natur als Produkt aber für nicht beantwortbar. Hingegen hat Schelling genau dieses Problem einer transzendentalen Genesis der Natur als Produkt zu klären versucht.

Ausgehend von einem dialektischen Verständnis, erscheint die Natur in der Lehre Schellings als die Identität von Natura naturata und Natura naturans, d.h von Produkt und produktiver Aktivität. Zwei Prinzipien bestimmen alles Werden in der Natur: ein produktives und ein die Produktion hemmendes. Dieser Dualismus hat zur Folge, daß die Natur nicht mehr als reine Produktivität oder als reine Identität interpretiert werden kann, sondern daß in ihr ein Unterschied gesetzt werden muß. Die Entzweiung der Naturidentität in das produktive und in das hemmende Prinzip ist die notwendige Bedingung, damit die Natur sich selbst Objekt werden kann. Im Produkt fallen beide Prinzipien zusammen, so daß Schelling die Natur insgesamt als einen unendlichen Prozeß denkt, in dem alles ständig vernichtet und zugleich reproduziert wird. Natur ist auf diese Weise endlich und unendlich zugleich. Weil die Naturwirklichkeit im Grunde eine geistige Struktur hat, läßt sich der dialektische Zusammenhang der Gegensätze begreifen. Deshalb lassen sich die Ergebnisse der Transzendentalphilosophie auf die Naturerkenntnis übertragen.

Schellings naturphilosophische Grundthese, die auf Zustimmung innerhalb des Jenaer Romantikerkreises stieß, lautet: »Die Natur soll der sichtbare Geist, der Geist die unsichtbare Natur seyn. Hier also, in der absoluten Identität des Geistes in uns und der Natur außer uns, muß sich das Problem, wie eine Natur außer uns möglich sey, auflösen.« [99] Unter der als absolut gültig angenommenen Voraussetzung, daß Natur und Geist bzw. Bewußtsein wesensgleich sind, versucht Schelling in der von ihm herausgegebenen *Zeitschrift für spekulative Physik*, die Deduktion konkreter Naturgesetzlichkeiten mittels eines rein spekulativen Verfahrens zu vollziehen. Dahinter steht die Überzeugung, daß die Natur ebenso ein System des Vernünftigen ist wie das Wissen. Seinem Selbstverständnis als Philosoph und Physiker entsprechend, will Schelling alle organischen Entwicklungen aus einem geistigen Prinzip ableiten, das er als ursprünglich setzt. Dabei macht er sich eine teleologische Grundauffassung zu eigen, d.h. die Behauptung, daß alle Vorgänge in der Natur zielgerichtet sind und daß hinter ihnen ein übergeordnetes Bewußtsein steht, welches die Prozesse nach den Grundsätzen von Polarität und Potenzierung in Gang hält. Um seine metaphysischen Ideen auch empirisch abzusichern, überträgt er die Ergebnisse der zeitgenössischen Naturwissenschaft auf seine Philosophie, was ihm um so leichter gelingt, als diese mit verwandten Begriffen arbeitet. Das Ich, das sich im Laufe der Geschichte zu immer höheren Bewußtseinsstufen entwickelt, korrespondiert mit der Natur im Sinne dieser Wesensgleichheit. Erst dadurch gelangen die Natur und es selbst zur Vollendung.

Novalis kritisiert an Schelling gerade dessen Unternehmen, die ihm an sich sympathischen Grundgedanken durch wissenschaftliche Fakten unterstreichen zu wollen. Als ausgebildetem Naturwissenschaftler, der sich kritisch an der empirischen Methode seines Lehrers Abraham Werner orientiert, ist ihm der Schellingsche Dilettantismus in dieser Form suspekt. In einer rein deduzierenden Tätigkeit, die meint, alle Naturerkenntnis aus transzendentalphilosophischen Prinzipien ableiten zu können, sieht er eine Gefahr. Die spekulative Physik nennt Novalis deshalb geringschätzig »Renommisterei des fantastischen Verstandes« und bezeichnet sie sogar als »szientifische Unzucht«. (II, 668) Sein Urteil über Schellings *Ideen zu einer Philosophie der Natur* ist ebenso unbestechlich: »Es ist schwach, ein[fach] ein schlechtes Buch der logischen Sympathie wegen gut zu finden.« (IV, 492)

Novalis hat klar erkannt, daß das Problem der Verbindung von Transzendental- und Naturphilosophie in Wahrheit bei Schelling nicht gelöst wird. Dieser bleibt zu sehr dem theoretischen Zugang verhaftet, der in der Natur vor allem das andere sieht, während Novalis die Fremdheit zwischen Natur und Subjekt intuitiv überwinden will. Deshalb muß vor allem die Natur nicht mehr als Nicht-Ich wie bei Fichte oder als unsichtbarer Geist wie bei Schelling, sondern als dialogisches Gegenüber, als »Du« (III, 430) gedacht werden. Darin mischt sich die romantische Sehnsucht, aus der Isolation, in die sich das transzendentale Ich bei seiner Naturbetrachtung begibt, herauszugelangen durch das Du. Das ist zugleich das Ende der bloß philosophischen Naturspekulation und der Übergang zur Ästhetik, denn Novalis findet dieses Du erst im Selbst des Dichters. Seiner poetischen Kraft gelingt es, das Selbst als Ich und als Du zugleich zu erfassen. Aufgrund der Seinsanalogie hat dieser damit ebenso die Natur in ihrem Wesen erkannt. Novalis' Naturphilosophie vollendet sich in der Poesie und erfüllt auf diese Weise das romantische Programm einer Poetisierung aller Wissenschaften.

Zusammenfassend können die verschiedenen Schichten, die sich in Novalis' Naturphilosophie und spekulativer Naturwissenschaft finden lassen, wie folgt gegliedert werden. Es lassen sich drei Theorieebenen bestimmen, die ineinander übergreifen und wechselseitig aufeinander verweisen. Es sind dies zum einen die einzelwissenschaftlichen Theorien, die sich modellhaft von der Physik ableiten, außerdem die Metaphysik der Natur Kants, die transzendental-analytisch verfährt, und die spekulative Rekonstruktion der transzendentalen Genesis der Materie, wie sie Schelling nach seiner transzendental-synthetischen Methode unternimmt.[100]

Grundlage für Novalis' konstruktive Theorie der Natur ist darüber hinaus die Überzeugung, daß die Welt bereits von ihrem Schöpfer mit einer Art Zeichenkombination versehen wurde, die der Mensch verstehen kann, wenn es ihm gelingt, die Sprache der Natur zu vernehmen. Die Dechiffrierung der verborgenen Zeichen geschieht durch Lesen im Buch der Natur, von dem schon Galilei behauptet hat, es sei in mathematischer Sprache geschrieben und nur dem zugänglich, der mathematische Formeln und Zeichen in ihrem Zusammenhang entziffern kann.[101] Der Glaube an die Naturschrift läßt sich an einer langen Traditionsreihe bis zu Pythagoras zurückverfolgen, und ihm wohnt eine eigentümlich destruktive Dialektik inne, auf die Ernst Bloch hinweist: »Es ist der Glaube, der die gleiche mathematische Naturwissenschaft befreit, die ihn nachher, durch Ablehnung aller Qualitäten, szientifisch getötet hat.«[102] Wenn es erlaubt ist, das von Bloch implizierte sprachliche Bild wiederaufzunehmen, dann läßt sich sagen, daß Novalis in der Zeit vor dem Tod des Glaubens an die mathematisch verfaßte Naturschrift lebte. Parallelen zwischen Sprache und Mathematik hatten wir schon in seinem Text *Monolog* herausgearbeitet. Gerade deshalb ist es interessant, noch einen Blick auf Novalis' Verhältnis zur Mathematik zu werfen, das ganz eigentümlich für den Umgang mit den exakten Wissenschaften unter romantischer Perspektive ist.

Zeugnis seiner intensiven Studien auf diesem Gebiet sind die *Mathematischen Fragmente*, und auch seine bevorzugte Naturwissenschaft, die Physik, hat er immer ebenso mit den Augen des Mathematikers betrachtet. Dabei fiel ihm das mathematische Wissen keineswegs zu, sondern er mußte es sich regelrecht erarbeiten. Kritik äußerte er an der Art der akademischen Vermittlung. In einem Brief teilte er seinem Vater mit, daß das Geld für die Mathematikvorlesung bei Professor Lempe verschwendet sei, denn: »Ich lerne nichts bey ihm.« (IV, 259) Um dieses Defizit auszugleichen, nahm Novalis zusätzliche Stunden bei einem entsprechend begabten Kommilitonen und tauchte dabei zeitweilig ganz in die Mathematik ein.

Zugleich ist eine gewisse Ambivalenz in seiner Beziehung zur Mathematik zu beobachten, wie eine Briefstelle verrät, in der er sich August Wilhelm Schlegel anvertraut, dessen Befürchtungen zerstreuend, der romantische Dichter sei ganz den exakten Wissenschaften anheimgefallen: »Dann will ich Sie noch von der Besorgniß befreyen, daß ich zu lauter a+b werde. Ich bin vielmehr wahrhaft entschlossen die Mathematik künftig sehr verächtlich zu behandeln, weil sie mich, wie einen AbcSchützen, behandelt.« (IV, 251) Die anfängliche Begeisterung für die Mathematik als »Leben der Götter« (III, 594) ließ nach, je mehr sich Novalis der Poesie zuwandte, doch ganz verschwindet ihr Einfluß auf sein dichterisches Werk nie.

Das drückt sich noch in dem Märchen aus, das in den Roman *Heinrich von Ofterdingen* eingebettet ist. In Arkturs Reich, welches im Märchen die Sinnenwelt und die Herrschaft des rationalen, zweckorientierten Denkens symbolisiert, wird die Natur nicht in ihrer Ganzheit und Wechselwirkung wahrgenommen, sondern nur unter dem Primat der kalten Zweckrationalität. Entsprechend erscheinen hier die Gestirne nicht als Zeichen einer lebendigen Natur, sondern nur als Sinnbilder rein mathematischer, lebloser, starrer Kräfte: »Die Luft war wie ein ungeheurer Schatten; am Himmel stand ein schwarzer strahlender Körper. Man konnte alles auf das deutlichste unterscheiden, weil jede Figur einen andern Anstrich von Schwarz zeigte, und einen lichten Schein hinter sich warf; Licht und Schatten schienen hier ihre Rollen vertauscht zu haben.« (I, 301) Erst durch die Berührung mit der Poesie, die allegorisch durch die Figur der Fabel dargestellt wird, kann die Kälte und Erstarrung in dieser verkehrten Welt überwunden und das Goldene Zeitalter eingeläutet werden, in dem die Natur sich dem Menschen unmittelbar erschließt und mithin in ihrem ganzen Wesen erfahrbar wird. Das Märchen zeigt eine eigentümliche Verschiebung in Novalis' Verhältnis zur Mathematik: Während die Intensität, mit der er sich den einschlägigen Studien widmete, zurückging, übertrugen sich formale mathematische Prinzipien als bestimmte methodische Vorgehensweisen auf sein ästhetisches Schaffen.

Doch hiermit haben wir bereits vorgegriffen. Der Wandel der Bedeutung, den die Mathematik für Novalis' Denken innehat, ist erst das Ergebnis einer gründlichen Auseinandersetzung und stand keineswegs immer schon fest. Ein früher Zugang zur Mathematik eröffnete sich ihm durch die Lektüre einschlägiger Stellen aus dem *Discours Préliminaire de l'Encyclopédie*, den Jean le Rond d'Alembert 1751 verfaßte. Novalis beschäftigte sich mit dem Werk der französischen Enzyklopädisten, weil er sich mit Plänen trug, ein ähnliches Projekt unter romantischen Vorzeichen zu verwirklichen. Wie wir wissen, setzte er dieses Vorhaben nur ansatzweise in seinem *Allgemeinen Brouillon* um.

D'Alemberts mathematische Thesen sah Novalis in engem Zusammenhang mit ihrer erkenntniskritischen Bedeutung, beeinflußt von dem Diktum Kants, wonach die Mathematik sich auf die »Form der Sinnlichkeit« [103] bezieht. Und dieses formale bzw. methodische Moment der Mathematik ist es, das sein besonderes

Interesse erregt. Arithmetik schärft den Blick auf das Wesentliche, auf die Einheit der Struktur aller Wissenschaften. Diesen Aspekt faßt Novalis mit typisch romantischer Emphase auf, was Ricarda Huch zu der Bemerkung verleitet, die Betrachtungen über Mathematik stellten gar einen »Hymnus« [104] dar: »Alle Wissenschaften sollen *Mathematik* werden.« (III, 50) Deren Vorbildfunktion erstreckt sich nicht nur auf die Beschreibung der Strukturen, sondern auch auf ihre Anwendbarkeit: »Die ganze Mathematik ist eigentlich eine Gleichung im Großen für die andern Wissenschaften. Was ihr die Logarythmen sind, das ist sie den andern Wissenschaften. [...] Ihre vollständige Anwendbarkeit ist notwendiges Postulat ihres Begriffs.« (III, 593)

Diese Analogie läßt sich an einem konkreten Bereich der Mathematik besonders genau aufzeigen. Für die Infinitesimalrechnung kann sich Novalis begeistern, weil er in ihr eine Möglichkeit entdeckt zu haben glaubt, den Widerspruch zwischen Endlichem und Unendlichem zu lösen, der in seinem romantischen Verständnis zugleich den Widerspruch zwischen Innen- und Außenwelt oder zwischen Ich und All symbolisiert. »Infinites[imal] Calcul h[eißt] eigentlich *Rechnung*, Eintheilung oder Messung des Nicht Eingetheilten – nicht Vergleichbaren – *Unermeßlichen.*« (III, 386) Das Unendliche als Idee der Kontinuität und die Unendlichkeitsrechnung sind von ihrem Wesen her verwandt. Novalis ist überzeugt, daß der Einheitsgrund der Natur und die Verbindung aller Erscheinungen zu einem großen Ganzen kein Seins-, sondern ein Denkgesetz ist, Resultat der konstruktiven Tätigkeit des Verstandes. »Entw[eder] such ich nun die Unbekannten Größen mit Functionen der Bekannten zu gleichen, oder umgek[ehrt] – Zur letztern RechnungsArt gehört der Infinitesimalcalcül.« (III, 261)

Dem Bekannten die Würde des Unbekannten geben – so definiert Novalis an anderer Stelle den Prozeß des Romantisierens (vgl. II, 545). Hier verschränkt sich die romantische Weltsicht mit dem an strenger Analyse geschulten Denken. Beide richten sich auf das Unendliche, dem sie sich allerdings auf verschiedenen Wegen zu nähern versuchen. »Abgeleitet von der mathematischen Methode drückt sich auch in Novalis' Konzeption der Kontinuität das Primat des Denkens über das Sein sowie die synthetische Befähigung des Bewußtseins aus, durch die allein die Verknüpfung der Erscheinungen zu einer Einheit bewirkt wird. Denn die infinitesimale Annäherung zweier Größen in der Differentialrechnung, aus der Novalis die Objektivation des romantischen Lieblingsbegriffs der Unendlichkeit herleitete, findet ihre logische Begründung erst im Prinzip der Kontinuität.« [105] Mathematik hat insofern eine modellbildende Funktion in erkenntnistheoretischer, aber auch in ästhetischer Hinsicht.

Von dieser Auffassung her gesehen, ist es nur ein kleiner Schritt, gemäß dem romantischen Programm auch die Mathematik zu poetisieren. Durch Mathematik, deren »Zahlen und Figuren« (I, 344) den Zeichen und Worten der Poesie entsprechen, wird die Welt von ihrem innersten Wesen her begreifbar. Das Glück, auf diese Weise in die Nähe des Unendlichen zu gelangen, versetzt den »echten« Mathematiker beinahe in einen rauschhaften Zustand und läßt ihn einem Dichter ähnlich werden: »Der echte Mathematiker ist Enthusiast per se. [...] Die Mathematiker sind die Einzig Glücklichen. Der Mathematiker weiß alles. Er könnte es, wenn er es nicht wüßte. Alle Thätigkeit hört auf, wenn das Wissen eintritt. Der Zustand des Wissens ist Eudämonie, selige Ruhe der Beschauung – himmlischer Quietism.« (III, 593f.) Wir müssen diese Zeilen vor dem Hintergrund lesen, daß Novalis mit zu seiner Zeit modernen mathematischen Methoden durch sein Studium vertraut war. Sein Enthusiasmus basierte auf vertiefter Kenntnis, und deshalb können wir sagen, daß der Bezug zur Mathematik als Methode nicht modische Zutat oder einfach nur arbiträr, sondern bewußtes Prinzip[106] ist, um sein Denken und, in direktem Anschluß daran, auch seine Dichtung zu gestalten.

Der Blick, den Novalis auf die Mathematik wirft, ist dennoch romantisch geprägt. Er faßt sie vor allem als eine universale Methode auf, die im Prinzip auf jeden Erkenntnisgegenstand angewendet werden kann, weil sie Wissenschaft und Kunst zugleich ist: »Die Mathematik ist ächte Wissenschaft – weil sie gemachte Kenntnisse enthält – Produkte geistiger Selbstthätigkeit – weil sie *methodisch generalisirt.* Sie ist *Kunst*, weil sie genialisches Verfahren in Regeln gebracht hat – weil sie *lehrt* Genie zu sein – wie sie die *Natur durch Vernunft ersezt.*« (III, 473f.) Mathematik wird zum Modell der Kunst, weil sie, so interpretiert es Novalis, schöpferische, genialische, um nicht zu sagen: magische Züge trägt. Diese Kraft wächst ihr zu, weil sie auf rein gedanklicher Setzung beruht und sich durch gedankliche Konstruktion in jede beliebige Richtung erweitern läßt, ohne an die Grenzen der empirischen Welt gebunden zu sein. Sie ist eine »Erfindungskunst ohne Data«. (III, 388) Mathematik entfaltet das kreative Potential jedoch nach strikten Gesetzen und methodisiert auf diese Weise das Genie, indem sie es in Regeln bringt. Genau das vermag auch die Kunst, die durch die schöpferischen Fähigkeiten des Geistes, ganze Welten aus sich hervorzubringen und synthetisch mit Gedanken zu verknüpfen, in die Nähe der Mathematik rückt. Dieser Anschauungsweise zufolge entsprechen sich Mathematik und Kunst hinsichtlich der Merkmale des Schöpferischen, der methodischen Stringenz und der denkerischen Einheit, die sich in ihren Produktionen ausdrückt.

Im Hervorheben dieses Doppelcharakters der Mathematik, die Wissenschaft und Kunst zugleich ist, zeigt sich wiederum der strukturelle Einfluß romantischer Grundfiguren des Denkens. Kunst und Wissenschaft, davon ist Novalis überzeugt, bilden eine ursprüngliche Einheit. Ihre Entzweiung ist nur als Produkt einer degenerierten, vom Verfall markierten Zeit aufzufassen, die einst überwunden sein wird. Unter dem Einfluß dieser geschichtsphilosophischen Deutung wird der romantische Erkenntnisweg beschritten, der von dem Universalisierungsgedanken gekennzeichnet ist. So kann es zu einer Überblendung von Mathematik und Erkenntnis kommen, weil das Erkenntnisziel analog ist: »Romantisiren ähnlich dem Algebraisiren.« (III, 242) Mathematische Operationen und das Romantisieren als Prinzip wollen beide das Unendliche fassen und werden beide dadurch eingeschränkt, daß sie sich diesem Ziel nur approximativ nähern können. In dieser negativen Gemeinsamkeit, die sich nur einem romantischen Verständnis auftut, findet Novalis die Bestätigung für seine Überzeugung, daß sich schließlich alle Wissenschaften miteinander und mit der Kunst verschmelzen lassen müssen: »Der menschl[iche] Geist kann die äußern Symptome und ihre Compositionen approximando nachmachen – er muß also Analogie mit den Bestandtheilen und *Naturkräften* haben – Schlüsse daraus./ Ausgeführte vergleichende Betrachtung d[er] Natur und Kunst und Folgerungen aus der Vergleichenden W(issenschaft] von beyden.« (III, 426)

Bei aller Gemeinsamkeit, die sich durch Vergleichung zeigen läßt, unterscheiden sich Wissenschaftler und Dichter jedoch in ihrer Wahrnehmung der Natur. Während ersterer eine detailgenaue Beobachtung vornimmt, die daraus gewonnenen Ergebnisse aber lediglich im Hinblick auf eine allgemeine Gesetzmäßigkeit interpretiert, hat der romantische Dichter ein ungleich größeres Erkenntnisinteresse: Es geht ihm um die Erkenntnis der absoluten Wahrheit, die literarisch produziert werden soll. Das einzelne Detail kann innerhalb dieser ästhetisch erzeugten Wirklichkeitsnachbildung eine sehr wichtige Funktion gewinnen, weil ihm Symbolkraft zukommt. Es kann also bereits für das Ganze, den Gesamtzusammenhang, stehen. Der Aussagewert eines symbolischen Details hängt dabei vom Kontext ab, in den es durch die individuelle künstlerische Freiheit des Dichters eingeordnet ist. Hiermit ist der Differenzpunkt zwischen dichterischer und wissenschaftlicher Wahrheit markiert: Während der Wissenschaftler als obersten Leitsatz die notwendigen allgemeinen Naturgesetze anerkennt, beachtet der Dichter die von ihm selbst gesetzten Regeln, die aus Freiheit entsprungen sind und dennoch notwendige ästhetische Gültigkeit haben.

Das Spannungsfeld von Naturwissenschaft und Philosophie, dem sich Novalis in seinen letzten Lebensjahren ausgesetzt sieht, bleibt nicht ohne Einfluß auf seine dichterischen Hauptwerke. Erkenntnisse, die er aufgrund einschlägiger Studien erworben hat, kehren in zweierlei Hinsicht in seiner Dichtung wieder. Da sind zum einen zahlreiche inhaltliche Anspielungen, etwa auf die galvanischen Froschschenkel-Experimente in dem Roman *Die Lehrlinge zu Saïs* oder auf verschiedene geognostische Einsichten, die dem Titelhelden in *Heinrich von Ofterdingen* gelingen. Zum anderen begegnen uns an der Mathematik orientierte Strukturen und an der Naturwissenschaft ausgerichtete ästhetische Verfahren wieder, die als narrative Techniken prägend auf die Erzähltexte einwirken. Auf welche Weise dies im einzelnen geschieht, wird im folgenden Kapitel zu sehen sein.

5. Das Ganze fassen: Die Aufhebung aller Gegensätze in der Poesie

Die Entwicklung von Naturwissenschaft und Technik zur Zeit der Romantik kündigt eine radikale Modernisierung des täglichen Lebens an, auf die die Romantiker allerdings zurückhaltend reagieren. Der Beschleunigung des äußeren Lebensstils setzen sie den Rückzug in die Innerlichkeit entgegen, von dem auch ihre Dichtung kündet. Novalis war in seinen theoretischen Überlegungen zu der Gewißheit gelangt, daß die Poesie die höchste Form der Erkenntnis zugleich vermittelt und darstellt. Darin ist eine Abkehr von der Welt des Alltags und der Wissenschaft, in der er gleichwohl lebte, zu erkennen, die häufig in einem pejorativen Sinne als Realitätsflucht gedeutet wird. Zwar stimmt das vielbeschworene Klischee von einer romantischen Flucht aus der Realität nicht in seiner Allgemeinheit, doch zeigt sich speziell in der Frühromantik eine Neigung, das Verhältnis zu allen Fragen, die gesellschaftliche Realität betreffen, zu internalisieren.[107] »Man muß eine poetische Welt um sich her bilden und in der *Poësie* leben« (IV, 275), lautet die kompromißlose Forderung. Dichtung wird zu einer anderen Form der Realität; sie ist die Realität der poetischen Welt, die Novalis bereits in vielen seiner philosophischen Fragmente als mögliche heraufbeschworen hat. Als Fazit seiner Naturphilosophie kommt er zu dem paradoxen Ergebnis, daß nur der Dichter, weder der Wissenschaftler noch der Philosoph, das Wesen der Natur adäquat erfassen kann. Die Schlußrede des Lehrers in *Die Lehrlinge zu Saïs* demonstriert eindrucksvoll diese endgültige Wende zur Poesie.

Der Gedanke, die Poesie zum Schlüssel der Philosophie (vgl. II, 533) zu machen, findet sich schon relativ früh im Werk des Novalis. Doch nicht nur bei der Naturerkenntnis, sondern auch unter geschichtsphilosophischen Aspekten kommt der Poesie eine Schlüsselfunktion zu. Das Goldene Zeitalter, in dem Mensch und Natur in harmonischer Eintracht lebten, wird sich durch Poesie wiederherstellen lassen. Diesen Gedanken übernahm Novalis zuerst von Hemsterhuis[108] und setzte ihn dann in seiner Dichtung konkret um. Dabei unterwirft er die Poesie selbst dem historischen Blick: In seinem Roman *Heinrich von Ofterdingen* zeigt er exemplarisch ihre Entstehung und macht ihre Bedeutung für die Erklärung der Welt und die Heranbildung der Individualität sichtbar. In dem Roman durchlebt ein werdender Dichter die Welt in ihren Veränderungen, spiegelt sich selbst in ihr und bildet sich dadurch erst zum wahren Dichter aus. Alle Veränderungen vollziehen sich im äußeren und inneren Bereich gleichermaßen, und sie werden von Novalis genau beobachtet und dargestellt. Gemäß der romantischen Intention gehen schließlich Welt und Poesie untrennbar ineinander über und lösen sich als je selbständige Bereiche auf. Dabei erfindet die Poesie nichts hinzu, was nicht ohnehin in der Welt ist, nur eben noch unentdeckt, im Verborgenen und unerkennbar für den analysierenden Geist der Reflexion, aber intuitiv vernehmbar für den Dichter, so daß Novalis sagen kann: »Am Ende ist alle Poesie Übersetzung.« (IV, 237)

In der Übersetzung des Dichters wird das Übersinnliche, wofür er ein Gespür entwickelt, mit dem Sinnlichen verknüpft. Die transzendentalphilosophische Beschränkung der Erkenntnismöglichkeiten, gegen die Novalis schon in seinen *Kant-Studien* rebellierte, wird auf diese Weise aufgehoben. Wahre, Sinnliches und Übersinnliches verbindende Erkenntnis gelingt nur der Poesie, deren Anspruch auf Allumfassenheit Novalis unterstreicht. Eichendorff spricht davon, daß Novalis die »Weltherrschaft«[109] der Poesie angestrebt hat, die er mit seinem Roman *Heinrich von Ofterdingen* begründen will.

Innerhalb des Reichs der Poesie selbst wiederum gibt es eine Entwicklung. Das aus Novalis' philosophischer und naturwissenschaftlicher Denkweise bekannte Prinzip der Potenzierung hat auch eine spezifische Bedeutung für seine Dichtungstheorie. Steigerung der Poesie, gleichsam Poesie der Poesie ist das Märchen, das die Ahnung des Urzeitzustandes hervorruft und ästhetisch einlöst, was die Geschichtsphilosophie verspricht. Auf diese Weise gelingt es eigentlich nur dem Märchen, die Entzweiung der Welt, unter der diese leidet, aufzuheben. Der universale Sinn, der sich wegen der Entzweiung dem Menschen nicht mehr ursprünglich mitteilt, kann im poetischen Schaffen geoffenbart werden. Der Dichter wird so zum Propheten dieser noch zukünftigen, besseren Welt, weshalb Eichendorff Novalis' Poesie insgesamt als »Poesie der Zukunft und der Sehnsucht«[110] charakterisier

Um zu verstehen, wie dem Dichter nach Novalis' Vorstellung die Offenbarung des universellen Sinns auch im Zeitalter der Trennung gelingt, kann man auf eine romantische Denkfigur zurückgreifen, die bereits in einem erkenntnistheoretischen Zusammenhang funktional bestimmt wurde. Gemeint ist die These der Analogie von Mikrokosmos und Makrokosmos, die hier in die ästhetische Theorie übertragen wird. So, wie jeder Dichter in einem Romanwerk eine Kette von Begebenheiten verknüpft und aus seiner Freiheit heraus zu einem notwendigen Ganzen entfaltet, in dem alles seine implizite Bedeutung hat oder bewahrt (Mikrokosmos), so verknüpft Poesie insgesamt alle Erscheinungen der sichtbaren und der geistigen Welt zu einer sinnhaften Totalität (Makrokosmos), die im Zeitalter der Trennung verlorengegangen ist. Sie kann erst in der Zukunft wieder realisiert werden. Um in das Goldene Zeitalter zurückzukehren, muß zunächst die anmaßende Herrschaft des Verstandes, die sich im Primat der Reflexion ausdrückt, überwunden werden. Poesie bereitet die Erlösung von dieser Heteronomie vor. In der Zeit der Entzweiung gibt sie eine Ahnung dieses Zusammenhangs, der sich in der Realität noch nicht voll entfalten kann.

Auf diese Weise repräsentiert die poetische Darstellung ein Ideal, das im Gegensatz zur Realität der mittleren Phase des triadischen Geschichtsmodells steht, die von Disharmonie zwischen Mensch und Natur geprägt ist. Das Ideal ist ein poetisch verkündeter Entwurf, den einzuholen Ziel aller Realität sein soll. Dann wird die Disharmonie wieder in Harmonie übergegangen sein, und alle Gegensätze werden sich vereinigt haben. Dieser Prozeß vollzieht sich weder linear noch kontinuierlich, d. h., er ist nicht in der Zeit zu verwirklichen, sondern nur durch eine Art Sprung aus der Zeit heraus in das Goldene Zeitalter – ein wahrhaft märchenhaftes Unternehmen. In der Realität ist es unmöglich, dieses Ziel direkt einzuholen. Es gelingt nur die unendliche Approximation an das Ideal [111], ganz im Stil des Infinitesimalkalküls. Diese Komplikation hat wiederum systemtheoretische Gründe, denn ein Ideal muß als Ideal unerreichbar bleiben: »Inwiefern erreichen wir das Ideal nie? Insofern es sich selbst vernichten würde.« (II, 259) Wenn also das Ideal in seiner Unmittelbarkeit nicht erfaßt werden kann, so muß es mittelbar oder repräsentativ dargestellt werden. Das wiederum widerspricht der systemtheoretischen Fundierung des Gedankens, und das Goldene Zeitalter der Überwindung aller Widersprüche ist ja nach wie vor ein Ideal. Also ist die apriorische Aufhebung der Antinomien nicht verwirklicht, der Widerspruch bleibt deshalb als gültiger bestehen.

Novalis behilft sich in diesem Dilemma mit einem Trick, indem er den Begriff der »krummen Regel« entwickelt: »Allem Ideal liegt eine Abweichung von der gemeinen Regel, oder eine *höhere* (krumme) *Regel* zum Grunde.« (III, 413) So wird der Idealzustand in symbolischer Repräsentation antizipiert, aber eben noch nicht realisiert, was ihn ja, wie oben dargestellt, vernichten würde. Mit Hilfe seiner »krummen Regel« gelingt es Novalis, das Ideal zugleich zu repräsentieren und vor der Vernichtung zu bewahren. Die paradoxe Aufhebung dieser spezifischen Dialektik von Ideal und Realität, gegen die aus Sicht der Philosophie zahlreiche Einwände erhoben werden könnten – z.B. daß eine nicht substantiell begründete Veränderung der Prämissen aus einem »Fehlschluß« nicht automatisch eine richtige Überlegung macht –, gelingt durch Transzendierung in die Poesie.

In dem Bewußtsein, im poetischen Akt ein Schöpfer zu sein, nimmt Novalis die Bilder beim Wort. Sprache, dichterisch gestaltet, offenbart die Verwandtschaft der Dinge untereinander und den gemeinsamen Ursprung von Geist und Natur. In seiner Dichtung hebt er die Gesetze der äußeren Welt auf und gleicht sie denen der inneren Welt an, z.B. in Traumsequenzen und Märchenszenen. Es kommt, erzähltechnisch gesehen, zu einer Formauflösung: Lyrische Passagen, die besonders intensiv Subjektivität ausdrücken können, werden ebenso in die Romane eingebunden wie Märchen, die einer eigenen Gesetzlichkeit unterliegen. Der dichterischen Phantasie ist es auf diese Weise erlaubt, sich in den sprachlichen Bildräumen zu verlieren. Sie darf und muß sich ausdrücklich von der realistischen Darstellung entfernen und die poetische Empfindung über die objektivierbare Wahrnehmung setzen.

Dieses Verfahren findet sich in seinen dichterischen Werken ab 1798 immer wieder. Es wird sogar noch gesteigert. Das poetologische Konzept, das Novalis dabei verfolgt und umsetzt, emanzipiert das Fließen der poetisch-sprachlichen Bilder von der Dominanz des linearen, zweckrationalen Denkens. Die durch dichterische Sprache hervorgerufenen Visionen gehen so weit, daß sich das Bildliche schließlich verabsolutiert. Erkenntnisse und Einsichten, die sich poetischen Bildern verdanken, sind wahrer als solche, die durch logisches Denken gewonnen werden. Deshalb verzichtet Novalis in seinen letzten Werken auf die Form des philosophischen Diskurses.

Methodologisch gesehen, wechselt Novalis von der Transzendentalphilosophie zur Transzendentalpoesie, weil er dieses Konzept, das er neu entwickelt, für umfassender hält als alle bisher bekannten Ansätze der Philosophie und Ästhetik. Die in Novalis' Augen entscheidende Schwäche der Transzendentalphilosophie liegt darin, daß sie zwar die Grenzen der geistigen Reflexion sichtbar machen kann, diese aber nicht zu überschreiten vermag. Sie zieht klare Trennungslinien zwischen Gedanke und Gefühl, Endlichem und Unendlichem, Bestimmtem und Bestimmungslosem, die Novalis aufheben möchte. Das ist als Ergebnis seiner *Kant-Studien* festzuhalten, in denen er seinen Wunsch formuliert, eben diese Grenzen zu überschreiten, um neue, andersartige Erfahrungen zu machen: »Das Unbedingte [...] treibt uns über die Grenzen der Erscheinungswelt; oder *aus uns* heraus.« (II, 386) Diese Überschreitung kann jedoch nicht reflexiv nachvollzogen werden, weil sie über die Möglichkeiten des reinen Denkens hinausgeht. Sie kann aber repräsentiert, d.h. poetisch dargestellt werden.

Diese philosophisch-ästhetischen Überlegungen haben konkrete Folgen für Novalis' Sprache und für seinen Stil. Während in der philosophisch-wissenschaftlichen Sprache eine klare begriffsgebundene Struktur vorherrscht, ist der literarische Stil ursprünglich begrifflos: Im und als Stil reflektiert die Sprache auf sich selbst.[112] Wie wir im dritten Kapitel gesehen haben, zeigt der *Monolog* genannte Text über die Sprache Novalis' theoretische Gedanken zu diesem Problem. Seine Dichtung stellt gleichsam die praktische Ausführung dar, in der auch stilistisch das Prinzip der Potenzierung und Romantisierung verwirklicht wird. Dabei ist sein Stil nicht besonders auffällig, er vermeidet Abbrüche und

Umschwünge und konzipiert keine scharfen Antithesen[113], um die Einheit und Harmonie, die in der poetischen Welt zwischen Mensch und Natur herrschen soll, auch formal sprachlich abzubilden. Oft teilt sich so eine Stimmung mit, die nichts Bestimmtes ausdrücken will, aber vieles anklingen läßt. Das weist auf das Kommende, noch Aufzudeckende hin, auf die prinzipielle Unabgeschlossenheit des sprachlichen Bildes, das gleichwohl evoziert wird. Zusammenhänge werden oft nur angedeutet, die auszugestalten Sache des Lesers ist, der auf diese Weise ebenso aktiviert wird wie bei der Lektüre der Fragmente. In der Dichtung wird dieses Verfahren noch gesteigert: Indem die poetische Sprache und bildhafte Darstellung das Bekannte verrätselt, es manchmal gar mystifiziert, verknüpft sie es mit dem Unbekannten (vgl. II, 545) und erfüllt so das romantische Programm.

Diese Überlegungen haben konkrete Folgen für die ästhetische Produktion. Sie beeinflussen sowohl das literarische Sujet als auch die narrativen oder lyrischen Verfahrensweisen, was sich z.B. auf die Naturdarstellung auswirkt. Die Studien der Transzendentalphilosophie und Naturwissenschaften haben bei Novalis die Einsicht hervorgerufen, daß die Natur nicht unmittelbar erkannt, sondern nur indirekt durch Analogie der Strukturen und Erscheinungen erschlossen werden kann. Wechselseitige Betrachtungsweisen der Philosophie und Wissenschaften ergänzen einander: »Die Philosophie verstehe ich immer besser, je tiefer ich in die übrigen Wissenschaften eindringe. Ich lebe jezt wirklich recht schön – heiter – unaufhörlich beschäftigt, und ganz meiner Disposition unterworfen« (IV, 242), schreibt er zu Weihnachten 1797 voller Zuversicht an den Freund Friedrich Schlegel. Doch die Wechselseitigkeit soll überwunden werden zugunsten der großen Synthese, die weder Philosophie noch Wissenschaft zu leisten vermag. Einzig die Poesie kann das wahre Naturverständnis befördern. Diese romantisch-synthetische Naturauffassung kehrt in seiner ersten großen narrativen Dichtung, dem Fragment gebliebenen Roman *Die Lehrlinge zu Saïs*, wieder. Im Februar 1798 teilt Novalis Friedrichs Bruder August Wilhelm mit: »Ich habe noch [...] einen Anfang unter dem Titel ›Der Lehrling zu Saïs‹ – ebenfalls Fragmente nur alle in Beziehung auf Natur.« (IV, 251) Dies ist die erste Äußerung über das Werk, das 1802 posthum unter leicht verändertem Titel von Friedrich Schlegel und Ludwig Tieck herausgegeben wurde. Das Manuskript ist, wie schon das Original des *Blüthenstaubs*, verlorengegangen.

Novalis legt seine Reflexionen über die Natur in einem Roman dar, weil dem logisch-philosophischen Denken nicht gelingt, was die Poesie leisten soll: die Vermittlung eines wahren Naturverständnisses. Dahinter verbirgt sich die Vorstellung von der Natur als der großen Einheit, welche selbst durch die vielen Variationen ihrer Erscheinungen hindurchschimmert. Entsprechend verschieden kann der Mensch der Natur gegenübertreten: als Forscher, als Nutznießer, als Genießer. Der Mensch kann also theoretischen, praktischen und ästhetischen Gebrauch von der Natur machen, doch zu ihrem Inneren dringt er nur durch romantisches Sicheinfühlen vor. Auf diese Weise kann der Mensch außerdem zur Erkenntnis seiner selbst kommen. Schöpferische Teilhabe am unendlichen Produktionsprozeß der Natur hat nicht der Forscher, der an der Unfähigkeit des logischen Denkens leidet, das Wesen der Natur zu verstehen. Diese Form der Teilhabe, der produktive Nachvollzug der natürlichen Schöpfungskraft, gelingt nur dem Dichter. In der Schöpfung ist die Kunst der Philosophie und den Wissenschaften weit überlegen. Deshalb kann Novalis sagen: »Poësie ist die große Kunst der Construction der transscendentalen Gesundheit. Der Poët ist also der transscendentale Arzt.« (II, 535)

Der Poet als Arzt – welche Krankheit sollte er heilen? Es geht um das wahre Begreifen und Verstehen der Natur. Eine von vornherein gültige Übereinstimmung von Sprach- und Weltordnung, wie sie sich in der Logik ausdrückt, gibt es nach Novalis' Überzeugung nicht. Logik ist nur menschliche Setzung. Hingegen gibt es ein dynamisches Prinzip gegenseitiger Übereinstimmung von Natur und Geist, das vor aller logischen Erkenntnis liegt. Dieser innere Zusammenhang kann nicht von einem additiven oder nur diskursiven System der Erkenntnis erfaßt werden. Wer dieses glaubt, ist, bildlich gesprochen, krank und bedarf der Heilung durch die Poesie. Sie kündet von einer Sprache, die noch das unmittelbare Verständnis der Natur ausdrücken konnte. In den *Lehrlingen zu Saïs* wird von der verlorenen Ursprache erzählt; die Sehnsucht nach ihr ist wesentlicher Inhalt des Romans, welcher zugleich zu der ästhetischen Form wird, in der Novalis seine Weltsicht darstellt. Darin läßt sich unschwer das romantische Ideal der allumfassenden – d.h. der gewordenen wie der ursprünglichen – Einheit wiedererkennen. In neueren Interpretationen findet sich daher die These, die Form des Romans sei interessanter als sein Inhalt.[114]

Schon von der Gattung her ist der Roman ungewöhnlich. Normalerweise erwartet man von einem Roman pralle Handlung, aber *Die Lehrlinge zu Saïs* sind durch ein Nicht-Geschehen gekennzeichnet und wirken von daher eher wie ein abstrakter Prosatext. Tatsächlich handelt es sich um eine Dichtung, die voll ist von Gedanken über die Natur. *Die Lehrlinge zu Saïs* antworten auf die philosophischen Fragestellungen der Zeit, legen die Erörterung aber auf eine poetisch-symbolische Ebene. Es geht um das Problem, wie das anschauende Subjekt, indem es auf die Natur hört und ihre Sprache verstehen lernt, die sich in einer »Chiffernschrift« (I, 79) mitteilt, zur Erkenntnis seines eigenen Selbst gelangt.

Die fehlende Handlung wird durch die klingenden Stimmen kompensiert, die sich im Text kreuzen. Das erste, kürzere Kapitel ist mit *Der Lehrling* überschrieben und behandelt drei Themen. Es geht um die geheimnisvolle Schrift bzw. Sprache der Natur, die sich in allen ihren Erscheinungen offenbart. Dann wird von den Lehrlingen und ihrer Lebensweise erzählt. Zu ihrer Umgebung gehören der Lehrer, das Kind und ein ungeschickter Mitschüler. Erst im letzten Abschnitt sprechen die Lehrlinge über sich selbst.

Im zweiten Teil mit dem Titel *Die Natur* wird die Dialektik von Selbst- und Naturerkenntnis [115] ausgeführt, wie sie Novalis in seinen theoretischen Reflexionen zum Prinzip des Romantisierens vorgedacht hat. Die Gespräche der Lehrlinge, die weitgehend die äußere Handlung ersetzen, drehen sich um die Erkenntnis der Natur und um das Wesen der Liebe als derjenigen Kraft, die das wahre Welt- und Naturverständnis erst ermöglicht. In dieses Kapitel ist das Märchen von Hyacinth und Rosenblütchen eingebunden, das in wunderbarer Weise von der Überschreitung der Erfahrungsgrenzen erzählt, die Novalis seit den *Kant-Studien* überwinden wollte. Und dann gibt es da noch die Reisenden, die in der Hoffnung, Trümmer der verlorenen Ursprache zu finden, nach Saïs gereist waren. Sie treffen am Ende des Textes mit den Lehrlingen und ihrem Lehrer zusammen. Danach bricht der Roman ab.

Novalis nutzte für dieses Werk mehrere Quellen. Durch die Lektüre von Dietrich Tiedemanns *Geist der spekulativen Philosophie* angeregt, beschäftigte er sich mit Plotin, dessen Emanationslehre seine Naturauffassung maßgeblich beeinflußte. Besonders die imaginative Naturbetrachtung des spätantiken Philosophen, die im Intelligiblen gegründet ist, fesselte den Romantiker: »Aus Tiedemann lernt ich diesen für mich gebornen Philosophen kennen – und erschrack beynah über seine Aehnlichkeit mit Fichte und Kant – und seine *idealische* Aehnlichkeit mit ihnen. Er ist mehr nach meinem Herzen als beyde.« (IV, 269)

Die Urfrage des neuplatonischen Denkens, warum das Eine nicht bei sich selbst geblieben, sondern in Vielheit übergegangen ist, bewegte Novalis seit langem. Diese Einheit in der Vielheit zu entdecken, hatte er in verschiedenen Fragmenten bereits zur Aufgabe des Künstlers bestimmt.[116] In bezug auf die Naturerkenntnis gilt diese Forderung erst recht: »Der ächte Beobachter ist Künstler – er *ahndet* das *Bedeutende* und weiß aus dem seltsamen, vorüberreichenden Gemisch von Erscheinungen die Wichtigen herauszuführen.« (III, 179) Wie dieses gelingen kann, führt Novalis in den *Lehrlingen zu Saïs* vor.

Als formales Vorbild, von dem er das Konstruktionsprinzip übernahm, diente ihm Johann Valentin Andreaes *Chymische Hochzeit Christiani Rosencreutz, anno 1459.*[117] Die Prosadichtung, 1616 erschienen, handelt von den Prüfungen und Abenteuern des Ritters Christianus Rosencreutz und ist von Mystik und Alchimie, Neuplatonismus und Paracelsismus beeinflußt – alles Tendenzen, zu denen die Frühromantik in Wesensverwandtschaft steht. Von dieser Schrift sagt Ernst Bloch, daß sie »als Symbolik im umfassend-letzten Sinn intendiert war, das ist: als Bildbezug auf letzthinnige Unitas, auf das gärende goldene Pan.«[118] Novalis lieh sich das Buch im Juni 1798 aus, zu der Zeit also, da er sich in einer »geistigen Umbruchsphase«[119] befand, in der er sich von seinen Vorbildern Kant, Fichte, Hemsterhuis und Schiller allmählich löste. *Die Lehrlinge zu Saïs* sind der dichterische Ausdruck dieses Umbruchs.

Den Titel entwarf Novalis in Anlehnung an Schillers 1795 erschienene Ballade *Das verschleierte Bildnis zu Saïs.* Ein Jüngling auf der Suche nach der Wahrheit mißachtet das Verbot, das Geheimnis der Isis zu lüften, indem er den Schleier hebt und so der Wahrheit angesichtig wird, doch er überlebt den Anblick letztlich nicht: »Was er allda gesehen und erfahren, hat seine Zunge nie bekannt. Auf ewig war seines Lebens Heiterkeit dahin, ihn riß ein tiefer Gram zum frühen Grabe.«[120] Schon durch die historische Schrift *Die Sendung Moses*, die Schiller 1790 veröffentlichte, hatte Novalis den Isiskult und den Tempel zu Saïs kennengelernt, der in seinem Roman eine zentrale Funktion innehat. Er spielt als Ort der Mysterien und der Weisheit in dem Märchen eine wichtige Rolle, das von Hyacinths Weg zur Natur- und Selbsterkenntnis erzählt, ähnlich wie Schillers Ballade, nur mit einem ganz anderen Schluß: Hyacinth überlebt die Entschleierung und erkennt, was er lange gesucht hatte: sich selbst. (Vgl. I, 110) Die zentrale Differenz liegt also in der begrifflichen Polarität dieser divergierenden Schlußszenen. Besonders das optimistische Ende bei Novalis steht dabei im Einklang mit den Gattungsmerkmalen des Märchens, dem ein glücklicher Ausgang eigen ist.

Wie wir bereits festgestellt haben, fehlt dem Roman weitgehend ein für alle narrativen Gattungen eigentlich konstitutives Element: die Handlung. Nur wenige Hinweise skizzieren den äußeren Rahmen. Deshalb kann man den Text nicht mit Hilfe der imaginativen Phantasie rezipieren, weil er dem »inneren Auge«[121] nichts bietet, sondern man muß ihn philosophisch verstehen. Er ist als »Gegenmodell zur statischen und erstarrten Vorstellung von Wissenschaftspraxis zu lesen.«[122] Da erhebt sich erneut die Frage, weshalb Novalis diese poetische Textform überhaupt gewählt hat. Oben hatten wir sie aus der Sicht der romantischen Poetik beantwortet: Weil das diskursive Denken an dem wahren Naturverständnis vorbeigeht. Interpretiert man den Roman ebenso als Wissenschaftskritik, so ergeben sich zwei weitere Aspekte, die auf eine Doppelfunktion der *Lehrlinge zu Saïs* hinweisen. Die spärliche Handlung verhindert eine allzu bildhafte Vorstellung des Textes, und das Verfahren, abstrakte Philosopheme mit Leben zu füllen und bloße Begriffe und nackte Systeme durch Greifbares zu ersetzen, erlaubt es, wissenschaftliche Theorien als Geschehen darzustellen: »Als Roman soll der Text nicht in Bildern verfügbar gemacht werden, als wissenschaftliches Werk soll er die Sterilität der unpersönlichen Perspektive verlieren. Die Abstraktion des wissenschaftlichen Diskurses durchsetzt so das Romangeschehen bis zur Unkenntlichkeit, gerade wie eine Belebung des philosophischen Textes stattfindet.«[123] Das Prinzip des Romantisierens, das alle Unterschiede zwischen wissenschaftlicher Betrachtung und künstlerischer Schöpfung aufheben will, nimmt hier ästhetische Gestalt an.

Eine grobe Strukturübersicht macht deutlich, daß Novalis die beiden Varianten, in denen das Verhältnis von Ich und Welt gedacht werden kann, genau abbildet. Die Grundfragen lauten, wie aus der bewußtlosen Natur ein bewußtes Ich entstehen kann bzw. wie aus dem reinen Ich, wenn man es als Anfang setzt, die Natur entstammen kann. Beide Wege werden gezeigt. Im ersten Kapitel beginnt der Weg im Chaos, aus dem sich langsam eine Ordnung herausbildet, die zunächst Raum und Zeit umfaßt und dann in das logische Schema von Subjekt und Objekt übergeht. Dargestellt wird auf diese Weise die Ich-Werdung der Natur. Das zweite Kapitel zeigt reziprok dazu die Natur-Werdung des Ich, indem verschiedene naturphilosophische Modelle von den Vorsokratikern bis ins 18. Jahrhundert hinein diskutiert werden.[124] Novalis legt Wert auf einen streng symmetrischen Aufbau, um die beiden Grundprobleme der idealistischen Philosophie ästhetisch aufzulösen. Diese hat durch ihre doppelte Sichtweise das Individuum aus seinem universalen Zusammenhang mit der Natur herausgelöst. Die daraus resultierende Spaltung wollte Novalis schon durch sein Konzept eines magischen Idealismus überwinden, wie wir gesehen haben. Mit den *Lehrlingen zu Saïs* wird diese Idee jetzt realisiert. Gedanke und Darstellung werden dabei in wechselseitiger Abhängigkeit verknüpft.

Um zu veranschaulichen, wie genau Kompositionsprinzipien

und Inhalt des Romans korrespondieren, wollen wir die jeweils ersten Sätze der beiden Kapitel zueinander in Beziehung setzen:

»Mannichfache Wege gehen die Menschen. Wer sie verfolgt und vergleicht, wird wunderliche Figuren entstehen sehn; Figuren, die zu jener großen Chiffernschrift zu gehören scheinen, die man überall, auf Flügeln, Eierschalen, in Wolken, im Schnee, in Krystallen und in Steinbildungen, auf gefrierenden Wassern, im Innern und Äußern der Gebirge, der Pflanzen, der Thiere, der Menschen, in den Lichtern des Himmels, auf berührten und gestrichenen Scheiben von Pech und Glas, in den Feilspänen um den Magnet her, und sonderbaren Conjuncturen des Zufalls, erblickt. In ihnen ahndet man den Schlüssel dieser Wunderschrift, die Sprachlehre derselben; allein die Ahndung will sich selbst in keine feste Formen fügen, und scheint kein höherer Schlüssel werden zu wollen.« (I, 79)

Aus einem völlig unbestimmten Erzählraum heraus entwickeln sich Wege, die Ordnung in das Chaos bringen, indem sie zunächst den Raum strukturieren. Aus einem Gewirr von Menschen, Pflanzen, Tieren und allerlei unbelebten Gegenständen bildet sich allmählich ein Zusammenhang heraus, den man verfolgen kann, so daß die Zeit als weiterer Orientierungsfaktor hinzutritt. Schließlich wird die höhere Ordnung, die hinter allem steht, durch die »Wunderschrift« symbolisiert, die gleichsam Garant der vollendeten Harmonie in der Ordnung der Dinge ist, auch wenn sie das Subjekt nicht unmittelbar verstehen kann.

Alles in der Natur hat eine Bedeutung. »So ist die Welt in der That eine Mitteilung – Offenbarung des Geistes« (II, 594), notiert sich Novalis 1798. Seine Überzeugung, daß Naturgegenstände Zeichen für verborgene Zusammenhänge sind und daß diese sichtbaren Zeichen auf Unsichtbares verweisen, wird im Roman in objekthaften Allegorien ausgedrückt, die sowohl auf die philosophische Tradition des Natursprachegedankens als auch auf aktuelle naturwissenschaftliche Entdeckungen Bezug nehmen. Aber das mythische Verständnis dieser höheren Ordnung ist kein Allgemeingut mehr, sondern kann nur durch Analogiebildung erreicht werden. Diese ist »Rest einer Entsprechung zwischen Dingformen, wobei jedoch der methodische Hintergrund dieses Konkordanz-Gedankens zusammengebrochen ist«[125], interpretiert Ernst Bloch. Novalis setzt in diesem Kontext ebenso einen geschichtsphilosophischen Akzent: »Die Zeit ist nicht mehr, wo der Geist Gottes verständlich war. Der Sinn der Welt ist verlohren gegangen.« (II, 594) *Die Lehrlinge zu Saïs* sind ein Beitrag zur Wiederherstellung des Sinns. Novalis will eine umfassende Remythisierung des Seins erreichen.

Während das erste Kapitel des Romans die Entwicklung aus dem naturhaften Chaos zur subjektbestimmten Ordnung zeigt, spricht im zweiten Kapitel die Natur und beklagt sich über die Fremdheit der Menschen ihr gegenüber. Das analytische Moment im Naturverhältnis wird betont: »Es mag lange gedauert haben, ehe die Menschen darauf dachten, die mannichfachen Gegenstände ihrer Sinne mit einem gemeinschaftlichen Namen zu bezeichnen und sich entgegen zu setzen. Durch Uebung werden Entwickelungen befördert, und in allen Entwickelungen gehen Theilungen, Zergliederungen vor, die man bequem mit den Brechungen des Lichtstrahls vergleichen kann. So hat sich auch nur allmählich unser Innres in so mannichfaltige Kräfte zerspaltet, und mit fortdauernder Uebung wird auch diese Zerspaltung zunehmen.« (I, 82) Auffällig ist die genaue inhaltliche und strukturelle Entsprechung dieser Passage im Vergleich zum Anfang des ersten Kapitels. Hier wie dort stechen die Begriffe »mannichfach« und »Menschen« hervor, doch die Perspektive hat gewechselt. Sie ist jetzt auf das vormalige Erkenntnisobjekt, die Natur, gerichtet, das durch den Perspektivenwechsel als Subjekt dargestellt wird. Auch hier dienen wiederum physikalische Beispiele der Illustration der Gedanken, und der geschichtsphilosophische

Aspekt wiederholt sich mit der pessimistischen Prognose, daß die Trennung zwischen Mensch und Natur anhalten wird. Eine Ahnung von der möglichen Überwindung dieses Zustands der Zerspaltung vermittelt ein Blick auf die »Gedanken unsrer Altväter«, die noch ein Verständnis des Naturganzen hatten, indem sie »den Schlüssel dieses wundervollen Gebäudes bald in einer Hauptmasse der wirklichen Dinge, bald in dem erdichteten Gegenstande eines unbekannten Sinns aufsuchten.« (I, 83) Im Zeitalter der Trennung kann allein die Dichtung diesen unbekannten Sinn wiederfinden, indem sie alle Erscheinungen in der Welt, die Wissenschaft und die Philosophie romantisiert. (Vgl. II, 545)

Wahrheit und Sinn der Natur lassen sich ohne Romantisierung nicht erschließen, es sei denn, man ist von der analytischen Denkweise verschont geblieben und verweilt im Zustand naiver Ursprünglichkeit. Symbol dieser Einheit von goldener Urzeit und goldener Zukunft ist das Kind, das »die Einheit der Gegensätze, den Zusammenhang der getrennten Welten«[126] verkörpert. Es tritt im ersten Teil des Romans auf, wird nur durch äußerliche Attribute voller Lichtmetaphorik beschrieben und spricht kein Wort. Seine Stimme jedoch, offenbar voller Liebreiz, hat großen Einfluß auf alle Figuren: Die Lehrlinge möchten ihm sofort alle ihre gesammelten Naturschätze schenken, und der Lehrer möchte ihm sogleich den Unterricht übergeben, weil er spürt, daß das Naturverständnis des Kindes von einer Unmittelbarkeit geprägt ist, die es tiefer sehen läßt als jeden Forscher. Das Kind repräsentiert den Idealtypus des unreflektierten Naturverstehens, weil ihm alle Fremdheit gegenüber der Natur wiederum fremd ist. Ein solches »idealisches Kind« ist »weit klüger und weiser, als ein Erwachsener.« (III, 281) Doch das Zeitalter, in dem es keine Lehrstunden mehr geben wird, weil alle Menschen die ursprüngliche Verständigkeit des Kindes bewahren werden, ist noch nicht gekommen. Der Lehrer schickt das Kind in Begleitung eines Lehrlings fort. Für einen kurzen Moment war das Goldene Zeitalter in Gestalt des Kindes im Roman gegenwärtig. Aber es war nur ein flüchtiger Gast, der eine Ahnung vom Kommenden vermittelt hat. Näher konnte das Kind nicht charakterisiert werden. Erst in den Notizen zur geplanten Fortsetzung der *Lehrlinge zu Saïs* wird Novalis konkreter. Dort setzt er das Kind mit dem Menschen als »Messias der Natur« (I, 110) in Beziehung und transzendiert seine Bedeutung damit in die höhere Sphäre des Heiligen.[127]

In einem gewissen Gegensatz zum Kind steht der Lehrer. Auch bei ihm wird die äußere Erscheinung mit keinem Wort erwähnt, weil sie nicht interessiert. Novalis hebt hingegen eine besondere Eigenschaft des Lehrers hervor: »Von unserm Lehrer sprach gewiß die Stimme, denn er versteht die Züge zu versammeln, die überall zerstreut sind.« (I, 79) Die Fähigkeit des Lehrers, Einheit in die Vielheit zu bringen und das Verstreute in einen lesbaren Zusammenhang zu stellen, entspricht der Funktion des analysierenden Denkens, das begriffliche Ordnung im Chaos der Erscheinungen schafft. Doch entgeht ihm auf diese Weise der tiefere Sinn, der das Chaos zusammenhält. Der Lehrer ist deshalb eine ausgezeichnete Figur, weil er von diesem Defizit weiß, weswegen er am liebsten zugunsten des Kindes vom Unterricht zurücktreten möchte, aber er erkennt ebenso scharfsichtig, daß der Zeitpunkt hierfür noch nicht gekommen ist.

Eine weitere auffällige Gestalt ist der ungeschickte Mitschüler, der das Kind bei dessen Weggang begleitet. Obwohl er nicht so verständig wie die übrigen naturforschenden Lehrlinge ist, kann er erstaunliche Erfolge vorweisen. Beispielsweise findet er den Stein, der in der Sammlung des Lehrers noch fehlt. Der Ungeschickteste ist also in mancher Hinsicht begnadet und bevorzugt. So symbolisiert er den Menschen, dem auf dem Weg zur wahren Erkenntnis Einsichten in Einzelheiten gelingen mögen, dem aber das tiefe Verständnis des Ganzen fehlt, weil er es nicht zu fassen und zu halten vermag. Eine gewisse Sympathie für diesen Menschentyp schwingt in der Darstellung mit. Das mag daran liegen, daß Novalis sich aus eigener Erfahrung in seine Figur einfühlen kann, denn diese Form von Selbstzweifel kennt auch er, wie eine Tagebuchnotiz vom Sommer 1796 belegt: »Sollte der Fehler, warum ich nicht weiter komme, etwa darinn liegen – daß ich nicht ein Gantzes fassen und festhalten kann?« (III, 282)

Der Dichter Novalis will jedoch in seinem Naturroman das Ganze darstellen. Um es auch der Form nach gestalten zu können, verzichtet er weitgehend auf eine Linearität des Aufbaus und läßt statt dessen ein kompliziertes Muster aus variierten Figuren entstehen, das auf den ersten Blick kaum erkennbar ist. Das entspricht dem Chaos in der Natur, dessen höhere Ordnung sich nur dem Verständigen offenbart. Im Roman wird diese Entwicklung durch die sich kreuzenden Stimmen veranschaulicht. Die Lehrlinge, die Naturgegenstände sammeln und darüber Gespräche führen, hören die Stimme der Natur, die ihnen mehr sagt, als sich dem Augensinn erschließt. Als künstlerisches Prinzip sind *Die Lehrlinge zu Saïs* mit einer »auditiven Ästhetik« [128] erfüllt, in der das Hören dem Sehen, das Ohr dem Auge und die Sprache der Schrift überlegen ist. Die berühmte Chiffernschrift wird durch die Stimmen als Ton rezipierbar. Zwar werden die Lehrlinge durch die verschiedenen Stimmen zunächst verwirrt, aber ihnen, den Hörenden, geht schließlich auf, daß in allem etwas Wahres enthalten ist und daß keine Stimme die Wahrheit allein beanspruchen kann. Erst das Zusammenstimmen des Ganzen, die klingende Harmonie, ist Wahrheit.

Das in den Roman eingelegte Märchen von Hyazinth und Rosenblütchen ist in diesem Sinne das Kernstück. Es entspricht in verdichteter Form der Zielrichtung des Textes und behandelt die zentrale Frage, wie ein anschauendes Subjekt mittels der durch »Chiffernschrift« geleiteten Naturerkenntnis zur Selbsterkenntnis gelangen kann.[129] Dabei steht die eingängige bildhafte Inhaltsebene des Märchens einer philosophischen Interpretation scheinbar entgegen. Es erzählt ganz unprätentiös die Geschichte von Hyazinth, der Rosenblütchen liebt und der, von ruheloser Sehnsucht nach Erkenntnis getrieben, eine Reise in ferne Länder antritt mit dem unbestimmten Ziel: »dahin wo die Mutter der Dinge wohnt, die verschleierte Jungfrau.« (I, 93) Dort angekommen, hebt er den Schleier und erkennt darunter sein geliebtes Rosenblütchen. Nach der Rückkehr leben die beiden noch viele Jahre glücklich vereint im Kreise ihrer Kinder und Enkel.

Hinter dieser eher schlichten Fabel verbirgt sich ein philosophischer Gehalt, der deutlich wird, wenn man die zentrale Entschleierungsszene in Beziehung zu dem nachgelassenen Paralipomenon setzt: »Einem gelang es – er hob den Schleier der Göttin zu Sais – Aber was sah er? Er sah – Wunder des Wunders – Sich Selbst.« (I, 110)

Nicht allein die Liebe als die alle Gegensätze auflösende Macht, als »Unum des Universums« (III, 248), sondern ebenso die Selbsterkenntnis als Bewußtsein des höheren Ichs ist notwendig, um ein wahres Verständnis des Kosmos zu erlangen. Im Märchen bemächtigt sich Hyazinth seines eigenen transzendentalen Selbst. Das höhere Ich erfährt sich selbst anders als das gewöhnliche, denn es lebt in allen Welterscheinungen als die Wahrheit der Natur. Hinter dem Schleier konvergieren die getrennten Welten wie Parallelen im Unendlichen. Das Ich verbindet sich mit dem Du, sobald der Schleier fällt, und weiß zugleich, daß es zum Innersten der Natur vorgedrungen ist. Die Entgegensetzung von Ich und Nicht-Ich (Natur), wie sie Novalis am Fichteschen Idealismus studiert hat, ist aufgehoben: »Ich = N[icht-Ich] – höchster Satz aller *Wissenschaft* und *Kunst*.« (II, 542) Diese Lösung, philosophisch allein vom magischen Idealismus garantiert, gelingt ästhetisch im »Canon der Poësie« (III, 449) – im Märchen und nur dort.

Dieses Ergebnis ist deshalb so wichtig, weil bei Novalis das eigentlich Gemeinte stets und unlösbar mit der Form seiner Darstellung verknüpft ist, so daß es sich nur aus der Form erschließen läßt.[130] Der Form nach wird die Lösung nur im Märchen erreicht, aber der Roman geht noch weiter und bricht dann ab. Wenden wir uns also abschließend der Frage zu, warum Novalis *Die Lehrlinge zu Saïs* nicht fertigstellte, obwohl er die Möglichkeit dazu hatte.

Über diese Frage ist viel spekuliert worden, ohne daß sie mit Sicherheit zu beantworten wäre. So wollen wir hier auch nur den Versuch einer Deutung unternehmen. Eine briefliche Mitteilung an Ludwig Tieck liegt uns vor: »Um so besser ist es, daß die Lehrlinge ruhn – die jetzt auf eine ganz andre Art erscheinen sollen – Es soll ein ächtsinnbildlicher, Naturroman werden.« (IV, 323) Offenbar wollte Novalis das Konzept umarbeiten, vielleicht unter dem Einfluß seiner gerade begonnenen Böhme-Lektüre, wovon er im Brief ebenfalls spricht. Inhaltlich handelt der Roman vom Wesen der Natur, aber der Form nach findet dieser Inhalt keine vollkommene Entsprechung, weil es dem Dichter nicht gelungen ist, die Natur zur Handlungsträgerin zu machen.[131] Immer sprechen die Menschen über die Natur. Auch der Perspektivenwechsel zu Beginn des zweiten Teils, den wir oben dargestellt haben, geht von den Menschen als den eigentlichen Subjekten aus, nicht von der Natur selbst. Zwar ist es im magischen Idealismus gleichgültig, ob der Geist bzw. die Seele oder die Natur als tätiges Prinzip gesetzt sind, aber um die geglückte Selbstheterogenisierung des Geistes zur Natur ästhetisch zu gestalten, müssen geistige bzw. seelische Eigenschaften auf die Natur übertragen werden. Dann aber verliert sich die Seele, wenn die Grenze zwischen Ich und Nicht-Ich aufgehoben ist, und wird identisch mit dem Objekt. Zurück auf die Form gewendet, ergibt sich daraus, daß Novalis in letzter Konsequenz sein eigenes System auflöste und sich im dichterischen Kosmos zu verlieren drohte. Er war sich dieser Gefahr offensichtlich bewußt, fand aber keinen Ausweg. Möglicherweise setzte er die Arbeit deshalb nicht fort, weil es ihm nicht glückte, dem eigenen Anspruch zu genügen: Der Naturroman war kein »ächtsinnbildlicher« geworden, sondern die Differenz zum wahren Wesen der Natur, das er symbolisieren wollte, war geblieben.

Philosophische Themen in einer poetischen Weise zu behandeln – diese Intention bestimmt auch Novalis' zweiten Roman, der »ganz wesentlich ein Roman über die Subjekt-Objekt-Problematik« [132] ist. Daraus ergeben sich Auswirkungen auf den Inhalt und auf die Form. Im Mittelpunkt des Romans *Heinrich von Ofterdingen* steht das Verhältnis der unsichtbaren zur sichtbaren Welt. Novalis will, gemäß der romantischen Grundüberzeugung, daß Natur und Geist synthetisiert werden müssen, das Endliche transzendieren, d.h., er will es in Unendliches überführen und mit diesem identifizieren. Unter dem Begriff des Synthetisierens versteht Novalis die Einordnung der sinnlichen Objekte in Kategorien des Geistes. Um die Synthesis zwischen der Sinnen- und der Geisteswelt herzustellen, muß die Welt magisch verwandelt werden. Dies geschieht im ästhetischen Symbol, das die Vielheit der Erscheinungen zur Einheit sammelt. Folgerichtig löst sich der Dualismus von Geist und Natur, von Gemüt und Welt, von Ich und Nicht-Ich am Ende des ersten Romanteils in einem Märchen auf: Die erstarrte Sinnenwelt (Arkturs Reich) wird von der Liebe und dem Geist (Reich des Eros und der heiligen Sophie) aus den Fängen der Naturnotwendigkeit befreit. Die vollständige Vereinigung beider Welten sollte sich im zweiten Teil vollziehen, von dem Novalis versprach, daß er weit poetischer werden sollte als der erste. Sein früher Tod verhinderte die Ausführung dieses Plans, der Roman blieb unvollendet.

Die Erziehung zum Dichter verdankt Novalis seiner intensiven Auseinandersetzung mit Goethes *Wilhelm Meister*, der ihn zeit seines Lebens tief beeindruckt hat. In jüngeren Jahren ist dieser Roman sein liebstes Buch aus dem Gebiet des Schönen, das er fast auswendig kennt. Die wesentlichen Gedanken der im Original verlorenen Aufzeichnungen und Exzerpte zu *Wilhelm Meister* lassen sich anhand einiger verstreuter Fragmente aus der Zeit um den Jahreswechsel 1797/98 rekonstruieren. Demnach konzentriert sich Novalis' Aufmerksamkeit zunächst auf Stil, Form und Gehalt, später auf die Darstellungskunst. Auch biographisch bedeutsame Einflüsse auf die Lektüre sind spürbar. So liest Novalis Goethes Roman in den Wochen nach Sophies Tod, um sich langsam mit ihrem Verlust abzufinden.[133] Erst im Laufe des Jahres 1798 und danach kritisiert er zunehmend schärfer die Begrifflichkeit Goethes, wirft ihm Dissonanz vor (vgl. II, 581) und protestiert gegen den Triumph der kalten Ökonomie über die Poesie, den er bei Goethe verwirklicht sieht. Auf diese Weise distanziert er sich von der Kunstauffassung und dem Naturverständnis des *Wilhelm Meister*, sein Urteil wandelt sich vollständig, und er beginnt, polemisch zu reagieren, wobei er Goethe in erster Linie vorhält, daß dieser die Welt nicht romantisch poetisiere, sondern im Gegenteil die Poesie säkularisiere. »*Gegen* Wilhelm Meisters Lehrjahre. Es ist im Grunde ein fatales und albernes Buch – so pretentiös und pretiös – undichterisch im höchsten Grade, was den Geist betrifft – so poëtisch auch die Darstellung ist. Es ist eine Satyre auf die Poësie, Religion etc. Aus Stroh und Hobelspänen ein wolschmeckendes Gericht, ein Götterbild zusammengesezt. Hinten wird alles Farçe. Die Oeconomische Natur ist die Wahre – *übrig bleibende.*« (III, 646) Anstelle einer geplanten Rezension hat Novalis seine positiven und negativen Ansichten über den *Wilhelm Meister* in seinem Romanfragment *Heinrich von Ofterdingen* angemessen verarbeitet. Als Gegenstück zum *Wilhelm Meister* sollte Novalis' Roman denn auch ganz in der Gestalt des Goetheschen Buches erscheinen – mit gleichen Buchstaben, gleichem Format, beim gleichen Verleger (vgl. I, 186). Doch dazu kam es bekanntlich nicht mehr. Heute ist sich die Literaturwissenschaft weitgehend darüber einig, daß der Gegensatz beider Romane vor allem im Gehalt und auch in der Art ihres Naturverständnisses liegt, wohingegen das Gemeinsame auf dem Formprinzip und der klaren Gliederung in mehr oder weniger selbständige Teile beruht, die Novalis an Goethes Dichtung bewundert und in sein Werk übernimmt.

Das epische Hauptwerk *Heinrich von Ofterdingen* ist als Prinzip seiner Darstellung dem Projekt der totalen Romantisierung verpflichtet und schon von daher den Goetheschen Stilprinzipien entgegengesetzt. Der Roman ist bereits von der Form her darauf angelegt, ein Musterbeispiel der romantischen Universalpoesie zu werden, wie sie Friedrich Schlegel im berühmten 116. Fragment des *Athenäums* fordert: »Die romantische Poesie ist eine progressive Universalpoesie. Ihre Bestimmung ist nicht bloß, alle getrennte Gattungen der Poesie wieder zu vereinigen, und die Poesie mit der Philosophie und Rhetorik in Berührung zu setzen. Sie will, und soll auch Poesie und Prosa, Genialität und Kritik, Kunstpoesie und Naturpoesie bald mischen, bald verschmelzen, die Poesie lebendig und gesellig, und das Leben und die Gesellschaft poetisch machen.«[134] Das vermeintlich intuitiv geschriebene Buch, das von wunderbaren Ereignissen, geheimnisvollen Zufällen und überraschenden Fügungen beinahe überquillt, ist tatsächlich höchst rational kalkuliert und entsprechend durchkomponiert.

Sowohl Anlage als auch Intention des *Heinrich von Ofterdingen* lassen eindeutig darauf schließen, daß hier der präzise denkende Autor Novalis ein Buch verwirklichte, das gleich einem Experiment in den Naturwissenschaften die Gültigkeit der romantischen Universalpoesie beweisen sollte. Die dichterische Praxis lehnt sich daher eng an die methodischen Vorgaben der Naturwissenschaften an: »Experimentiren mit Bildern und Begriffen im Vorstell[ungs]V[ermögen] ganz auf eine dem phys[ikalischen] Experim[entiren] analoge Weise. Zus[ammen]Setzen. Entstehn lassen – etc.« (III, 443) In einem Brief an den Freund Ludwig Tieck finden wir den vielzitierten Hinweis, der Roman solle eine »Apotheose der Poësie« (IV, 322) sein. So erhebt denn sein Schöpfer keinen geringeren Anspruch als den, mit *Heinrich von Ofterdingen* einen vollkommenen romantischen Roman vorgelegt zu haben, der die Grenzen aller literarischen Gattungen verwischt und schließlich in ein Märchen übergeht.

An dem Buch arbeitete Novalis in den letzten Wochen des Jahres 1799 bis zum April des folgenden Jahres, doch konnte er, wie gesagt, sein Werk nicht fertigstellen, so daß es erst 1802 posthum als Fragment erschien. In dem Roman verwirklicht Novalis eine Idee, die er während eines Aufenthaltes in Artern entwickelte, wo er Frühjahr und Sommer 1799 verbracht hatte. Beeindruckt von der Landschaft rund um den sagenumwobenen Kyffhäuserberg und beeinflußt von seinem Studium mittelalterlicher Chroniken aus dem Thüringischen, wollte er die Geschichte des (historisch nicht belegten) Minnesängers Heinrich von Afterdingen niederschreiben, die zugleich die poetische Realisation seiner romantischen Erzähltheorie sein sollte. Wieder ist es eine Briefstelle, die uns Auskunft über Novalis' Arbeitsweise gibt, gesandt an den besten Freund Friedrich Schlegel in Jena: »Ich habe mit Fleis lange geschwiegen. Die ganze Zeit bin ich viel beschäftigt gewesen, und erst seit einigen Tagen hab ich den ersten Teil meines Romans zu Ende bringen können [...]. Der Plan ist deutlich genug hingelegt, und der Stoff ein sehr günstiger Stoff. Die Wahl ist geglückt – über die Ausführung mag ich nichts sagen, weil man sich leicht in eine fehlerhafte Ansicht verlieren kann.« (IV, 329f.)

In dem Roman sollten die verschiedensten Mythen und religiösen Vorstellungen vereinigt, alle Gegensätze aufgehoben und ein ewiges Reich der Harmonie verkündet werden. Deshalb überbrückt er Räume und Zeiten, faßt die Geschichte aller Völker zusammen, vereint Orient und Okzident und stellt uns das ganze Spektrum des Weltgeschehens in leicht faßlichen Symbolen vor Augen. Das ist zumindest Novalis' Absicht: »Aeußerst simpler Styl, aber höchst kühne, Romanzenähnliche, Dramatische Anfänge, Übergänge, Folgen – bald Gespräch – dann Rede – dann Erzählung, dann Reflexion, dann Bild und so fort. Ganz Abdruck des Gemüths, wo Empfindung, Gedanke, Anschauung, Bild, Gespräch, Musik etc. unaufhörlich schnell wechselt und sich in hellen, klaren Massen neben einander stellt.« (III, 654f.) Der Roman sollte auf diese Weise eine Vorwegnahme des Goldenen Zeitalters sein und zugleich die ästhetische Verwirklichung einer geschichtsphilosophischen Konzeption.

Diese Absicht bestimmt auch die Erzähltechnik des *Heinrich von Ofterdingen*: Der Erzähler synthetisiert Vergangenheit, Gegenwart und Zukunft zu einer höheren Einheit, indem er von der Vergangenheit erzählt, die zugleich Utopie einer besseren Zukunft sein soll.[135] Erst dann wird der Roman zum Kunstwerk: »Einheit muß jede Darstellung haben – wenn Sie Eine Darstellung – Ein Ganzes seyn will – und nicht etwa aus Princip im Großen gestaltlos und nur im Einzelnen poëtisch gestaltet seyn will. Dann aber ist es auch insofern kein Kunstwerck – sondern nur ein Sack voll Kunstfragmente.« (II, 581) Das Ganze der Form wird durch die in den Roman eingefügten Träume und Märchen aufgelockert, um eine immanente Dynamik zu erzeugen, die den Helden in Bewegung versetzt – Bewegung, die als eine innere gedacht werden muß und deshalb als Entwicklung bezeichnet werden kann. Die Welt wird zum bloßen Anlaß der seelischen Bewegung, die Realität löst sich in eine Reihe von Begebenheiten auf, die erst durch das Individuum Gestalt gewinnen. So geht die Form in den Inhalt über.

Dem Dichter kommt in diesem Zusammenhang eine entscheidende Vermittlerrolle zu, die er zielgenau und systematisch erfüllen muß. In Anlehnung an die ihm beruflich und ästhetisch vertraute Bergwerksmetaphorik sagt Novalis, der Dichter sei »der Oryktognostische Analyst im mathem[athischen] Sinn – der das Unbekannte aus dem Bekannten findet.« (III, 351) Diese Kunst, aus Bekanntem das Unbekannte zu destillieren, nennt er an anderer Stelle mit wiederkehrendem Bezug auf mathematische Begrifflichkeit »Analysis«. (III, 259) Übertragen auf die ästhetische Theorie, verlangt die Mathematisierung der Poesie vom Dichter, aus dem fragmentarisch Sichtbaren auf das Unsichtbare zu schließen, also mit den Mitteln des Endlichen das Unendliche zu gestalten. Diese Vorgabe durchzieht, einer Leitlinie gleich, die inhaltliche Gestaltung des Romans *Heinrich von Ofterdingen*.

Ganz im Unterschied zu dem handlungsarmen Romanfragment *Die Lehrlinge zu Saïs* erzählt Novalis in diesem Buch die Geschichte einer Reise, in die allerlei Lieder und Märchen eingeflochten sind, was zu einer bunten und lebendigen Abfolge von Ereignissen führt, die sich alle um den Titelhelden Heinrich herum anordnen lassen. Dieser wird zu Beginn des Romans von einem Fremden besucht, der in ihm das Verlangen nach der blauen Blume weckt, dem Symbol der Sehnsucht und Poesie, Symbol für die Romantik schlechthin. In einem Traum führt ihn eine wunderbare Reise zu dieser blauen Blume, die sich zu verändern beginnt, als er sich ihr nähert: Die Blume neigt sich ihm zu, und über ihren Blütenblättern scheint ein zartes Gesicht zu schweben. In diesem Traum wird Heinrich zum Dichter erweckt, doch bleibt ihm selbst dieser Zusammenhang noch verborgen, so daß die Handlung zunächst außerhalb des Traums weitergeführt wird. Gemeinsam mit der Mutter und einigen befreundeten Kaufleuten unternimmt Heinrich eine Reise zum Großvater Schwaning nach Augsburg, und auf der Fahrt dorthin begegnen ihm eine schöne Sklavin aus dem Morgenland, ein Bergmann und ein Einsiedler. Jede dieser Begegnungen eröffnet ihm ein Stück mehr von seinem Wesen und macht ihm die Tatsache bewußt, daß er ein poetischer Mensch ist, zum Dichter geboren. Schließlich lernt er Mathilde kennen, die Tochter des Dichters Klingsohr, in die er sich verliebt, weil es ihr Gesicht war, das ihm im Traum in der blauen Blume erschienen ist. Ein Märchen, das Klingsohr ihm erzählt, weiht ihn endlich in die Geheimnisse der Poesie ein. Hier endet der erste Teil, den Novalis mit dem Titel *Die Erwartung* überschrieben hat.

Im zweiten Teil, als *Die Erfüllung* bezeichnet, verläßt ein verzweifelter Heinrich Augsburg als Pilger, nachdem seine geliebte Mathilde gestorben ist. Das Mädchen Zyane, dessen Name an das griechische Wort für blaue (Korn-)Blume erinnert, folgt ihm und bringt ihn zu dem alten weisen Arzt Sylvester, der ihn in seinem Garten mit den Geheimnissen der Natur und ihrer wundervollen Sprache vertraut macht. Hier bricht der Roman ab.

Von der beabsichtigten Fortsetzung existieren nur Notizen. Im Sommer 1800 beschäftigte sich Novalis intensiv mit dem zweiten Teil und den Aspekten, die noch ergänzt werden sollten: »Über den Streit auf der Wartburg und die (lezte) Verklärung nachgedacht.« (III, 677) Den nachgelassenen Aufzeichnungen zufolge plante Novalis, Heinrich von Ofterdingen auf eine weite Reise von Griechenland bis in den Orient und wieder nach Hause zurück zu schicken. Am Ende dieser Fahrt durch verschiedene historische Epochen und Räume sollte er schließlich die blaue Blume finden, die er die ganze Zeit über gesucht hatte. Möglicherweise wollte er das letzte Kapitel mit der Überschrift *Die Verklärung* versehen, aber das wissen wir nicht sicher.[136]

Die Zeit des Romangeschehens ist das Hochmittelalter, jedoch nicht verstanden als wirklichkeitsnahe Schilderung dieser Epoche, sondern eher als sanfte Verfremdung. Deshalb stört es auch nicht, daß der unter Schlafstörungen leidende Heinrich gleich zu Beginn eine Wanduhr schlagen hört, die es im Mittelalter bekanntlich noch nicht gab. Denn Novalis geht es nicht um einen historischen Roman, sondern um die Darstellung eines Lebenswegs, an dessen Ende der sensible Titelheld zu einem Dichter herangereift sein wird: »Heinrich von Afterdingen wird im 1sten Theile zum Dichter reif – und im Zweyten, als Dichter verklärt. Er wird mancherley Aehnlichkeiten mit dem Sternbald haben – nur nicht die Leichtigkeit«, schreibt er an Ludwig Tieck, bezugnehmend auf dessen frühromantischen Roman *Franz Sternbalds Wanderungen*, der 1797 erschien. In dieser »altdeutschen Geschichte«, so der Untertitel, begibt sich der Held von Nürnberg aus auf Wanderschaft, um seine künstlerischen Fähigkeiten zu entdecken und weiter auszubilden. Auch dieser Roman ist zeitversetzt, die Handlung spielt im Jahrhundert Albrecht Dürers. Von Tieck, mit dem ihn eine spontane und tiefe Freundschaft verband, empfing Novalis in zahlreichen Gesprächen Anregungen für seinen Roman. Tieck war auch in Novalis' Pläne für die Fortsetzung des *Heinrich von Ofterdingen* eingeweiht, worüber er später einen Bericht verfaßte.[137]

Es gibt daneben wichtige poetologische Gründe, die Novalis veranlaßt haben mögen, die Romanhandlung in das Mittelalter zu verlagern. Mit dieser Zeit beginnt die »Moderne«, jedenfalls in der romantischen Auffassung, die einen scharfen Trennungsstrich zwischen der antiken und modernen Literatur zog. Das Mittelalter wurde nicht länger als düstere Zwischenzeit angesehen, als welche es noch Renaissance und Aufklärung charakterisierten, sondern als eine Zeit des Aufbruchs, in der sich die erste Ankündigung einer romantischen Poesie bereits gezeigt haben soll. Diese finden die Frühromantiker vor allem im Minnesang verwirklicht. Novalis greift in der Gestaltung des Stoffs auf einige historische Quellen zurück, aber auch auf die Legende vom berühmten Sängerkrieg auf der Wartburg, an dem sich Heinrich von Ofterdingen beteiligt haben soll. Darüber hinaus verwendet er Motive und Themen aus seiner programmatischen Rede *Die Christenheit oder Europa*, in der er schon ein idealisiertes Bild vom Mittelalter gezeichnet hatte. Im Roman *Heinrich von Ofterdingen* ist dieses Bild, deutlicher noch als in der Rede, von Anfang an ästhetisch vermittelt und in einer literarischen Fiktion aufgehoben. Das Mittelalter wird zum mythischen Raum einer von Morgendämmerung und Erwartung erfüllten Welt. Heinrich von Ofterdingen ist also mitnichten ein mittelalterlicher, sondern ganz im Gegenteil ein »moderner«, nämlich typisch romantischer Romanheld.

Wenn man von der äußeren Handlung abstrahiert, läßt sich Novalis' ästhetische Intention so zusammenfassen: Mit dem Roman macht er die Entwicklung der Poesie selbst zum Gegenstand eines poetischen Textes, dargestellt am individuellen Lebensweg des Dichters Heinrich von Ofterdingen. Er nutzt dabei die Möglichkeit, dem Leser mit Heinrich ein Individuum vorzustellen, das in seiner Rolle als Held eines Romans Träger eines absoluten Universums werden kann, denn: »Ein Roman ist ein *Leben*, als Buch.« (II, 599) Für den Dichter ist Individualität ein unverzichtbares Moment, das den Romantiker fesselt, weil es ein »Geheimniß der Individualitaet« (III, 433) gibt, welches es zu entdecken gilt. Dieses Geheimnis besteht darin, daß der wahre Dichter im Individuum eine ganze Welt aufspüren kann. Ausgangspunkt ist das Einzelne, das sich zum Allgemeinen hin erweitert. Romanfiguren sollen deshalb nicht als bloße Typen schematisiert werden:

»Wir sind aus der Zeit der allgemein geltenden *Formen* heraus.« (II, 649) Vielmehr sollen sie das Allgemeine ausdrücken können und zugleich Individuen bleiben. Heinrich von Ofterdingen ist also ein Romanheld, der dem Zeitalter der Individualisierung entstammt, und in der romantischen Überspitzung dieses Gedankens muß die Poesie das Individuelle nicht nur in den einzelnen Figuren, sondern insgesamt ganz in sich aufnehmen, um selbst ichhaft zu werden: »Alles Gedichtete muß ein lebendiges Individuum seyn.« (II, 534) Zugleich befindet sich auch der Dichter in einem Selbstfindungsprozeß, der ähnlich voranschreitet wie Heinrichs Entwicklung: »Man sollte, um das Leben und sich selbst kennen zu lernen, einen Roman immer nebenher schreiben.« (II, 544)

Auf Heinrichs Weg durch die Welt ist die Begegnung mit dem anderen immer auch eine Begegnung mit sich selbst, bis sich schließlich die volle innere Größe des Dichters als Individualität und Allgemeinheit zugleich entfalten kann und es nichts Fremdes mehr gibt: »Die Poësie lößt fremdes Daseyn in Eignem auf.« (II, 535) Dabei ist Novalis durchaus nicht daran gebunden, alles auf Heinrich zu konzentrieren. Er dachte eigentlich an die »Vertheilung Einer Individualität auf mehrere Personen« (I, 346), wie es in den nachgelassenen Notizen zur Fortsetzung des Romans heißt. Das wäre die wahrhaft romantische Auflösung dieser Dialektik von Individuum und Allgemeinheit, doch soweit kam es nicht. Immerhin wird aus dieser Notiz deutlich, daß die Entwicklung einer Figur romantheoretisch immer auch im Zusammenhang mit der Konstellation anderer Figuren und Ereignisse gesehen werden muß, was sich produktionsästhetisch in einem besonderen Konstruktionsplan ausdrückt: »Die Schreibart des Romans muß kein *Continuum* – es muß ein in jeden Perioden gegliederter Bau seyn. Jedes kleine Stück muß etwas abgeschnittnes – begränztes – ein eignes Ganze seyn.« (III, 562) Das Ganze des Romans ist so aufgebaut, daß es aus Teilen besteht, die selbst wiederum Ganze sind, was ein weiteres Mal die romantische These der Analogie von Mikrokosmos und Makrokosmos anklingen läßt.

Darüber hinaus beeinflußt die Individualitätsthese auch den Stoff eines Romans, der stets aus einer Menge von Zufällen und Situationen sowie einem Individuum besteht, das die vom Dichter ersonnenen Zufälle zweckmäßig verbindet. Die Erfahrung, daß das Individuum ganz auf sich selbst gestellt ist und deshalb in sich selbst einen Maßstab suchen muß, ist in dieser Zeit ganz neu. Erfahrungen in der Welt lassen sich durch innere Erfahrungen ersetzen, die sich schließlich als innere Bewegung manifestieren. Dadurch wird die ganze Welt zum Substrat der eigenen Erlebnisse, und von diesem Prozeß kündet die romantische Literatur. Der Romandichter entwirft ein »eigenthümliches Individuum [...], das die Begebenheiten bestimmt, und von ihnen bestimmt wird. Dieser Wechsel, oder die Veränderungen Eines Individuums – in einer *continuirlichen* Reihe machen den interressanten Stoff des Romans aus.« (II, 580) Ob sich ein Dichter zunächst Begebenheiten ausdenkt oder sich als erstes einen Romanhelden schafft, spielt keine Rolle. Wichtig ist, daß er die wechselseitige Beeinflussung von Begebenheiten und Individuum erfaßt, die entweder sich durchkreuzend oder parallel oder, und das ist erstaunlich, gänzlich getrennt dargestellt werden kann. Für letzteres sieht Novalis ausdrücklich die »Darstellung doppelter Welten« (II, 580) vor, und wir ahnen schon, daß sowohl in der Konstruktion der Form als auch in der Gestaltung des Stoffs eines Romans angelegt sein muß, daß er in ein Märchen übergehen kann.

In seinem umfangreichen Figurenrepertoire stellt Novalis ein zusammengehöriges Spektrum der Menschheit vor. Kaufleute, Kreuzfahrer, Bergmann, Einsiedler, das arabische Mädchen, Mathilde, Klingsohr, Mutter und Vater – sie alle repräsentieren wichtige Bereiche der Außenwelt: Ökonomie, Krieg, Natur, Geschichte, Orient als Gegenwelt, Liebe und Poesie, welche zugleich die Mannigfaltigkeit der inneren Welt symbolisieren, die Heinrich als werdender Dichter allmählich in sich zu fühlen beginnt. »Alle Menschen sind Variationen Eines vollständigen Individuums.« (II, 564) Äußere und innere Welt werden identisch: Der Roman drängt auch unter dem Primat des Inhaltlichen dahin, ins Märchen überzugehen, das eine sinnliche Welt darstellt, die den Schein der Sinnlichkeit bewahrt, tatsächlich aber symbolisch ist.

Wichtig ist dementsprechend nicht das, was geschieht, sondern das, was es bedeutet. Die Absicht des Romans soll nicht mit der Beschreibung zeitgenössischer Realität verwechselt werden, deshalb wird nicht nur die Zeit in ein imaginäres Mittelalter verlegt, sondern auch die Sprache verfremdet, worauf die eigenwilligen Wortschöpfungen und semantischen Bilder sowie die vielen Zusammensetzungen mit »Wunder« und »Geheimnis« hinweisen. Die Erzählform des Märchens soll den Stoff und die Sprache vermitteln, was sich nicht nur auf die Märcheneinlagen bezieht: auch der Roman selbst trägt an vielen Stellen märchenhafte Züge. Das Prinzip des *Heinrich von Ofterdingen* ist, wie einleitend bereits dargelegt, nicht Mimesis, sondern Romantisierung. Novalis hält in seinen poetologischen Reflexionen ausdrücklich fest: »Ja keine Nachahmung der Natur. Die Poësie ist durchaus das Gegentheil. Höchstens kann die Nachahmung der Natur, mithin der Wircklichkeit nur allegorisch, oder im Gegensatz, oder des tragischen und lustigen Effects wegen hin und wieder gebraucht werden. Alles muß poetisch sein.« (IV, 327) [138] Es geht also nicht um die poetische Nachahmung, sondern um die synthetische Erweiterung der Realität, indem allen Schilderungen des Romans Wirklichkeit in einer verallgemeinerten und verinnerlichten Form zugrunde liegt, so daß sie sich ins Allgemeingültige und mithin Unendliche ausdehnen lassen.

Diese Erweiterung ins Unendliche geschieht im Roman *Heinrich von Ofterdingen* auf die beiden schon kurz erwähnten Weisen: durch Träume und durch Märchen. Insbesondere der Traum ist dabei dem äußeren Geschehen entzogen und nicht mehr an die erzählte Zeit gebunden. Im Traum beherrschen Phantasie und Gefühl die Vernunfttätigkeit. Die Seele kann alle Objekte durchdringen, da die eigene unverwechselbare Identität aufgehoben ist. In der Traumdichtung sind Bilder plötzlich da, ohne bestimmten Zweck und unerklärt: »Bild – nicht Allegorie, nicht Symbol eines Fremden: Symbol von sich selbst.« (II, 562) Deshalb haben Träume häufig prophetischen Charakter. Der Traum ist »eine Schutzwehr gegen die Regelmäßigkeit und die Gewöhnlichkeit des Lebens« (I, 199), und Heinrich verteidigt ihn energisch gegen die Welt der Zweckrationalität. Anders als in der Wirklichkeit, in der vielschichtige Erlebnisse im Traum verarbeitet werden, sind Heinrichs Träume voller Visionen, die auf Zukünftiges hindeuten. Von daher greifen sie unmittelbar ins Romangeschehen ein und geben ihm Struktur: »Der Traum ist oft bedeutend und prophétisch, weil er eine Naturseelenwirckung ist – und *also* auf Associationsordnung beruht – Er ist, wie die Poësie bedeutend – aber auch darum unregelmäßig bedeutend – *durchaus frey.*« (III, 452) Eine analoge Funktion hat auch das Märchen: »Ein Mährchen ist eigentlich wie ein Traumbild – ohne Zusammenhang – Ein *Ensemble* wunderbarer Dinge und Begebenheiten.« (III, 454)

Das Atlantis-Märchen im dritten Kapitel des *Heinrich von Ofterdingen* entspricht vollständig diesen Prinzipien. In dieser wundersamen Liebesgeschichte wird die Verbindung von Naturkunde und Dichtkunst zu einer prophetischen Poesie gefeiert. Dabei zeigt sich der Dualismus der Märchenwelt schon in der Wahl der Orte und Personen. Der Königshof von Atlantis, an dem der König und seine Tochter inmitten einer poetischen Welt leben, wird dem Landgut entgegengesetzt, das die Heimstatt eines mit der Natur kenntnisreich vertrauten Jünglings und seines Vaters ist. Nur scheinbar herrscht Harmonie vor, doch werden im Verlauf des Märchens deutliche Verfallserscheinungen erkennbar, weil die beiden Bereiche unabhängig voneinander existieren. Prinzessin und Jüngling, die symbolisch die Welt der Poesie und des wissenschaftlichen Denkens repräsentieren, begegnen einander zufällig und verlieben sich, müssen ihre Verbindung aber zunächst geheimhalten. In einer unterirdischen Höhle feiern sie ihre Vermählung. Dort kommt später ein Kind zur Welt, das, die Vereinigung von Geist und Poesie symbolisierend, in der Natur aufwächst. Währenddessen trauert der Hof um die verschollene Prinzessin. Erst nach Monaten kehrt sie mit Gemahl und Kind zurück, zunächst unerkannt. Der Jüngling trägt ein langes Gedicht vor, in dem er von seinem und der Prinzessin Schicksal berichtet und das Herz des alten Königs erweicht. Dieser nimmt seine Tochter mit ihrer Familie glücklich bei sich auf, und in Atlantis bricht das Goldene Zeitalter an, weil Natur und Ich, Geist und Poesie zueinander gefunden und die Herrschaft übernommen haben.

So verständlich die Bilderwelt dieses Märchens einerseits ist, so erscheint es andererseits im funktionalen Kontext des Romans in doppelter Perspektive: Die Referenz auf die Atlantissage erinnert an eine vergangene glückliche Zeit, die nicht mehr unmittelbar bewußt ist, und zugleich hat es, romantechnisch gesehen, vorausdeutenden, eben prophetischen Charakter. Die Grundstruktur basiert hier abermals auf der triadischen Geschichtsphilosophie.

Komplizierter noch ist das Märchen, das der Dichter Klingsohr dem andächtig lauschenden Heinrich erzählt, der dadurch in die Geheimnisse der Dichtkunst eingeweiht wird. Die Heldin des Märchens ist die kleine Fabel, allegorisches Sinnbild für Poesie.

Durch ihr Handeln werden die verschiedenen Reiche miteinander verbunden, um sich aus einem erstarrten Zustand in ein Paradies zu verwandeln. Aus der Fülle der Figuren kristallisieren sich schließlich drei Gegensatzpaare heraus, die dank Fabels Wirken einer harmonischen Einheit zugeführt werden. Es sind dies Arctur (das berechnende Denken) und Sophie (Weisheit), Freya (Sehnsucht und Frieden) und Eros (Liebe) sowie der Vater (Tatkraft) und Ginnistan (Phantasie). Der allegorische Hintergrund ist erst im Märchenkontext gegeben und wird von Novalis in kommentierenden Passagen teilweise aufgelöst. Ein unzerstörbarer Rest Unverständlichkeit ist diesem Märchen inhärent.

Dazu tragen zahlreiche Verwandlungen, wunderbare Szenen, symbolträchtige Bilder und tiefsinnige Schilderungen bei, die in schier überwältigender Fülle vorhanden sind, so daß der Leser zunächst kaum folgen kann. Ferner hat die Geschichte so viele Bezüge zur zeitgenössischen Naturwissenschaft, daß man es als naturwissenschaftliches Märchen oder als poetisierte Physik bezeichnen kann.[139] Doch hinter dem Ganzen der zunächst chaotischen Erscheinung steckt eine bewegliche Ordnung, deren Dynamik derjenigen des Denkens entspricht. Das Märchen ist durchkonstruiert und zugleich in seiner Bilderwelt unendlich ausdeutbar. Es synthetisiert auf diese Weise die Gegensätze Form und Stoff und bereitet eine andere Stillage vor, denn der Roman nimmt nun selbst märchenhafte Züge an. Kompositorisch steht es genau am Übergang vom ersten zum zweiten Teil, was der Einbettungstechnik des Märchens in den *Lehrlingen zu Saïs* entspricht: Es wird als Erzählung einer Romanfigur eingeführt, aber es gibt keinen zurückleitenden Abschluß, so daß der zweite Teil des Romans beginnt, indem Stil und Motivik des Märchens unauflöslich mit ihm verbunden werden.

Indem Novalis zwei Märchen in seinen Roman einlegt, erfüllt er nicht nur sein selbstgesetztes ästhetisches Programm: »Der

Roman soll allmälich in Märchen übergehen.« (IV, 330) Darüber hinaus eröffnet er für seine Dichtung die Welt des Wunderbaren und erweitert die Darstellung auf diese Weise um eine Dimension, die gemeinhin nicht zur Realität gezählt wird. Die Botschaft, die ein Märchen übermittelt, ist von vornherein chiffriert, also verrätselt und verfremdet, oft auch allegorisch verhüllt. Das Wunderbare ist konstitutives Element jedes Kunstmärchens, das in der Romantik zur bevorzugten Erzählgattung wird. Als prototypisches Muster dieser Märchenkategorie gilt das schlicht und einfach so betitelte *Märchen* von Johann Wolfgang von Goethe, den Novalis stets als »practischen Dichter« (II, 640) verehrte, doch wollte er mit seinen Märchen dieses Werk Goethes übertreffen.

Die Romantiker nutzten das elementare stilistische Merkmal des Wunderbaren ganz unterschiedlich, meist aber in einer Weise, um Ängste und Sehnsüchte, auch heimliche Wünsche zu zeigen – inneres Erleben also, gespiegelt in einer ins Wunderbare gesteigerten Außenwelt, die wiederum der dichterischen Einbildungskraft keine Grenzen setzte, weil unter dem Vorzeichen des Wunders alles möglich ist. Diese Allmacht des Wunderbaren erlaubt es, zahllose, von der Realität abgehobene Welten miteinander zu kombinieren, Raum und Zeit beliebig verfügbar zu machen und unlösbare Konflikte durch Zauberei aufzuheben. Das Wunderbare setzt im Märchen jede von außen bestimmte, rationale oder naturgesetzliche Ordnung außer Kraft: »Nichts ist mehr gegen d[en] Geist des Mährchens – als ein moralisches Fatum – ein gesezlicher Zusammenhang – Im Märchen ist ächte Naturanarchie.« (III, 438) Deshalb ist es freilich nicht regellos, sondern von der eigenen, mit notwendiger Freiheit gestalteten Ordnung erfüllt, die die dichterische Phantasie geschaffen hat: »Das ächte Märchen muß zugleich Prophetische Darstellung – idealische Darstell[ung] – abs[olut] nothwendige Darst[ellung] seyn.« (III, 281) Das Märchen als magisches Produkt der dichterischen Einbildungskraft [140] ist frei und notwendig zugleich – frei in der Wahl der Bilder, die es entfesselt, und notwendig, indem es ein ästhetisches Gesetz befolgt, das in seiner Regelhaftigkeit nicht erkannt, sondern nur gefühlt werden kann. Wir erkennen hierin die poetische Verwirklichung bestimmter erkenntnistheoretischer Grundpositionen wieder. [141]

Als besonderer Typ herrscht in der Romantik das »ideentragende Kunstmärchen« [142] vor, das den Helden auf der Suche nach Erkenntnis zeigt, an deren Ende nicht die von vielen Volksmärchen her bekannte äußere Verwandlung, sondern eine innere geistige Wandlung steht. Diese geschieht poetisch und wird deshalb im Märchen, das für Novalis Inbegriff aller Poesie ist, dargestellt, wobei dem Wunderbaren eine tragende Funktion im Sinne einer zweiten Realität zukommt. Ganz deutlich wird hier auch die Differenz zur Aufklärung, die in Novalis' Romanen obendrein als Kontrast der prosaischen Wirklichkeit und der poetischen Märchenwelt wieder erscheint.

Novalis sieht im Kunstmärchen gleichsam ein »höheres Märchen« (III, 455) als eine Art Synthese aus Chaos und Vernunft, das, ins Visionäre gewendet, die Zukunft verkünden soll und durch seine Kraft des Wunderbaren schon vom Goldenen Zeitalter erzählt, bevor dies allgemeine Wirklichkeit werden kann. Denn im Märchen sind die letzten verstreuten Spuren einer Zeit enthalten, in der alles in unendlichen Sprachen gesprochen hat [143] und in der alle Menschen diese Sprachen verstanden haben. Erst das Zeitalter der Entfremdung und Trennung hat diesen Zustand der Einheit zerstört. Die poetische Funktion des romantischen Kunstmärchens ist es, diese Entzweiung der Welt aufzuheben, indem es die nichtentfremdeten Weltverhältnisse mit einer durch die Reflexion hindurchgegangenen, also gewordenen Unmittelbarkeit imaginiert. [144] Das Märchen hat deshalb für Novalis einen teleologischen, fast kann man sagen: erlösenden Charakter, weil es in repräsentativer Weise die Synthese der absoluten Gegensätze antizipiert.

Das Märchen wird so zu einem universalen Prinzip der Grenzauflösung über alle literarischen Gattungen hinweg aufgewertet. Als Form der Wunscherfüllung kann das Märchen jeden Zustand des Ichs oder der Natur darstellen, auch denjenigen, der gemäß Novalis' Erkenntnistheorie als dem Beginn des Bewußtseins vorausliegend gedacht werden muß. Was das philosophisch räsonnierende Ich nur fühlen kann, erschließt sich dem Dichter im Märchen unmittelbar: die Wahrheit des Ursprungs von Sein und Ich aus der Einheit.

Aufgrund seines hohen Symbolgehalts ist jedes Märchen mehrfach poetisch auflösbar. Die Welt des wunderbaren Märchenbilds ist deshalb potentiell unendlich, und jedes konkrete Märchen läßt diese ästhetische Unendlichkeit zur Form werden, macht sie aber nur relativ endlich. Im nächsten Moment schon kann sich das Bild verändern, es kann verschwinden, um Symbol für etwas anderes zu werden, denn im Märchen ist nichts, wie es ist, sondern immer das, was es jeweils bedeutet. Die Einheit des Endlichen und Unendlichen, philosophisch ein Paradoxon, wird im Märchen poetisch realisiert.

Was den Roman zu einer Universalpoesie im wörtlichen Sinne macht, sind neben den eingelegten Märchen die integrierten lyrischen Passagen. Alle im Roman vereinigten Formen der Dichtung haben dieselbe Intention: »Der Romandichter sucht mit Begebenheiten und Dialogen, mit Reflexionen und Schilderungen – Poësie hervorzubringen, wie der Lyrische Dichter durch Empfindungen, Gedanken und Bilder. Es kommt also alles auf die Weise an, auf die künstlerische Wählungs- und Verbindungskunst.« (III, 649) Die erzählte Lyrik im *Heinrich von Ofterdingen* kommt der Vorstellung einer gedichteten Philosophie am nächsten, die ein romantisches ästhetisches Ideal ist. Häufig wird die Lyrik als der reinste und gültigste Ausdruck der Romantik angesehen, und tatsächlich haben fast alle Autoren der Epoche Gedichte geschrieben. Doch gerade in der Frühromantik sind die Gedichte nicht immer selbständig, sondern oft als Einlagen in Romane eingefügt worden, wie es neben Novalis auch Ludwig Tieck und Friedrich Schlegel praktiziert haben.

Das hat vor allem zwei Gründe. Zum einen leben die Romanfiguren nicht selten in einer poetischen Welt, so daß es zu den Grundzügen ihres Wesens gehört, ihre Stimmungen in Gedichtform auszudrücken. Zum anderen sehen die Frühromantiker den Roman als eine universelle Gattung an, die alle Formen der Poesie vereint. Dennoch hat die Lyrik in dieser Epoche nicht nur eine abgeleitete, sondern durchaus eine selbständige Existenz, wie Novalis mit seinen *Geistlichen Liedern* und dem großen Gedicht von der Überwindung des Todes, den *Hymnen an die Nacht*, beweist. Wilhelm Dilthey vertritt sogar die These, mit den *Geistlichen Liedern* von 1799, die dem Roman *Heinrich von Ofterdingen* vorausgehen, beginne Novalis' dichterische Phase.[145] Joseph von Eichendorff, der als katholisch-romantischer Dichter nicht nur die geistigen Errungenschaften der Romantik überblickte, sondern auch ihre Grenzen und Schwächen erkannte, wodurch er zu ihrem Exponenten und Kritiker zugleich wurde, sieht in den *Geistlichen Liedern* Novalis' Rückkehr zum positiven Christentum und zur katholischen Wahrheit. Eichendorff, der immer mißtrauisch gegenüber dem romantischen Pantheismus war, äußert sich mit wohlwollender Zustimmung über diese vermeintliche Wandlung der Frühromantikers. Er sagt über Novalis: »Wo er dem Zuge seines reichen Gemütes sich unbefangen überläßt, führt ihn dieses auch immer unmittelbar dem Ziel entgegen. So feiert er fast in allen seinen *geistlichen Liedern* den wahrhaften, historischen Christus mit einer seitdem nicht wieder erreichten Innigkeit und Tiefe.«[146]

Durch Novalis' ganzes Werk zieht sich die Beschäftigung mit gleicherweise religiös geprägten Begriffen wie Glauben, Liebe und Tod. Seinen Gedanken darüber gab Novalis in vielfältiger Form Ausdruck, ob in einer fragmentarischen Reflexion, in einer Tagebuchnotiz oder, zutiefst verdichtet, in seinen Romanen. Das Ende des 18. Jahrhunderts war in der gebildeten Welt von zahlreichen religionsphilosophischen Debatten geprägt, für die sich der Jenaer Frühromantikerkreis vor allem durch Friedrich Schleiermachers Reden *Über die Religion an die Gebildeten unter ihren Verächtern* begeisterte. Anläßlich des berühmten Romantikertreffens im November 1799, bei dem die Rede *Die Christenheit oder Europa* eine äußerst zwiespältige Aufnahme fand [147], stellte Novalis den Freunden seine *Geistlichen Lieder* vor. Friedrich Schlegel bemerkte dazu gegenüber Schleiermacher: »Auch christliche Lieder hat er uns vorgelesen; die sind nun das göttlichste was er je gemacht.« (IV, 646)

Diese Lieder, insgesamt fünfzehn, bilden keinen Liedzyklus im eigentlichen Sinne, sondern sind in mindestens zwei Phasen niedergeschrieben worden. Die späteren unterliegen schon dem Einfluß der religionsphilosophischen Debatten, während die ersten wahrscheinlich dem Jenaer Kreis vorgetragen worden sind und so selbst eine Rolle in den sich anspinnenden Diskussionen gespielt haben. Sie entspringen mithin weniger einem individuellen Erlebnis, das sich biographisch in der Zeit nach Sophies Tod festmachen ließe, als vielmehr dieser zeittypischen Begeisterung für religiöse Themen, mit denen sich die Romantiker von der Kantischen, in ihren Augen kühlen, Vernunftreligion abwenden wollten.

Novalis, der schon in seinen Jugendarbeiten geistliche Gedichte verfaßte, trägt seine religiösen Gedanken, Erlebnisse und Vorstellungen in einem schlichten, beinahe volksliedhaften Ton vor, der sich durch einfache Wortwahl und unkomplizierte Reime sowie regelmäßige Strophenformen auszeichnet. Eine Ausnahme bildet das siebte Lied, das ausdrücklich *Hymne* betitelt ist und durch freie Rhythmen hervorsticht. Alle Gedichte folgen mit unterschiedlicher Intensität dem Prinzip, einfach und zugleich hochpoetisch zu sein. Diese Simplifikation und die Verinnerlichung des Stoffs unterscheiden die *Geistlichen Lieder* von vergleichbarer Dichtung des 16. und 17. Jahrhunderts, die bis dahin in den Gesangbüchern vorherrschte. Sie setzen sich aber auch ab von Novalis' damaligem Vorbild Klopstock, der schon 1758 in seinem gleichlautenden Werk für die Befreiung von barocker Überfrachtung und für liberale Inhalte im Sinne einer aufgeklärten Theologie eintrat. In der Tat wollte Novalis die Lieder als »Probe eines neuen, geistlichen Gesangbuches« (IV, 317) verstanden wissen, in dem das neue, romantische Verhältnis zu den einschlägigen Themen zum Vorschein kommen sollte. Zugleich stehen sie in einer pietistisch-protestantischen Tradition, wurden mehrfach vertont und bereits ab 1808 in verschiedene Gesangbücher aufgenommen, was für ihre Beliebtheit spricht.

Inhaltlich beschwören die *Geistlichen Lieder* eine christlich-sakrale Bildlichkeit, in deren Mittelpunkt Christusmotive und Mariensymbolik stehen, vermischt mit mystisch-theosophischen Vorstellungen und Naturschilderungen, die sich der eingehenden Böhme-Lektüre verdanken: »Die Erde regt sich, grünt und lebt,/ Des Geistes voll ein jedes strebt« (I, 174). Inneres Erleben überlagert dabei die äußere Anschauung: »Ich sehe dich in tausend Bildern,/ Maria, lieblich ausgedrückt,/ Doch keins von allen kann dich schildern,/ Wie meine Seele dich erblickt.« (I, 177) Diverse Stilmittel der romantischen Dichtung wie Synästhesie, d.i. die Verschmelzung verschiedener sinnlicher Wahrnehmungen, prägen viele Verse. Stimmungsschwankungen, die von tief empfundener Einsamkeit und Hoffnungslosigkeit bis zu entrückter, fast schon besinnungsloser Freude reichen, werden geschildert: »Es schleichen wilde Schrecken/ So ängstlich leise her,/ Und tiefe Nächte decken/ Die Seele zentnerschwer.« Weiter heißt es: »Ein Engel zieht dich wieder/ Gerettet auf den Strand,/ Und schaust voll Freuden nieder/ In das gelobte Land.« (I, 171)

Polarisation dieser widersprüchlichen Zustände ist die Christusfigur, das Symbol der Einheit von Mythos, Poesie und Religion. Obwohl er in den ersten Liedern den Kreuzestod immer wieder anspricht, sieht Novalis den Gottessohn als auferstandenen, der sein Leiden überwunden hat und den Menschen das Heil bringt. Das persönliche Verhältnis zu Jesus Christus, allgemeiner gesprochen: das Verhältnis des Menschen zu Gott, wird in einer ähnlich gefühlsintensiven Weise dargestellt, die durchaus erotische Anklänge assoziiert: »Aber wer jemals/ Von heißen, geliebten Lippen/ Athem des Lebens sog« (I, 167). Die Sehnsucht nach göttlicher Erlösung, die durch Christus und seine Mutter Maria vermittelt werden kann, durchzieht alle Gedichte, unter denen das siebte nicht nur wegen seiner abweichenden Form hervorragt. Hier wird das Abendmahl als höchstes Mysterium des Christentums gefeiert, das als symbolische Handlung den göttlichen Geist stofflich werden läßt: »Einst ist alles Leib,/ *Ein* Leib,/ In himmlischem Blute/ Schwimmt das selige Paar.« (I, 167) Die Transsubstantiation endet darin, daß der Mensch im Zeichen der Gnade gewährenden Liebe Gottes zum Teil des Weltorganismus werden kann. In der Wendung zur Religion vollzieht sich schließlich, was Novalis in seinem ganzen Werk, in den philosophischen wie poetischen Reflexionen, in den naturwissenschaftlichen Studien und in der Dichtung, ausdrücken will: die Einheit von Natur und Geist sowie die Vereinigung aller Gegensätze im Zeichen der Erlösung.

Die Überwindung des Todes in einer durch die Liebe erweckten Poesie ist der Mythos, den das einzige größere literarische Werk, das Novalis vollendet und veröffentlicht hat, erzählt. Es sind die *Hymnen an die Nacht*, in denen viele Interpreten die bedeutendste Dichtung der Frühromantik überhaupt sehen. Bereits mit dem Roman *Heinrich von Ofterdingen* verfolgte Novalis die Absicht, über die Grenzen von Liebe und Tod hinauszuführen, was inhaltlich dem Konzept der Universalpoesie entspricht. In den *Hymnen an die Nacht* werden diese »Lieblingsthemen« der Romantik, Liebe und Tod, mit der epochentypischen Transzendenz verbunden. Insbesondere verdichtet Novalis den Dualismus von Tag und Nacht, indem er deren Symbolgehalt auf archaisch-lyrische Weise nutzt. Der Tag steht für Rationalität, klaren Verstand, Licht, Struktur – alles Begriffe, die in den Kontext der Aufklärung gehören. Die Nacht als sein Gegenstück ist primär gekennzeichnet durch die Abwesenheit des hellen Lichts. Es fehlt das leuchtende Blau, denn die Nacht läßt nur matte Farben zu. Auch der Übergang vom Tag zur Nacht oder umgekehrt wird mit begrenzten Farbwerten dargestellt. Milchig-weißer Schimmer am Nachthimmel kündigt den kommenden Tag an, ohne die pralle Rotsymbolik der Morgenröte. In der Dämmerung zeigt sich nur fahles Kupferrot vor schwarzgrauem Grund, das allmählich das Blau des Tages verdrängt und Grauen und Angst verbreiten kann, wenn man nicht dieses neue Gefühl der Nacht bekommt, das Novalis erzeugen und zu einer weltanschaulichen Vision steigern wollte. Die Nacht vereinigt alle Widersprüche, unter denen der Tag leidet, und läßt die Paradoxien Realität werden. Es gelingt Novalis, in dieser Dichtung diejenigen Ströme zu synthetisieren, die sein Leben und sein Werk durchziehen, und ihnen eine adäquate ästhetische Ausdrucksform zu verleihen.

Die Grunderfahrung der *Hymnen an die Nacht* ist mystisch. Wie wir gesehen haben, wollte Novalis stets Grenzen überschreiten und alles ins Unbedingte erweitern, was ihm philosophisch als eingeschränkt und unvollkommen erschien. Die mystische Erfahrung macht deutlich, daß es im Innern des Menschen Eindrücke gibt, die aus sich selbst heraus entstehen und deshalb der kausallogisch strukturierten Außenwelt zuwiderlaufen können. Diese Eindrücke zu vermitteln, ist deshalb so schwer, weil sie nur als sprachliches, musikalisches oder gestaltetes Bild übertragen werden können, nicht aber in ihrer Unmittelbarkeit. Mystiker müssen daher auf bereits Geformtes zurückgreifen, auf Sprache, Klang, Farben, Licht. Gerade die Sprache, die auf gedankliche Strukturen und sinnliche Wahrnehmung ausgerichtet ist, gerät hier schnell an ihre Grenzen und wird als unzulängliches Vermittlungsinstrument entlarvt. Es sei denn, daß es gelingt, der Sprache neue, nie gekannte Bilder zu entlocken, die einen Zugang zum Unverständlichen und Uneinholbaren der mystischen Erfahrung eröffnen können. Die Sprache ist in diesem Sinne ein Werkzeug, das sich der Mystiker erst zurechtbiegen muß, um es benutzen zu können.

Wir wissen, daß sich Novalis mit Naturmystik und den Schriften Jacob Böhmes näher beschäftigt hat. In seinem sprachkritischen Essay *Monolog*, in den *Lehrlingen zu Saïs* und in einigen frühen Gedichten hatte er sich dem Problem von Sprache und Erkenntnis zugewandt und versucht, neue Wege zu betreten, die grenzüberschreitende Erfahrungen zulassen. Dabei störte es ihn nicht, die vermeintliche Sekurität wissenschaftlich abgesicherter Einsichten gegen das spekulative Moment eines eher als Ahnung zu bezeichnenden Erkenntnisgewinns einzutauschen, in dem er ohnehin einen höheren Wahrheitsgehalt wähnte. Doch Novalis ist kein Mystiker in dem Sinn, wie es Jacob Böhme war, sondern er ist in erster Linie Dichter. In den letzten Lebensjahren hatte er sich zur Poesie hin entwickelt und die seiner Auffassung nach zu engen Fesseln der Philosophie weitgehend abgestreift. Die *Hymnen an die Nacht* legen beredtes Zeugnis davon ab. Sie sind zugleich Beleg dafür, daß sich diese Entwicklung nicht linear und bruchlos vollzogen hat. Vielmehr hat der Dichter Novalis die

Summe seiner Erfahrungen, die aus so vielen unterschiedlichen Bereichen stammen, hier mit einer vom Gedankengut der Frühromantik angefüllten Kraft umgesetzt, die sich wohl kaum ausschließlich auf bestimmte Einzelerlebnisse zurückführen läßt, auch wenn dies in der Forschung wiederholt versucht wurde.

Die wechselvolle und heterogene Entstehungsgeschichte der *Hymnen an die Nacht* ist bis heute hinsichtlich der Datierung nicht zweifelsfrei aufgeklärt. Tatsache ist, daß zwei verschiedene Fassungen existieren: eine Handschrift, die zum Jahreswechsel 1799/1800 vielfach verbessert und überarbeitet und Ende Januar als Reinschrift an Friedrich Schlegel gesandt wurde, damit dieser sie in Druck gebe. Die andere Fassung ist die im *Athenäum* erschienene aus dem Jahre 1800, zu der die entsprechende handschriftliche Vorlage verloren ist.

Auf den ersten Blick unterscheiden sich Druckfassung und Handschrift neben Umarbeitungen im Detail vor allem in einer Hinsicht: Während die Handschrift freie Rhythmen enthält, erscheinen die entsprechenden Abschnitte im Druck als Prosatext, genauer: als rhythmisierte Prosa. Der Handschrift ist die Überarbeitung, Ausdruck des Ringens um die endgültige Form, noch anzumerken, während der Druck diese Spannungen geglättet hat und eine fertige Gestalt präsentiert. Doch umstritten bleibt, ob es frühere Fassungen gibt, die als eine Art Urhymne angesehen werden können. Das hat u. a. konkrete Folgen für die Interpretation. Nimmt man an, daß es eine Urhymne gegeben haben könnte und datiert man diese auf das Jahr 1797, so rückt eine Lebenserfahrung des Novalis in das Blickfeld und wird zum Ausgangspunkt der Dichtung. Die Lebenserfahrung bezieht sich auf Sophies Tod, der sich angeblich in der dritten Hymne widerspiegeln soll, in der es heißt: »Zur Staubwolke wurde der Hügel – durch die Wolke sah ich die verklärten Züge der Geliebten.« (I, 134) [148]

Doch handelt es sich hierbei, trotz aller Ähnlichkeit mit den entsprechenden Tagebucheintragungen, um Erlebnisdichtung? Für die These einer Urhymne, wie sie z.B. Heinz Ritter vertritt, gibt es keine begründeten Belege, wie neueste Forschungen gezeigt haben.[149] So greift denn auch der Interpretationsansatz, die *Hymnen an die Nacht* als Bewältigung einer individuellen Todeserfahrung zu lesen, die von dem berühmten *Sophienerlebnis* am Grabe ausgeht, zu kurz. Dieses Sprachkunstwerk ist mehr als ein biographisches Zeugnis. Hier verdichten sich die Erfahrungen eines Menschen und einer Epoche des Umbruchs zu einer einzigartigen Vision, in der sich die verschiedenen Zeitstufen Vergangenheit, Gegenwart und Zukunft vereinigen. Insofern können die *Hymnen an die Nacht* als ästhetische Akzentuierung der frühromantischen Geschichtsphilosophie gelesen werden.

Das Themenspektrum der *Hymnen an die Nacht* ist so umfassend, daß man von einem »Weltgedicht«[150] sprechen kann. Die ersten beiden Hymnen stellen, wie oben kurz vermerkt, Tag und Nacht, Licht und Dunkel, als Gegensatzpaar in einen dialektischen Zusammenhang. Zunächst wird das Licht als gemeinschaftliches Band gezeigt, das alles in der Natur verknüpft. Schon immer hat Novalis im Licht mehr als ein physikalisches Phänomen gesehen: »Das Licht ist ein divinatorisches Wesen.« (III, 625) Wie wir uns erinnern, ist Novalis' Naturbegriff sehr weitgreifend, und so stellt er hier Organisches und Anorganisches, Pflanzen, Tiere, Steine in einen Bezug zum Licht. Der Mensch jedoch wird als Fremdling inmitten dieser harmonischen Lichtwelt bezeichnet, der der Nacht zugehört, die ihn erst zur mystischen Erkenntnis führt. »Himmlischer, als jene blitzenden Sterne, dünken uns die unendlichen Augen, die die Nacht in uns geöffnet.« (I, 133) Den inneren Augen, die des Lichts nicht bedürfen, um sehen zu können, enthüllt sich in der Nacht das Bild der Geliebten. Intensive Gefühle werden wach, die in der Tagwelt verborgen bleiben müssen. Die Sinnesorgane erhalten eine andere Funktion: »Das Auge ist das Sprachorgan des Gefühls« (II, 545), heißt es dazu, merkwürdig verrätselt, in einem Fragment. Hinzu kommt der Wunsch: »Alle Sinne sollten *Augen* werden.« (III, 97) Dahinter verbirgt sich eine gewisse Trauer über die Unzulänglichkeit der menschlichen Sinneswahrnehmungen: »Gäb' es nicht noch vollkommnere Sinne – als Augen.« (Ebd.) Vor dem Hintergrund der *Hymnen an die Nacht* wird jetzt manches deutlicher: In Abkehr von der Lichtwelt des Tages wendet sich das lyrische Ich im Traum der »heiligen, unaussprechlichen, geheimnisvollen Nacht« (I, 131) zu. Die Nacht öffnet dem Ich, bildlich gesprochen, die Augen, damit es die Wirklichkeit in einem umfassenderen Zusammenhang erblicken kann als im Tageslicht allein. Die Nacht wird so zu einem Moment der Entgrenzung, das den Dualismus der Tagwelt aufhebt, indem sich die Extreme berühren und wechselseitig durchdringen.

Novalis entwirft diese Visionen in sprachlichen Metaphern von großer Ausdruckskraft. So nennt er die Geliebte in einem sehr eigenständigen Oxymoron »liebliche Sonne der Nacht« (I, 133). Die Antipoden Licht und Dunkel erscheinen hier nicht mehr als getrennte, sondern werden zu einem umfassenden Symbol vereint, das, geschichtsphilosophisch interpretiert, auf die Einheit des neuen Menschen mit der Natur im Goldenen Zeitalter vorausdeutet. Doch alles Glück, das diese Visionen skizzieren, wird vom Morgen zerstört: »Muß immer der Morgen wiederkommen?« (I, 133) Diese Vernichtung entspricht der Macht des Todes, der in das Leben eingreift. Ein Fragment belegt, daß Novalis immer schon das Zerstörerische als produktives Moment gedacht hat: »Der Tod ist das romantisirende Princip unseres Lebens. Der Tod ist – das Leben +. Durch den Tod wird das Leben verstärkt.« (III, 559) In den *Hymnen an die Nacht* wird darüber hinaus angedeutet, daß eine Versöhnung dieser unüberwindlich scheinenden Gegensätze möglich ist, wenn es gelingt, die herkömmliche Welt zu transzendieren: Dann verliert der Tod seinen Schrecken.

Indem Novalis im folgenden von der Innen- auf die Außenperspektive überleitet, kann er aus dem Grab der Geliebten ein Symbol der geheimnisvollen Verknüpfung von Tod und Liebe machen, das Ausdruck einer spezifischen Erkenntniserfahrung ist, die nur dem Dichter gewährt wird. Dieser befindet sich auf dem »Grenzgebürge der Welt« (I, 136), an jener Grenze zwischen Außen und Innen, die Novalis in seinem gesamten Werk immer wieder thematisiert. In der fünften Hymne, die umfangreicher als die anderen ist und fast wie eine Zäsur wirkt, greift Novalis in die Geschichte aus, beschwört den Untergang der alten Götterwelt, die versank, um in Christus als dem Überwinder des Todes in einer höheren Form zurückzukehren. Wieder ist es die symbolische Mystifizierung der Geschichte, die hier Gestalt annimmt, und keineswegs die Darstellung einer tatsächlichen historischen Entwicklung. Diese Hymne, die auch durch das Hervortreten überpersönlicher Elemente einen Kontrast zu den anderen bildet, ist von Schillers Gedicht *Die Götter Griechenlands* von 1788 beeinflußt, aus dem Novalis einige Metaphern übernommen hat.

Die letzte *Hymne an die Nacht* mit dem Titel *Sehnsucht nach dem Tode* führt zu den Themen der ersten vier Hymnen zurück. Sie kombiniert die Liebessehnsucht und die Religiosität auf eigentümliche Weise, die an Novalis' frühe Fragmente anknüpft und gleichsam in konzentrierter Form seine Philosophie enthält: Der Weg zur Vereinigung dieser Gegensätze in Gestalt der Vereinigung mit Gott führt nicht in den christlichen Himmel als das Überirdische, sondern in das Innere der Seele. Durch die Perspektivenumkehr werden Innen- und Außenwelt verschränkt. Die geschlossene Form, in welcher der Zyklus der sechs *Hymnen an die Nacht* erscheint, steht im Gegensatz zu der Entgrenzung ihres Inhalts. Am Schluß öffnet Novalis den Blick auf das wahre Universum, das im Inneren liegt und als solches zeit- und raumlos, eben echt universell ist.

In Novalis' Denken und in seinem literarischen Werk überwiegt die Absicht, den bestehenden Dualismus der Welt darzustellen, um ihn auf diese Weise bewußt zu machen und schließlich poetisch aufzuheben. Poesie lindert nicht nur das Gefühl der Zerrissenheit zwischen Mensch und Natur, sondern ist auch das Mittel zu deren Überwindung. Drei Aspekte müssen dabei besonders beachtet werden. Zum einen beruht die Poesie ganz auf Erfahrung. (I, 286) Zum anderen hat sie einen Erkenntnisanspruch, wenn sie als strenge Kunst betrieben wird und nicht als Genuß, denn sonst hört sie auf, Poesie zu sein. (I, 282) Und darüber hinaus verbirgt sich hinter der Poesie etwas, für das sie spricht, weil es selbst stumm ist: die Liebe, die selbst nichts ist als »höchste Naturpoesie«. (I, 287) Diese Lektion lernt der junge Heinrich von Ofterdingen von dem kundigen Dichter Klingsohr.

Wer sich in das Werk des Novalis vertieft, wird auf vielfältige Weise davon erfahren, auch wenn der Dichter das letzte Geheimnis der frühromantischen Poesie mit in sein Grab genommen hat: »Wenn ich erst wieder besser bin, dann sollt ihr erst erfahren, was Poesie ist. Ich habe herrliche Gedichte und Lieder im Kopfe!« (IV, 535)

Anhang

Anmerkungen

1 Vgl. Richard Faber, Novalis: Die Phantasie an die Macht, Stuttgart 1970, S. 11.
2 Vgl. Lothar Schäfer, Das Bacon-Projekt. Von der Erkenntnis, Nutzung und Schonung der Natur, Frankfurt/M. 1993, S. 47, 66, 74f.
3 Vgl. Klaus Günzel, Romantikerschicksale. Gestalten einer Epoche, Berlin 1988, S. 120.
4 Die Entstehung der Romantik aus diesen beiden Elementen, der vorhandenen Kultur und der beginnenden Naturwissenschaft, wird vor allem von Dilthey betont. Vgl. Wilhelm Dilthey, Das Erlebnis und die Dichtung. Lessing, Goethe, Novalis, Hölderlin, Göttingen 1985, S. 201f.
5 Friedrich Schlegel, Athenäums-Fragmente, in: Kritische Friedrich-Schlegel-Ausgabe, hrsg. von Ernst Behler, Bd. II, Paderborn 1967, S. 182.
6 Hugo Friedrich, Die Struktur der modernen Lyrik. Von der Mitte des neunzehnten bis zur Mitte des zwanzigsten Jahrhunderts, Hamburg 1979, S. 27f.
7 Wilhelm Dilthey, Das Erlebnis und die Dichtung, a.a.O., S. 209.
8 Ebenda, S. 211.
9 Vgl. Karl-Heinz Volkmann-Schluck, Novalis' magischer Idealismus, in: Die deutsche Romantik. Poetik, Formen und Motive, hrsg. von Hans Steffen, Göttingen 1978, S. 52f.
10 Theodor W. Adorno, Zum Gedächtnis Eichendorffs, in: ders., Noten zur Literatur I, Frankfurt/M. 1980, S. 116f.
11 Ludwig Tieck, Novalis' Lebensumstände, in: Novalis Dichtungen, hrsg. von Ernesto Grassi, Reinbek 1963, S. 219.
12 Novalis' Verehrung für die Person Schillers läßt sich an dem emphatischen Ausruf ablesen, den er in einem Brief an Professor Karl Leonhard Reinhold im Oktober 1791 schrieb: »Schiller, der mehr ist, als Millionen Alltags Menschen.« (IV, 93)

13 Gerhard Schulz, Novalis. Mit Selbstzeugnissen und Bilddokumenten, Reinbek 1993, S. 43.
14 Vgl. Alfred Barthelmeß, Landschaft – Lebensraum des Menschen, Freiburg/München 1988, S. 35.
15 In diesem Sinne argumentiert Hans Jürgen Balmes in seinem Kommentar. Vgl. Novalis – Werke, Tagebücher und Briefe Friedrich von Hardenbergs, hrsg. von Hans-Joachim Mähl und Richard Samuel, Bd. 3, München 1987, S. 9.
16 Vgl. Gezá von Molnár, Novalis' »Blaue Blume« im Blickfeld von Goethes Optik, in: Novalis – Beiträge zu Werk und Persönlichkeit Friedrich von Hardenbergs, hrsg. von Gerhard Schulz, Darmstadt 1986, S. 441.
17 Vgl. Anm. 3.
18 Bei diesem Brief vom 1. Januar 1785 an Johanna Dorothea von Dieskau (1737-1820), verwitwete Schwester des Vaters, handelt es sich um das früheste erhaltene Gedicht des Novalis. Vgl. I, 459.
19 Vgl. Hans Jürgen Balmes, Kommentar, a. a. O., S. 21.
20 Vgl. Axel Goodbody, Natursprache. Ein dichtungstheoretisches Konzept der Romantik und seine Wiederaufnahme in der modernen Naturlyrik (Novalis, Eichendorff, Lehmann und Eich), Neumünster 1984, S. 10.
21 Johann Georg Hamann, Sokratische Denkwürdigkeiten – Aesthetica in nuce, hrsg. von S.A. Jörgensen, Stuttgart 1968, S. 129.
22 Johann Gottfried Herder, Abhandlung über den Ursprung der Sprache, in: ders., Sämtliche Werke, hrsg. von Bernd Suphan, Berlin 1883, Nachdruck Hildesheim 1967, S. 58. Diese Schrift war Novalis bekannt, denn sie ist auf seiner Bücherliste aus dem Jahre 1790 unter der Nr. 61 verzeichnet (vgl. IV, 693).
23 Beispiele finden sich in den Gedichten, die um das Jahr 1789 herum entstanden sind: *Der Eislauf, Das süßeste Leben, Die Quelle, Geschichte der Poesie*, um nur einige zu nennen (alle in Bd. I der HKA).
24 Diese reifere Stufe wird in einigen der Gedichte erkennbar, die zum ersten Mal Ludwig Tieck im zweiten Band der posthum erschienenen Schriften unter dem Titel *Vermischte Gedichte* zusammenstellte. Im Hinblick auf die Datierung gab es lange Zeit Ungereimtheiten, die erst durch eine Handschriftenanalyse ausgeräumt wurden. Die von Paul Kluckhohn ab 1929 erarbeitete Chronologie liegt dem Abdruck der Gedichte in der historisch-kritischen Ausgabe zugrunde.

25 Joseph von Eichendorff, Geschichte der poetischen Literatur Deutschlands, in: Sämtliche Werke des Freiherrn Joseph von Eichendorff, historisch-kritische Ausgabe, hrsg. von Wolfram Mauser, Bd. IX, Regensburg 1970, S. 65.
26 Ebenda, S. 72.
27 Ludwig Tieck, Franz Sternbalds Wanderungen, Studienausgabe, hrsg. von Alfred Anger, Stuttgart 1979, S. 259.
28 Ders., Novalis' Lebensumstände, a. a. O., S. 221.
29 Blaise Pascal, Gedanken, übers. und hrsg. von Ewald Wasmuth, Stuttgart 1979, S. 81.
30 Gerhard Schulz, Novalis: Heinrich von Ofterdingen, in: Interpretationen – Romane des 19. Jahrhunderts, Stuttgart 1992, S. 134.
31 Vgl. Robert Leroy/E. Pastor, Die Initiation des romantischen Dichters. Der Anfang von Novalis' Heinrich von Ofterdingen, in: Romantik. Ein literaturwissenschaftliches Studienbuch, hrsg. von Ernst Ribbat, Königstein/Ts. 1979, S. 54.
32 Vgl. Jacek Wozniakowski, Die Wildnis. Zur Deutungsgeschichte des Berges in der europäischen Neuzeit, Frankfurt/M. 1987, S. 315.
33 Vgl. Wilhelm Dilthey, Das Erlebnis und die Dichtung, a. a. O., S. 201.
34 Joseph von Eichendorff, Geschichte der poetischen Literatur Deutschlands, a. a. O., S. 13 f.
35 Friedrich Wilhelm Joseph Schelling, System des transzendentalen Idealismus, in: ders., Sämmtliche Werke, hrsg. von K.F.A. Schelling, Abt. I, Bd. III, Stuttgart/Augsburg 1856 ff., S. 627 f.
36 Ebenda, S. 618 f.
37 Ders., Philosophie der Kunst, in: ders., Sämmtliche Werke, Abt. I, Bd. V, a. a. O., S. 368.
38 Auf die Problematik der Schellingschen Konstruktion kann an dieser Stelle nicht näher eingegangen werden. Interessant ist die Frage, wie es der Kunst gelingen soll, philosophische Ansprüche auf Erkenntnis in der Praxis einzulösen. Ich verweise hier auf mein Buch: Konstruktion und Geschichte. Das Identitätssystem als Grundlage der Kunstphilosophie bei F.W.J. Schelling, Frankfurt/M. 1988.
39 Friedrich Wilhelm Joseph Schelling, System des transzendentalen Idealismus, a. a. O., S. 619.
40 Ebenda, S. 625.
41 Hegel kritisiert diese Funktionalisierung der Kunst als begrifflose

»Anmaßung«, vgl.: Hegel, Phänomenologie des Geistes, Theorie-Werkausgabe, Bd. 3, hrsg. von E. Moldenhauer und K.M. Michel, Frankfurt/M. 1969-71, S. 15.

42 August Wilhelm Schlegel/Friedrich Schlegel, Athenäums-Fragmente, a.a.O., S. 187.

43 Joseph von Eichendorff, Geschichte der poetischen Literatur Deutschlands, a.a.O., S. 11.

44 Immanuel Kant, Kritik der reinen Vernunft, in: Kants Werke, Akademie-Textausgabe, hrsg. von der Preußischen Akademie der Wissenschaften, Bd. III, Berlin 1968, S. 81 (B 86).

45 Vgl. Ernst Behler, Die Zeitschriften der Brüder Schlegel. Ein Beitrag zur Geschichte der deutschen Romantik, Darmstadt 1983, S. 37.

46 Vgl. Margot Seidel, Novalis. Eine Biographie, München 1988, S. 257.

47 Vgl. Bernhard von Brentano, August Wilhelm Schlegel. Geschichte eines romantischen Geistes, Frankfurt/M. 1986, S. 55.

48 Vgl. Ricarda Huch, Die Romantik. Blütezeit, Ausbreitung, Verfall, Tübingen 1951, S. 325.

49 Vgl. Karl Grob, Ursprung und Utopie. Aporien des Texts. Versuch zu Herder und Novalis, Bonn 1976, S. 119.

50 Hier darf nicht der moderne Begriff von Naturwissenschaft zugrunde gelegt werden, sondern der romantische. Die Phänomene in der Natur werden nicht genommen als das, was sie sind, sondern enthalten zeichenhafte Hinweise auf eine darüber hinausgehende Bedeutung. Vgl. Ayako Nakai, Die zwei Grundkräfte der Natur bei Eckartshausen und Novalis im Vergleich mit der chinesischen Naturphilosophie, in: Geschichtlichkeit und Aktualität. Studien zur deutschen Literatur seit der Romantik, hrsg. von Klaus-Detlef Müller, Tübingen 1988, S. 180.

51 Zum Problem des Schemas vgl. II, 108f.

52 Vgl. Viktor Žmegač, Der Aufstieg des Historismus in Geschichtsphilosophie, Ästhetik und Literatur, in: Propyläen Geschichte der Literatur, Bd. 4, hrsg. von Erika Wischer, Berlin 1988, S. 305.

53 Vgl. Richard Samuel, Einleitung, in: HKA II, 477.

54 Vgl. den umfangreichen Forschungsbericht zur Rezeptionsgeschichte der Fragmentsammlung *Glauben und Liebe* bei: Herbert Uerlings, Friedrich von Hardenberg, genannt Novalis, Stuttgart 1991, S. 563ff.

55 Das genaue Entstehungsdatum ist unbekannt, weil keine handschriftliche Fassung erhalten blieb. Vermutlich gibt es einen zeitli-

chen Zusammenhang mit den letzten Fragmenten des Sommers 1798, vgl. Nikolaus Lohse, Dichtung und Theorie, Heidelberg 1988, S. 130.

56 Ingrid Strohschneider-Kohrs, Die Romantische Ironie in Theorie und Gestaltung, Tübingen 1960, S. 250.

57 Herbert Uerlings, Friedrich von Hardenberg, genannt Novalis, a. a. O., S. 210.

58 Ingrid Strohschneider-Kohrs, Die Romantische Ironie in Theorie und Gestaltung, a. a. O., S. 271 f.

59 Friedrich Schlegel, Athenäums-Fragmente, a. a. O., S. 172.

60 Ernst Behler, Klassische Ironie, romantische Ironie, tragische Ironie. Zum Ursprung dieser Begriffe, Darmstadt 1981, S. 67.

61 Friedrich Schlegel, Lyceums-Fragmente, in: Kritische Friedrich-Schlegel-Ausgabe, a. a. O., S. 153.

62 Manfred Frank, Über Stil und Bedeutung. Wittgenstein und die Frühromantik, in: ders., Stil in der Philosophie, Stuttgart 1992, S. 100.

63 Ebenda, S. 103.

64 Joseph von Eichendorff, Geschichte der poetischen Literatur Deutschlands, a. a. O., S. 301.

65 Ebenda, S. 304.

66 Vgl. Robert Leroy/E. Pastor, Die Inititation des romantischen Dichters. Der Anfang von Novalis' Heinrich von Ofterdingen, a. a. O., S. 43.

67 Vgl. Karl Grob, Ursprung und Utopie. Aporien des Texts. Versuch zu Herder und Novalis, a. a. O., S. 91 f.

68 Vgl. Wilhelm Dilthey, Das Erlebnis und die Dichtung, a. a. O., S. 211 f.

69 Vgl. Gisela Dischner, Die Stimme des Fremden, Hofheim 1992, S. 43.

70 Vgl. Robert Spaemann, Artikel »Natur«, in: Handbuch philosophischer Grundbegriffe, hrsg. von Herman Krings u. a., München 1973, S. 958.

71 Vgl. Ricarda Huch, Die Romantik, a. a. O., S. 70.

72 Vgl. Gerhard Schulz, Die Berufslaufbahn Friedrich von Hardenbergs (Novalis), in: ders. (Hg.), Novalis. Beiträge zu Werk und Persönlichkeit Friedrich von Hardenbergs, Darmstadt 1986, S. 302.

73 Ricarda Huch, Die Romantik, a. a. O., S. 125.

74 Jean-Jacques Rousseau, Emil oder Über die Erziehung, in neuer

deutscher Fassung besorgt von Ludwig Schmidts, Paderborn 1978, S. 170.

75 Vgl. Panajotis Kondylis, Die neuzeitliche Metaphysikkritik, Stuttgart 1990, S. 40.

76 Vgl. die Einleitung zu den Freiberger Studien von Hans Jürgen Balmes, in: Novalis – Werke, Tagebücher und Briefe Friedrich von Hardenbergs, hrsg. von Hans-Joachim Mähl und Richard Samuel, a.a.O., S. 451.

77 Zum Wandel der Naturauffassung vgl. die Drei-Stadien-Theorie bei: Karen Gloy, Das Verständnis der Natur. Die Geschichte des wissenschaftlichen Denkens, München 1995, S. 164f.

78 Vgl. Robert Locqueneux, Kurze Geschichte der Physik, Göttingen 1989, S. 78f.

79 Vgl. ebenda, S. 102f.

80 Vgl. Walter D. Wetzels, Johann Wilhelm Ritter: Physik im Wirkungsfeld der deutschen Romantik, Berlin/New York 1973, S. 45.

81 Vgl. Florian Roeder, Novalis – Die Verwandlung des Menschen. Leben und Werk Friedrich von Hardenbergs, Stuttgart 1992, S. 598.

82 Vgl. Steffen Dietzsch, Zeit und Natur. Zum Naturverständnis in der deutschen Romantik, in: Die Naturphilosophie im Deutschen Idealismus, hrsg. von Karen Gloy und Paul Burger, Stuttgart 1993, S. 189.

83 Vgl. Walter D. Wetzels, Johann Wilhelm Ritter, a.a.O., S. 32f.

84 Jean-Marc Drouin, Von Linné zu Darwin: Die Forschungsreisen der Naturhistoriker, in: Elemente einer Geschichte der Wissenschaften, hrsg. von Michel Serres, Frankfurt/M. 1995, S. 582.

85 Vgl. Karen Gloy, Das Verständnis der Natur, a.a.O., S. 222.

86 Vgl. Bernadette Bensaude-Vincent, Lavoisier: Eine wissenschaftliche Revolution, in: Elemente einer Geschichte der Wissenschaften, hrsg. von Michel Serres, a.a.O., S. 651.

87 Robert Locqueneux, Kurze Geschichte der Physik, a.a.O., S. 84.

88 Vgl. Bengt Algot Sörensen, Symbol und Symbolismus in den ästhetischen Theorien des 18. Jahrhunderts und der deutschen Romantik, Kopenhagen 1963, S. 137.

89 Heinrich Heine, Die romantische Schule, in: ders., Sämtliche Schriften, Bd. 5, hrsg. von Karl Pörnbacher, Frankfurt/M. 1981, S. 431.

90 Ebenda.

91 Vgl. ebenda, S. 139. Zu Novalis' Wertschätzung des Mystikers Böhme als Dichter vgl. III, 646.
92 Vgl. Walter Feilchenfeld, Der Einfluß Jacob Böhmes auf Novalis, Berlin 1922, S. 27.
93 Vgl. Jacob Böhme, De signatura rerum oder Von der Geburt und Bezeichnung aller Wesen, in: ders., Sämtliche Schriften, hrsg. von Will-Erich Peukert, Bd. 6, Stuttgart 1957, Kap. IX.
94 Vgl. Ernst Bloch, Das Prinzip Hoffnung, Frankfurt/M. 1980, S. 1598.
95 Vgl. Karen Gloy, Das Verständnis der Natur, a. a. O., S. 23.
96 Immanuel Kant, Kritik der reinen Vernunft, a. a. O., S. 10 (B XIII).
97 Ebenda, S. 14 (B XXII).
98 Ebenda, S. 14 (B XXI).
99 Friedrich Wilhelm Joseph Schelling, Ideen zu einer Philosophie der Natur als Einleitung in das Studium dieser Wissenschaft, in: ders., Sämmtliche Werke, Abt. I, Bd. II, a. a. O., S. 56.
100 Vgl. Herbert Uerlings, Friedrich von Hardenberg, genannt Novalis, a. a. O., S. 154.
101 Vgl. Hans Lenk, Philosophie und Interpretation, Frankfurt/M. 1993, S. 20.
102 Ernst Bloch, Das Prinzip Hoffnung, a. a. O., S. 1594.
103 Immanuel Kant, Prolegomena zu einer jeden künftigen Metaphysik, die als Wissenschaft wird auftreten können, in: Kants Werke, Bd. IV, a. a. O., S. 289.
104 Vgl. Ricarda Huch, Die Romantik, a. a. O., S. 70.
105 Felix Höpfner, Wissenschaft wider die Zeit, Heidelberg 1990, S. 71.
106 Vgl. Helmut Schanze, Romantik und Aufklärung. Untersuchungen zu Friedrich Schlegel und Novalis, Nürnberg 1966, S. 132.
107 Vgl. Viktor Žmegač, Der Aufstieg des Historismus in Geschichtsphilosophie, Ästhetik und Literatur, in: Propyläen Geschichte der Literatur, Bd. 4, a. a. O., S. 306.
108 Vgl. Klaus Peter, Romantik, in: Geschichte der deutschen Literatur, Bd. 2: Von der Aufklärung bis zum Vormärz, hrsg. von Ehrhard Bahr, Tübingen 1988, S. 347.
109 Joseph von Eichendorff, Geschichte der poetischen Literatur Deutschlands, a. a. O., S. 302.
110 Ebenda, S. 303.
111 Vgl. Hans-Joachim Beck, Friedrich von Hardenbergs »Oeconomie des Styls«. Die »Wilhelm Meister«-Rezeption im »Heinrich von Ofterdingen«, Bonn 1976, S. 71.

112 Vgl. Manfred Frank, Über Stil und Bedeutung. Wittgenstein und die Frühromantik, a.a.O., S. 98.
113 Vgl. Uta Benz-Lindenau, Untersuchungen zum Sprachstil in Novalis' dichterischem Werk, Hamburg 1973, S. 10.
114 Vgl. Reinhard Leusing, Die Stimme als Erkenntnisform – zu Novalis' Roman »Die Lehrlinge zu Saïs«, Stuttgart 1993, S. 96.
115 Vgl. Hans Jürgen Balmes, Kommentar, a.a.O., S. 107.
116 Vgl. hierzu: Jure Zovko, Verstehen und Nichtverstehen bei Friedrich Schlegel. Zur Entstehung und Bedeutung seiner hermeneutischen Kritik, Stuttgart 1990, S. 144.
117 Vgl. Ulrich Gaier, Krumme Regel. Novalis' Konstruktionslehre des schaffenden Geistes und ihre Tradition, Tübingen 1970, S. 128.
118 Ernst Bloch, Das Prinzip Hoffnung, a.a.O., S. 741.
119 Gisela Dischner, Die Stimme des Fremden, a.a.O., S. 42.
120 Friedrich Schiller, Das verschleierte Bildnis zu Saïs, in: Schillers Werke, Bd. 1, hrsg. von Karl-Heinz Hahn, Weimar 1970 (Nationalausgabe), S. 256.
121 Reinhard Leusing, Die Stimme als Erkenntnisform, a.a.O., S. 172.
122 Ebenda, S. 56.
123 Ebenda, S. 75f.
124 Vgl. ebenda, S. 90.
125 Ernst Bloch, Das Prinzip Hoffnung, a.a.O., S. 1598.
126 Hans-Joachim Mähl, Die Idee des goldenen Zeitalters im Werke des Novalis, Heidelberg 1965, S. 365.
127 Diese These stützt sich auf: Jurij Striedter, Die Komposition der »Lehrlinge zu Saïs«, in: Novalis – Beiträge zu Werk und Persönlichkeit Friedrich von Hardenbergs, hrsg. von Gerhard Schulz, Darmstadt 1986, S. 268.
128 Ingrid Kreuzer, Novalis' »Die Lehrlinge zu Saïs«. Fragen zur Struktur, Gattung und immanenten Ästhetik, in: Jahrbuch der Deutschen Schiller-Gesellschaft, 23, 1979, S. 290.
129 Vgl. Jens Tismar, Kunstmärchen, Stuttgart 1983, S. 46.
130 Vgl. Jurij Striedter, Die Komposition der »Lehrlinge zu Saïs«, a.a.O., S. 282.
131 Vgl. Florian Roeder, Novalis – Die Verwandlung des Menschen, a.a.O., S. 519.
132 Vgl. Herbert Uerlings, Friedrich von Hardenberg, genannt Novalis, a.a.O., S. 402.
133 Vgl. dazu das zweite Kapitel dieser Einführung.

134 Friedrich Schlegel, Athenäums-Fragmente, a. a. O., S. 182.
135 Vgl. Robert Leroy/E. Pastor, Die Initiation des romantischen Dichters. Der Anfang von Novalis' Heinrich von Ofterdingen, a. a. O., S. 53.
136 Vgl. Herbert Uerlings, Friedrich von Hardenberg, genannt Novalis, a. a. O., S. 402.
137 Vgl. Roger Paulin, Ludwig Tieck. Eine literarische Biographie, München 1988, S. 98 f. Tiecks Bericht ist abgedruckt in: I, 359-369.
138 Vgl. dazu die allgemeineren kunsttheoretischen Reflexionen, wie sie im dritten Kapitel dieser Einführung dargestellt sind.
139 Vgl. Herbert Uerlings, Friedrich von Hardenberg, genannt Novalis, a. a. O., S. 503.
140 Vgl. Karl Grob, Ursprung und Utopie, a. a. O., S. 127.
141 Vgl. die ausführliche Darstellung im dritten Kapitel dieser Einführung.
142 Vgl. Hugo Moser, Sage und Märchen in der deutschen Romantik, in: Die deutsche Romantik, hrsg. von Hans Steffen, Göttingen 1989, S. 269 f.
143 Vgl. Hans Blumenberg, Die Lesbarkeit der Welt, Frankfurt/M. 1981, S. 234 f.
144 Vgl. Jens Tismar, Kunstmärchen, a. a. O., S. 36.
145 Vgl. Wilhelm Dilthey, Das Erlebnis und die Dichtung, a. a. O., S. 222.
146 Joseph von Eichendorff, Geschichte der poetischen Literatur Deutschlands, a. a. O., S. 305.
147 Vgl. dazu die ausführliche Darstellung im dritten Kapitel dieser Einführung.
148 Zur Darstellung des biographischen Zusammenhangs vgl. das zweite Kapitel dieser Einführung.
149 Vgl. Heinz Ritter, Die Datierung der Hymnen an die Nacht, in: Euphorion 52, 1958, und: ders., Der unbekannte Novalis. Friedrich von Hardenberg im Spiegel seiner Dichtung, Göttingen 1967. Vgl. außerdem den Forschungsbericht bei: Herbert Uerlings, Friedrich von Hardenberg, genannt Novalis, a. a. O., S. 281 f.
150 Vgl. Florian Roeder, Novalis – Die Verwandlung des Menschen, a. a. O., S. 639.

Literaturhinweise

1. Werke von Novalis

Schriften, hrsg. von Friedrich Schlegel und Ludwig Tieck, 2 Teile, Berlin 1802 (weitere Aufl. 1805, 1815, 1826, 1837).
Schriften. Kritische Neuausgabe auf Grund des handschriftlichen Nachlasses, hrsg. von Ernst Heilborn, 2 Teile in 3 Bdn., Berlin 1901.
Schriften, hrsg. von Jakob Minor, 4 Bde., Jena 1907.
Schriften. Im Verein mit Richard Samuel hrsg. von Paul Kluckhohn, nach den Handschriften ergänzte und neugeordnete Ausgabe, 4 Bde., Leipzig 1929.
Werke, Tagebücher und Briefe Friedrich von Hardenbergs, hrsg. von Hans-Joachim Mähl und Richard Samuel, 3 Bde., München/Wien 1978.
Schriften. Die Werke Friedrich von Hardenbergs, begründet von Paul Kluckhohn und Richard Samuel. Zweite, nach den Handschriften ergänzte, erweiterte und verbesserte Auflage in 4 Bdn. und einem Begleitband, hrsg. von Richard Samuel in Zusammenarbeit mit Hans-Joachim Mähl und Gerhard Schulz, Stuttgart/Darmstadt 1960-1988 (= historisch-kritische Ausgabe, abgek. HKA).

Novalis wird zitiert nach der historisch-kritischen Ausgabe wie folgt: Bd. in römischen Ziffern, S. in arabischen Ziffern; Beispiel: III, 24 (= Bd. III, S. 24).

2. Sekundärliteratur

Adorno, Theodor W., Zum Gedächtnis Eichendorffs, in: ders., Noten zur Literatur I, Frankfurt/M. 1980.
Albrecht, Luitgart, Der magische Idealismus in Novalis' Märchentheorie und Märchendichtung, Hamburg 1958.
Balmes, Hans Jürgen, Kommentar, in: Novalis – Werke, Tagebücher und

Briefe Friedrich von Hardenbergs, hrsg. von Hans-Joachim Mähl und Richard Samuel, Bd. 3, München 1987.
Barthelmeß, Alfred, Landschaft – Lebensraum des Menschen, Freiburg/München 1988.
Beck, Hans-Joachim, Friedrich von Hardenbergs »Oeconomie des Styls«. Die »Wilhelm Meister«-Rezeption im »Heinrich von Ofterdingen«, Bonn 1976.
Behler, Ernst, Die Zeitschriften der Brüder Schlegel. Ein Beitrag zur Geschichte der deutschen Romantik, Darmstadt 1983.
Ders., Goethes »Wilhelm Meister« und die Romantheorie der Frühromantik, in: Etudes Germaniques 44, 1989, S. 409-427.
Ders., Klassische Ironie, romantische Ironie, tragische Ironie. Zum Ursprung dieser Begriffe, Darmstadt 1981.
Bensaude-Vincent, Bernadette, Lavoisier: Eine wissenschaftliche Revolution, in: Elemente einer Geschichte der Wissenschaften, hrsg. von Michel Serres, Frankfurt/M. 1995.
Benz-Lindenau, Uta, Untersuchungen zum Sprachstil in Novalis' dichterischem Werk, Hamburg 1973.
Bloch, Ernst, Das Prinzip Hoffnung, Frankfurt/M. 1980.
Blumenberg, Hans, Die Lesbarkeit der Welt, Frankfurt/M. 1981.
Böhme, Jacob, De signatura rerum oder Von der Geburt und Bezeichnung aller Wesen, in: ders., Sämtliche Schriften, hrsg. von Will-Erich Peukert, Bd. 6, Stuttgart 1957.
Brentano, Bernhard von, August Wilhelm Schlegel. Geschichte eines romantischen Geistes, Frankfurt/M. 1986.
Busse, Günther, Romantik. Personen, Motive, Werke, Freiburg/Br. 1982.
Dick, Manfred, Die Entwicklung des Gedankens der Poesie in den Fragmenten des Novalis, Bonn 1967.
Dietzsch, Steffen, Zeit und Natur. Zum Naturverständnis in der deutschen Romantik, in: Die Naturphilosophie im Deutschen Idealismus, hrsg. von Karen Gloy und Paul Burger, Stuttgart 1993.
Dilthey, Wilhelm, Das Erlebnis und die Dichtung. Lessing, Goethe, Novalis, Hölderlin, 16. Aufl., Göttingen 1985.
Dischner, Gisela, Die Stimme des Fremden, Hofheim 1992.
Drouin, Jean-Marc, Von Linné zu Darwin: Die Forschungsreisen der Naturhistoriker, in: Elemente einer Geschichte der Wissenschaften, hrsg. von Michel Serres, Frankfurt/M. 1995.
Dyck, Martin, Novalis and Mathematics. A Study of Friedrich von Har-

denberg's Fragments on Mathematics and its Relation to Magic, Religion, Philosophy, Language and Literature, Chapel Hill 1960.
Eichendorff, Joseph von, Geschichte der poetischen Literatur Deutschlands, in: Sämtliche Werke des Freiherrn Joseph von Eichendorff, historisch-kritische Ausgabe, hrsg. von Wolfram Mauser, Regensburg 1970.
Faber, Richard, Novalis: Die Phantasie an die Macht, Stuttgart 1970.
Feilchenfeld, Walter, Der Einfluß Jacob Böhmes auf Novalis, Berlin 1922.
Frank, Manfred, Über Stil und Bedeutung. Wittgenstein und die Frühromantik, in: ders., Stil in der Philosophie, Stuttgart 1992.
Friedrich, Hugo, Die Struktur der modernen Lyrik. Von der Mitte des neunzehnten bis zur Mitte des zwanzigsten Jahrhunderts, Hamburg 1979.
Gaier, Ulrich, Krumme Regel. Novalis' Konstruktionslehre des schaffenden Geistes und ihre Tradition, Tübingen 1970.
Geppert, Klaus, Die Theorie der Bildung im Werk des Novalis, Frankfurt/M. 1977.
Gloy, Karen, Das Verständnis der Natur. Die Geschichte des wissenschaftlichen Denkens, München 1995.
Gold, Helmut, Erkenntnisse unter Tage. Bergbaumotive in der Literatur der Romantik, Opladen 1990.
Goodbody, Axel, Natursprache. Ein dichtungstheoretisches Konzept der Romantik und seine Wiederaufnahme in der modernen Naturlyrik (Novalis, Eichendorff, Lehmann und Eich), Neumünster 1984.
Grob, Karl, Ursprung und Utopie. Aporien des Texts. Versuch zu Herder und Novalis, Bonn 1976.
Grosser, Thomas, Identität und Rolle. Kontext, Konzept und Wirkungsgeschichte der Genieästhetik bei Novalis, Opladen 1991.
Günzel, Klaus, Romantikerschicksale. Gestalten einer Epoche, Berlin 1988.
Haering, Theodor, Novalis als Philosoph, Stuttgart 1954.
Hamann, Johann Georg, Sokratische Denkwürdigkeiten – Aesthetica in nuce, hrsg. von S.A. Jörgensen, Stuttgart 1968.
Hamburger, Käte, Novalis und die Mathematik. Eine Studie zur Erkenntnistheorie der Romantik, in: dies., Philosophie der Dichter, Stuttgart 1966.
Haslinger, Josef, Die Ästhetik des Novalis, Königstein/Ts. 1981.
Hegel, Georg Wilhelm Friedrich, Phänomenologie des Geistes, Theo-

rie-Werkausgabe, Bd. 3, hrsg. von E. Moldenhauer und K.M. Michel, Frankfurt/M. 1969.
Hegener, Johannes, Die Poetisierung der Wissenschaften bei Novalis, Bonn 1975.
Heine, Heinrich, Die romantische Schule, in: ders., Sämtliche Schriften, Bd. 5, hrsg. von Karl Pörnbacher, Frankfurt/M. 1981.
Heine, Roland, Transzendentalpoesie. Studien zu Friedrich Schlegel, Novalis und E.T.A. Hoffmann, Bonn 1974.
Herder, Johann Gottfried, Abhandlung über den Ursprung der Sprache, in: ders., Sämtliche Werke, hrsg. von Bernd Suphan, Berlin 1883, Nachdruck Hildesheim 1967.
Höpfner, Felix, Wissenschaft wider die Zeit, Heidelberg 1990.
Huch, Ricarda, Die Romantik. Blütezeit, Ausbreitung, Verfall, Tübingen 1951.
Kant, Immanuel, Werke, Akademie-Textausgabe, hrsg. von der Preußischen Akademie der Wissenschaften, Berlin 1968.
Koch, Helmut, Der philosophische Stil des Novalis (Diss.), Münster 1971.
Kondylis, Panajotis, Die neuzeitliche Metaphysikkritik, Stuttgart 1990.
Kreuzer, Ingrid, Novalis' »Die Lehrlinge zu Saïs«. Fragen zur Struktur, Gattung und immanenten Ästhetik, in: Jahrbuch der Deutschen Schiller-Gesellschaft, 23, 1979.
Kurzke, Hermann, Romantik und Konservativismus. Das »politische« Werk Friedrich von Hardenbergs (Novalis) im Horizont seiner Wirkungsgeschichte, München 1983.
Ders., Novalis, München 1988.
Küster, Bernd, Transzendentale Einbildungskraft und ästhetische Phantasie. Zum Verhältnis von philosophischem Idealismus und Romantik, Königstein/Ts. 1979.
Lenk, Hans, Philosophie und Interpretation, Frankfurt/M. 1993.
Leroy, Robert/Pastor, E., Die Inititation des romantischen Dichters. Der Anfang von Novalis' Heinrich von Ofterdingen, in: Romantik. Ein literaturwissenschaftliches Studienbuch, hrsg. von Ernst Ribbat, Königstein/Ts. 1979.
Leusing, Reinhard, Die Stimme als Erkenntnisform – zu Novalis' Roman »Die Lehrlinge zu Saïs«, Stuttgart 1993.
Locqueneux, Robert, Kurze Geschichte der Physik, Göttingen 1989.
Lohse, Nikolaus, Dichtung und Theorie. Der Entwurf einer dichterischen Transzendentalpoetik in den Fragmenten des Novalis, Heidelberg 1988.

Mähl, Hans Joachim, Die Idee des goldenen Zeitalters im Werk des Novalis. Studien zur Wesensbestimmung der frühromantischen Utopie und zu ihren ideengeschichtlichen Voraussetzungen, Heidelberg 1965.

Molnár, Gezá von, Novalis' »Blaue Blume« im Blickfeld von Goethes Optik, in: Novalis – Beiträge zu Werk und Persönlichkeit Friedrich von Hardenbergs, hrsg. von Gerhard Schulz, Darmstadt 1986.

Moser, Hugo, Sage und Märchen in der deutschen Romantik, in: Die deutsche Romantik, hrsg. von Hans Steffen, Göttingen 1989.

Müller, Bruno, Novalis: Der Dichter als Mittler, Bern/Frankfurt/M. 1984.

Nakai, Ayako, Die zwei Grundkräfte der Natur bei Eckartshausen und Novalis im Vergleich mit der chinesischen Naturphilosophie, in: Geschichtlichkeit und Aktualität. Studien zur deutschen Literatur seit der Romantik, hrsg. von Klaus-Detlef Müller, Tübingen 1988.

Nivelle, Armand, Frühromantische Dichtungstheorie, Berlin 1970.

Pascal, Blaise, Gedanken, übers. und hrsg. von Ewald Wasmuth, Stuttgart 1979.

Paulin, Roger, Ludwig Tieck. Eine literarische Biographie, München 1988.

Peter, Klaus, Romantik, in: Geschichte der deutschen Literatur, Bd. 2: Von der Aufklärung bis zum Vormärz, hrsg. von Ehrhard Bahr, Tübingen 1988.

Pfotenhauer, Helmut, Aspekte der Modernität bei Novalis. Überlegungen zu Erzählformen des 19. Jahrhunderts, ausgehend von Hardenbergs »Heinrich von Ofterdingen« in: Zur Modernität der Romantik, hrsg. von Dieter Bänsch, Stuttgart 1977.

Ritter, Heinz, Die Datierung der Hymnen an die Nacht, in: Euphorion 52, 1958.

Ders., Der unbekannte Novalis. Friedrich von Hardenberg im Spiegel seiner Dichtung, Göttingen 1967.

Roeder, Florian, Novalis – Die Verwandlung des Menschen. Leben und Werk Friedrich von Hardenbergs, Stuttgart 1992.

Rousseau, Jean-Jacques, Emil oder Über die Erziehung, in neuer deutscher Fassung besorgt von Ludwig Schmidts, Paderborn 1978.

Samuel, Richard, Die poetische Staats- und Geschichtsauffassung Friedrich von Hardenbergs (Novalis). Studien zur romantischen Geschichtsphilosophie, Frankfurt/M. 1925.

Schad, Michael, Novalis' Grundriß einer Menschenkunde in seinen Fragmenten, Stuttgart 1986.

Schäfer, Lothar, Das Bacon-Projekt. Von der Erkenntnis, Nutzung und Schonung der Natur, Frankfurt/M. 1993.
Schanze, Helmut, Romantik und Aufklärung. Untersuchungen zu Friedrich Schlegel und Novalis, Nürnberg 1966.
Schelling, Friedrich Wilhelm Joseph, Sämmtliche Werke, hrsg. von K.F.A. Schelling, Stuttgart/Augsburg 1856 ff.
Schiller, Friedrich, Werke, hrsg. von Karl-Heinz Hahn, Weimar 1970 (Nationalausgabe).
Schlegel, Friedrich, Kritische Ausgabe, hrsg. von Ernst Behler, Paderborn 1967.
Schmid, Martin Erich, Novalis. Dichter an der Grenze des Absoluten, Heidelberg 1976.
Schulz, Gerhard, Die Berufslaufbahn Friedrich von Hardenbergs (Novalis), in: ders. (Hg.), Novalis. Beiträge zu Werk und Persönlichkeit Friedrich von Hardenbergs, Darmstadt 1986.
Ders., Novalis: Heinrich von Ofterdingen, in: Interpretationen – Romane des 19. Jahrhunderts, Stuttgart 1992.
Ders., Novalis. Mit Selbstzeugnissen und Bilddokumenten, 12. Aufl., Reinbek 1993.
Seidel, Margot, Novalis' »Geistliche Lieder«, Frankfurt/M./Bern/Nancy/New York 1983.
Dies., Novalis. Eine Biographie, München 1988.
Senckel, Barbara, Individualität und Totalität. Aspekte zu einer Anthropologie des Novalis, Tübingen 1983.
Sörensen, Bengt Algot, Symbol und Symbolismus in den ästhetischen Theorien des 18. Jahrhunderts und der deutschen Romantik, Kopenhagen 1963.
Spaemann, Robert, »Natur«, in: Handbuch philosophischer Grundbegriffe, hrsg. von Herman Krings u. a., München 1973.
Striedter, Jurij, Die Komposition der »Lehrlinge zu Saïs«, in: Novalis – Beiträge zu Werk und Persönlichkeit Friedrich von Hardenbergs, hrsg. von Gerhard Schulz, Darmstadt 1986.
Strohschneider-Kohrs, Ingrid, Die Romantische Ironie in Theorie und Gestaltung, Tübingen 1960.
Tieck, Ludwig, Novalis' Lebensumstände, in: Novalis Dichtungen, hrsg. von Ernesto Grassi, Reinbek 1963.
Ders., Franz Sternbalds Wanderungen, Studienausgabe, hrsg. von Alfred Anger, Stuttgart 1979.
Tismar, Jens, Kunstmärchen, Stuttgart 1983.

Uerlings, Herbert, Friedrich von Hardenberg, genannt Novalis, Stuttgart 1991.
Volkmann-Schluck, Karl-Heinz, Novalis' magischer Idealismus, in: Die deutsche Romantik. Poetik, Formen und Motive, hrsg. von Hans Steffen, Göttingen 1978.
Wanning, Berbeli, Konstruktion und Geschichte. Das Identitätssystem als Grundlage der Kunstphilosophie bei F.W.J. Schelling, Frankfurt/M. 1988.
Wetzels, Walter D., Johann Wilhelm Ritter: Physik im Wirkungsfeld der deutschen Romantik, Berlin/New York 1973.
Wozniakowski, Jacek, Die Wildnis. Zur Deutungsgeschichte des Berges in der europäischen Neuzeit, Frankfurt/M. 1987.
Wührl, Paul-Wolfgang, Das deutsche Kunstmärchen. Geschichte, Botschaft und Erzählstruktur, Heidelberg 1984.
Žmegač, Viktor, Der Aufstieg des Historismus in Geschichtsphilosophie, Ästhetik und Literatur, in: Propyläen Geschichte der Literatur, Bd. 4, hrsg. von Erika Wischer, Berlin 1988.
Zovko, Jure, Verstehen und Nichtverstehen bei Friedrich Schlegel. Zur Entstehung und Bedeutung seiner hermeneutischen Kritik, Stuttgart 1990.

Zeittafel

1772 Am 2. Mai wird Georg Philipp Friedrich von Hardenberg in Oberwiederstedt geboren.

1780 Schwere Erkrankung (Ruhr).

1785 Die Familie zieht nach Beförderung des Vaters Heinrich Ulrich Erasmus von Hardenberg nach Weißenfels um.

1788 Erste Gedichte.

1789 Gedichte, Verserzählungen und Übersetzungen.

1790 Besuch des Luthergymnasiums in Eisleben, ab Oktober immatrikuliert an der Universität Jena für Philosophie und Geschichte, Vorlesungen bei K.L. Reinhold und F. Schiller.

1791 Immatrikulation an der Universität Leipzig für Jura, Mathematik und Philosophie.

1792 Novalis lernt Friedrich Schlegel in Leipzig kennen.

1793 Immatrikulation an der Universität Wittenberg für Staats- und Völkerrecht.

1794 Juristisches Examen, ab November Vorbereitungsdienst als Aktuarius beim Kreisamt in Tennstedt unter der Leitung von C.A. Just.

1795 Inoffizielle Verlobung mit Sophie von Kühn im März. Novalis lernt Fichte kennen und beginnt mit der Arbeit an den *Fichte-Studien* im Herbst. Im Winter erkrankt Sophie von Kühn schwer. Zum Jahreswechsel Ernennung zum Akzessisten bei der Salinendirektion Weißenfels.

1796 Chemiekurs in Langensalza, anschließend Tätigkeit in Weißenfels. Umgang mit Friedrich Schlegel. Im Sommer wird Sophie von Kühn operiert.

1797 Sophie stirbt am 19. 3., der Bruder Erasmus (geb. 1774) am 14. 4. Beginn des Tagebuchs *Journal.* Ab Oktober entstehen die *Hemsterhuis-* und *Kant-Studien.* Begegnung mit August Wilhelm und Caroline Schlegel und F.W.J. Schelling. Aufnahme des Studiums an der Bergakademie Freiberg im Dezember.

1798 Erscheinen der Fragmentsammlung *Blüthenstaub* im ersten Heft der Zeitschrift *Athenäum* unter dem Pseudonym Novalis. Beginn der Arbeiten an dem Roman *Die Lehrlinge zu Saïs.* Druck der Sammlung *Glauben und Liebe* in den *Jahrbüchern der preußischen Monarchie.* Im Sommer vierwöchiger Kuraufenthalt in Teplitz. Beginn weiterer Schriften: *Freiberger naturwissenschaftliche Studien, Das Allgemeine Brouillon, Monolog.* Im Dezember Verlobung mit Julie von Charpentier.

1799 Rückkehr nach Weißenfels, dort Tätigkeit als Akzessist. Novalis lernt in Jena Ludwig Tieck kennen. Entstehung der ersten *Geistlichen Lieder* und der Schrift *Die Christenheit oder Europa.* Jenaer Romantikertreffen im November, anschließend Beginn der Arbeit an *Heinrich von Ofterdingen.* Im Dezember Ernennung zum Salinenassessor und dadurch Eintritt in die höhere Beamtenlaufbahn.

1800 Im April Fertigstellung des ersten Teils von *Heinrich von Ofterdingen.* Böhme-Studien. Die *Hymnen an die Nacht* erscheinen im letzten Heft des *Athenäums* im August. Im Sommer geologische Untersuchungen und Arbeit an einer Probeschrift für eine Ernennung zum Amthauptmann, die im Dezember schließlich erfolgt. Rapide Verschlechterung des Gesundheitszustandes zum Jahresende.

1801 Am 25. März stirbt Friedrich von Hardenberg, genannt Novalis.

Berbeli Wanning, geboren 1959, Studium der Fächer Philosophie, Germanistik und Pädagogik an den Universitäten Hannover und Paris (Panthéon-Sorbonne), 1988 Promotion mit einer Arbeit zur Kunstphilosophie Schellings, 1989 Zweites Staatsexamen für das höhere Lehramt, danach Tätigkeit als Gymnasiallehrerin, seit 1992 wissenschaftliche Mitarbeiterin am Seminar für deutsche Literatur und Sprache der Universität Hannover. Veröffentlichungen und Vorträge zur philosophischen Ästhetik, zur neueren deutschen Literatur (Novalis, Goethe, Tieck) und zur literarischen Gattungstheorie.

Dilthey
von Matthias Jung

Umberto Eco
von Dieter Mersch

Norbert Elias
von Ralf Baumgart
und Volker Eichener

Foucault
von Hinrich Fink-Eitel

Paulo Freire
von Dimas Figueroa

Freud
von Hans-Martin Lohmann

Anna Freud
von Rolf Denker

Friedlaender (Mynona)
von Peter Cardorff

Erich Fromm
von Helmut Wehr

Habermas
von Detlef Horster

Heidegger
von Günter Figal

Heinrich Heine
von Ralf Schnell

Thomas Hobbes
von Wolfgang Kersting

Hölderlin
von Henning Bothe

Horkheimer
von Willem van Reijen

Husserl
von Peter Prechtl

William James
von Rainer Diaz-Bone
und Klaus Schubert

Karl Jaspers
von Werner Schüßler

Uwe Johnson
von Stefanie Golisch

Hans Jonas
von Franz Josef Wetz

C.G. Jung
von Micha Brumlik

Kafka
von Wiebrecht Ries

Kant
von Jean Grondin

Kierkegaard
von Konrad Paul Liessmann

Alexandra Kollontai
von Gabriele Raether

Kracauer
von Gertrud Koch

Julia Kristeva
von Inge Suchsland

Lacan
von Gerda Pagel

Gustav Landauer
von Siegbert Wolf

Lao-tzu
von Florian C. Reiter

Lévinas
von Bernhard H.F. Taureck

Lévi-Strauss
von Edmund Leach

Karl Liebknecht
von Ossip K. Flechtheim

John Locke
von Walter Euchner

Luhmann
von Walter Reese-Schäfer

Rosa Luxemburg
von Ossip K. Flechtheim

Lyotard
von Walter Reese-Schäfer

Machiavelli
von Quentin Skinner

Herbert Marcuse
von Hauke Brunkhorst
und Gertrud Koch

Marx
von Ossip K. Flechtheim
und Hans-Martin Lohmann

George Herbert Mead
von Harald Wenzel

Montaigne
von Peter Burke

Montesquieu
von Michael Hereth

Nietzsche
von Wiebrecht Ries

Novalis
von Berbeli Wanning

John Rawls
von Wolfgang Kersting

Wilhelm Reich
von Martin Konitzer

Karl Renner
von Anton Pelinka

Ricœur
von Jens Mattern

Richard Rorty
von Detlef Horster

Otto Rühle
von Henry Jacoby
und Ingrid Herbst

Sartre
von Martin Suhr

Saussure
von Peter Prechtl

Carl Schmitt
von Reinhard Mehring

Schopenhauer
von Wolfgang Korfmacher

Georg Simmel
von Werner Jung

Sohn-Rethel
von Steffen Kratz

Spinoza
von Helmut Seidel

Rudolf Steiner
von Gerhard Wehr

Tocqueville
von Michael Hereth

Trotzki
von Heinz Abosch

Max Weber
von Volker Heins

Simone Weil
von Heinz Abosch

Peter Weiss
von Stefan Howald

Carl Friedrich von Weizsäcker
von Michael Drieschner

Alfred North Whitehead
von Michael Hauskeller

Wittgenstein
von Chris Bezzel

Virginia Woolf
von Vera und Ansgar Nünning

Europäische Mystik
von Gerhard Wehr

Die Sophisten
von Bernhard H.F. Taureck

Die Vorsokratiker
von Carl-Friedrich Geyer